生活因阅读而精彩

 生活因阅读而精彩

中国华侨出版社

图书在版编目(CIP)数据

元太祖秘史 / 卫巍著. —北京:中国华侨出版社,2014.6

("翰林书院"帝王史系列)

ISBN 978-7-5113-4696-4

Ⅰ.①元… Ⅱ.①卫… Ⅲ.①成吉思汗(1162~1227)–传记 Ⅳ.①K827=47

中国版本图书馆 CIP 数据核字(2014)第113517号

"翰林书院"帝王史系列:元太祖秘史

著　　者 / 卫　巍
责任编辑 / 文　蕾
责任校对 / 志　刚
经　　销 / 新华书店
开　　本 / 787 毫米×1092 毫米　1/16　印张/20　字数/262 千字
印　　刷 / 北京军迪印刷有限责任公司
版　　次 / 2014 年 8 月第 1 版　2020 年 5 月第 2 次印刷
书　　号 / ISBN 978-7-5113-4696-4
定　　价 / 68.00 元

中国华侨出版社　北京市朝阳区静安里 26 号通成达大厦 3 层　邮编:100028
法律顾问:陈鹰律师事务所
编辑部:(010)64443056　　64443979
发行部:(010)64443051　　传真:(010)64439708
网址:www.oveaschin.com
E-mail:oveaschin@sina.com

总序

滚滚长江东逝水，浪花淘尽英雄。是非成败转头空。青山依旧在，几度夕阳红。白发渔樵江渚上，惯看秋月春风。一壶浊酒喜相逢。古今多少事，都付笑谈中。

这首词是明代杨慎《说秦汉》的开场词，深沉悲壮，意境高远。后来罗贯中将其收入《三国演义》，更被广为传诵。

虽为《说秦汉》的开场词，但作者的视野却没有局限在秦汉两代上，而是高屋建瓴地从历史事件和人物经历中，概括出一些始终能让人产生共鸣的思想感情，比如"空"。古来多少英雄是非成败，犹如大浪淘沙转眼成空。字里行间抒发了对历史变迁、英雄故去的感慨：无数英雄豪杰长眠地下之后，生前的所有是非得失、荣辱成败又有什么意义呢？在横亘古今的"青山"面前，"夕阳红"不过是人生短暂的美好时光而已。一个"空"字，无限感慨，几多惋惜，尽在其中。

本序言为何以这阕词为引子？是因为笔者认为这阕词可称为"史论"。它综观历代兴亡盛衰，以英雄豪杰的成败得失抒发感慨，体现了一种旷达超脱的人生观和历史观。在这种人生观和历史观指导下，我们认识和了解本套书的诸多帝王才更有宏观感和穿透力。

中国正统朝代的皇帝，加上一些农民起义建立的政权，皇帝总数不少于四百位！如何在这么多君王中选出十二个，实在不是简单的事。丛书撰写组最终在名气、正史、评价等综合因素考虑下，遴选出了如下十二位帝王，作为"帝王秘史"

的第一辑。这十二位帝王分别是：

统一六国，结束战国乱世的秦始皇嬴政；

起于亭长，击败西楚霸王项羽的汉高祖刘邦；

平定内乱，北击匈奴的汉武帝刘彻；

统一北方，奠定魏国基业的魏武帝曹操；

一统华夏，被西方称为"中国最伟大皇帝"的隋文帝杨坚；

文武双全，堪称帝王典范的唐太宗李世民；

毁誉参半的历史上唯一一位女皇帝武则天；

弯弓射雕，横扫欧亚的一代天骄成吉思汗；

乞丐出身，推翻元朝残暴统治的明太祖朱元璋；

开创明朝辉煌时代的明成祖朱棣；

南征北战，在位61年的康熙皇帝玄烨；

在位60年，有"十全老人"美称的乾隆皇帝弘历。

这十二位帝王，毫无疑问都开创或推动了一个时代的文明与繁盛。无论是时势造英雄，还是英雄改变时代，他们都是华夏星空中熠熠生辉的历史"明星"。本丛书的每一分册，都在有限而真实的史料基础上，以生动的语言和独特的视角，叙写他们百转千回、波澜壮阔的一生，展示了他们的成功与失败、高潮与低谷、坚定与疑惑、气魄与迷茫……

每位帝王都曾抒写过一段历史，或雄壮或悲戚，给后人无穷的想象和感叹。你可以击节，可以唏嘘，更可以和篇首那阕词中通晓古今、豁达潇洒的"白发渔樵"一样，把古今多少英雄的是非恩怨、成败荣辱都化作可助酒兴的谈资，纵论古今、品评人物，笑谈之中，人生不亦乐哉！

是为序。

第一篇　最强军事集团

第一章　/　目标——花剌子模

讹答剌的罪恶　　　　　　　　　　003
可汗的愤怒　　　　　　　　　　　008
摩诃末的策略　　　　　　　　　　015
被杀的使者　　　　　　　　　　　020
帖木儿灭里的传奇　　　　　　　　024

第二章　/　西亚弯刀

征服不花剌　　　　　　　　　　　029
撒马尔罕之战　　　　　　　　　　035
玉龙杰赤　　　　　　　　　　　　041
成吉思汗的不满　　　　　　　　　046

第二篇　草原上的最强者

第一章　草原上的散沙
婚姻与背叛　　　　　　　　　051
阿阑豁阿的五个孩子　　　　　054
蒙古帝国的建立与乱象　　　　059

第二章　英雄的诞生
铁木真的诞生　　　　　　　　063
从最危险的地方走来　　　　　069
美满的婚姻与畅快的复仇　　　075
选对了领袖　　　　　　　　　079
铁木真称汗　　　　　　　　　083
十三翼之战　　　　　　　　　088

第三章　复仇之战
完成父亲遗志　　　　　　　　093
报答王汗　　　　　　　　　　097
命运之战　　　　　　　　　　101
征服克烈部　　　　　　　　　105
成吉思汗的眼泪　　　　　　　109
逃亡中的王汗父子　　　　　　113

第四章 / 可汗的愤怒

然地上则只可有一汗也　　　　115
向乃蛮人的营地出发　　　　　121
英雄的末日　　　　　　　　　127
铲除蔑儿乞惕部　　　　　　　132
出兵西夏　　　　　　　　　　135
第一次进攻　　　　　　　　　139

第三篇　蒙古帝国征服史

第一章 / 真正的天可汗

成吉思汗　　　　　　　　　　145
挑拨离间　　　　　　　　　　152
第二次和第三次西夏战争　　　158
大战一触即发　　　　　　　　162

第二章 / 重量级的对决

周密的战前部署　　　　　　　165
河北争夺战　　　　　　　　　168
入侵狂潮　　　　　　　　　　176
攻陷北京　　　　　　　　　　181
耶律楚材带来的新思路　　　　187
宋朝和金朝　　　　　　　　　189

第三章 / 在征服者眼中,没有限制

屈出律东山再起与覆灭 193
狼狈逃窜的摩诃末 200
蒙古风暴席卷西亚 203

第四章 / 被彻底覆灭的花剌子模

最后的名将 208
长生之道 213
成吉思汗与丘处机 218

第四篇 大哉乾元

第一章 / 成吉思汗之死

入侵俄罗斯 227
与俄罗斯人的最后决战 231
第六次西夏战争 237
成吉思汗之死 243
遗产争夺战 245

第二章 / 成吉思汗的遗产

成吉思汗时代的蒙金局势	250
窝阔台亲征	252
宋与蒙古之间	260
钓鱼城之战	264
宋朝的灭亡	270

第三章 / 蒙古军队的秘密

经典的东方式迂回战术	274
构成大迂回的物质条件	278
耐力和纪律性	283
大迂回战略的后勤问题	287

第四章 / 成吉思汗的日常生活

大汗的妻子们	290
追求与性格	293
家庭矛盾	299
成吉思汗的死因	305

第一篇 / 最强军事集团

第一章 / 目标——花剌子模

讹答剌的罪恶

1218年,一支庞大的商队正行进在静谧、美丽的伊犁河谷中。他们来自蒙古,受伟大的成吉思汗之命,前往花剌子模通商。

花剌子模是中亚西部地区的一个强大帝国,在12世纪末期,这个帝国达到了它最为鼎盛的时刻,它的领土是如此广阔,今日之伊朗、乌兹别克斯坦、土库曼斯坦、塔吉克斯坦、阿富汗、哈萨克斯坦、吉尔吉斯斯坦、伊拉克东部及以色列等地皆在它的统治之下。

花剌子模人将他们的首领称为"花剌子模沙",而当时的花剌子模沙,名字叫作阿拉·阿德丁·摩诃末。

本书的主人公——成吉思汗,也同样是一位伟大的君主。虽然在1218

年之时，成吉思汗还未达到他一生最为辉煌的时刻，但是已经是征服了中国北方大部分地区的蒙古可汗，他所拥有的权势一点也不比"花剌子模沙"少。

对于那位称雄西方（指中国之西，今日之东亚）的花剌子模沙阿拉·阿德丁·摩诃末，成吉思汗是有所耳闻的，因为就在不久之前，摩诃末曾经派遣使者来到蒙古草原觐见他。

成吉思汗当然也知道，摩诃末派遣使者的主要目的并不仅仅是为了表示敬意，更是想了解蒙古的真实情况，甚至可以看作是来刺探情报的间谍行为，但是成吉思汗仍然友好地招待了摩诃末的使者。当时成吉思汗虽然击败了心腹大患金国，可宋朝、西夏的政权依然存在，新疆的维吾尔人也并未完全臣服，他需要全力对付这些国家，在这个时候，他不愿意与其他远方的国家为敌，希望能与花剌子模帝国和平相处。

当花剌子模的使者回国的时候，成吉思汗也派出了自己的使者，带着大量的珍贵礼物，去觐见摩诃末，以示友好之情。

与礼物一起被带到摩诃末面前的，还有成吉思汗的一封信，信中写道："我知道你实力强大，国土辽阔，我深深希望能够和您建立良好的关系。我爱你，就像爱我儿子一样。你可能也知道我已经征服了中国，以及北方广大少数民族。您也许知道我们国家的战士多得像地上的蚂蚁，地下的财宝多得像星星，用也用不完，我们实在没有必要眼红别人的领土。我所希望的，就是我们两个国家的老百姓能够相互通商，互通有无。"

在这封信中，成吉思汗的口气显得非常谦和，对于这位铁血领袖而言，是非常罕见的。可是，你也一定注意到了信中的一句话："我爱你，就像爱我儿子一样"……

对于蒙古人来讲,这句话并没有丝毫不敬的意思,只不过是为了表示对对方的重视。但是对于蒙古人以外的其他民族而言,这句话就变成了赤裸裸的轻视和侮辱。

摩诃末在读到成吉思汗的信件时,非常生气。多亏蒙古使者百般解释,才暂时平息了这位君主的怒火。但是更大的隐患,也就此埋下伏笔。

1217年,成吉思汗命令手下大将速不台追击西逃的残敌,由于战场离花剌子模帝国非常近,为了避免产生不必要的误会,成吉思汗特别嘱咐速不台:"若是遇到花剌子模军队,当避其锋芒,以免造成事端。"

速不台遵守了成吉思汗的命令,在击垮敌人后,随即班师。但此时摩诃末却带领大军追随在蒙古大军身后,并有攻击之势,速不台见状,派人去觐见摩诃末,希望对方保持和平,不要挑起事端。

摩诃末将这位蒙古名将的好言相劝当成了懦弱畏惧的表现,随即展开攻势。速不台只得应战。

在这场战役中,蒙古军队虽已是疲惫之师,但仍表现出了强大的战斗力,摩诃末险些被俘,幸好被他儿子札兰丁相救,才摆脱了危险。

虽然是摩诃末挑衅在先,但是当成吉思汗得知蒙古军队与花剌子模军队产生了冲突之后,仍然保持着极大的克制。为了能与对方化解干戈,他决定派出商队和使者,与花剌子模国和解。于是,就有了刚开始我们说到的那支行进在伊犁河谷的商队。

这支商队的规模堪称庞大,共有450人,500峰骆驼。他们奉成吉思汗之命，装载着金、银，和来自辽东的人参，云南的宝石，宋朝的丝绸、瓷器，蒙古的驼毛织品、海狸皮、貂皮……除了珠宝和商品之外，商队还带着成吉思汗写给摩诃末的一封信：吾人应使常行的和荒废的道路平安开放，因之商人们可以安全地和无约束地来往。从今以后，随着我们关系和友谊的发展，那仇怨的脓疮可以挤除，骚乱反侧的毒计可以清除（志费尼《世界征服者史》）。

由此可见，这是支和平的队伍，此刻他们正在幽谧安详的伊犁河谷中行进。

伊犁河谷，在今日中国版图上处于西北极处，不过，这里不同于风沙弥漫的大部分西北地区，既有雄美、壮丽的雪峰、冰川，也有俊秀、迷人的河川；既有恬静悠然、肥沃广袤的草原，又有人神共织的农耕大地，素有塞外江南之称。商队从这里经过时，泉水叮咚、驼铃阵阵，一片祥和景象。

出了伊犁河谷，商队就进入了中亚地区，这里多是沙漠、少有绿洲，他们一路往西南方向行进，最终到达了讹答剌城。

讹答剌城，位于现在哈萨克斯坦的奇姆肯特市附近，在当时，是花剌子模帝国东部的重要城市。这里距离新疆大城市库车不到 250 公里，东面是新疆天山，北面是俄罗斯的钦察大草原。商人东到中国，北到伏尔加河，西到东罗马帝国的必然会经过此地，可以说，它是一个交通枢纽。

讹答剌城的守将名叫亦纳勒出黑（这是《史集》中对他的称谓，在《元史》中称其为哈只儿只兰秃）。

亦纳勒出黑与摩诃末是兄弟关系，可能是摩诃末同父异母的弟弟，也可能是他的表弟（史书上所言不详）。作为王室成员，亦纳勒出黑被封为"海尔汗"，意思是"权威且可怕的领主"。此人脾气暴躁，生性贪婪，当他见到满载着金银珠宝的蒙古商队时，不禁贪念顿生，便将商队扣留。

对于近在咫尺的巨大财富，亦纳勒出黑有心强占，但是鉴于这支商队的"政治背景"，他又害怕招致祸端，千思万想之后，亦纳勒出黑决定：向摩诃末"请示"一下。于是，他给摩诃末写了一封信，信中说自己截获了成吉思汗派来的一队"间谍"，这些间谍伪装成了商人，带着大量的财宝。

这封信送到摩诃末手中时，摩诃末正在指挥军队攻打巴格达，战果辉煌。或许是摩诃末被眼前的胜利冲昏了头脑，所以他非常草率地答复道：将这些间谍全部处死，没收其所有财物……

一念之间，449颗人头落地。

可汗的愤怒

　　成吉思汗派出的商队总共有450人，被花剌子模人杀死449人，只有一个人从牢里逃走，得以幸免。

　　死里逃生的商队成员千辛万苦、逃回蒙古，将发生在花剌子模的惨案叙述给了成吉思汗。与此同时，那些得知了坏消息的死者家属，也来到了成吉思汗帐前，向他们一贯敬仰和信任的大汗哭诉家庭的不幸，希望大汗可以主持公道，为自己报仇雪恨。

　　在众多历史典籍中，对成吉思汗此时的反应都是这么记载的：

　　听着这如此绝望、哀伤的哭声，这个血性的汉子一个人跑到了山顶上，脱掉帽子，把脸贴在冰冷的大地上，祈求长生天给他复仇的力量，他祈祷道："我不是这场灾祸的挑起者，请帮助我，赐给我复仇的力量吧！"他在山顶上祈祷了三天三夜，终于下定了复仇的决心。

　　战争就要开始了。

　　毫无疑问，此刻的成吉思汗已经做好了战争的思想准备，虽然从战略上讲，他并不愿意在这个时间发动西征，因为当时西夏未灭，南宋政权依旧存在，在成吉思汗的计划中，他要先征服了整个中国地区，而后才会考虑更远的地方。但是花剌子模君臣的所为，已经把他逼到了非得作出表态的绝路上。

在最终作出决定之前，成吉思汗还是试图做最后的努力，希望挽回局面，他派了三名使者前往花剌子模，使者对摩诃末传达了成吉思汗的话——君前与我约，保不虐待此国任何商人。今遽违约，枉为一国之主。若讹答剌虐杀商人之事，果非君命，则请以守将付我，听我惩罚，否则即备战（《多桑蒙古史》）。

此时的摩诃末，如果能够抓住最后的和平机会，就商队人员被杀一事给出一个交代，那么后面那场人类历史上最可怕、最残酷的战争就可能会避免。但是狂妄的摩诃末非但没有给蒙古人一个满意的答复，还杀了三名使者中的头目，将另外两人胡子剃光，赶回了蒙古。

对于蒙古男人而言，胡须是成年的标志。如果一个成年人若是没有了胡子的话，那是会被众人所耻笑的。

摩诃末杀了使者的头领，还侮辱了其他两位使者，这对于成吉思汗而言，是一种示威和挑战，成吉思汗被彻底激怒了，也被逼到了必须用兵的地步，决定亲率大军向花剌子模问罪。

大汗的战意吹响了战争的号角，散布在广阔领土上、正在四处征战的蒙古勇士们接到了集结的命令，大队的士兵驱策战马，奔向领袖。他们知道，领袖会带领自己走向更大、更远的战场，那里有更强大的敌人，或许会迎来更加残酷的战争，但是对于忠于大汗的蒙古勇士而言，这都是不足畏惧的，因为胜利一定属于自己。

1219年春，大约12万蒙古骑兵在阿尔泰山下集结，准备向西进发。要知道，当时蒙古帝国的全部兵力大约在15万左右，所以成吉思汗此役可谓是倾尽全国之力。

从绝对数量上讲，蒙古军队的规模在当时的亚洲是处于下风的。但是，这支军队的真实实力绝不是数字能够体现的。我们可以通过蒙古军的战史来了解一下他们的真实战斗力：

1205 年，当时成吉思汗的蒙古帝国还未正式建立，他的军队就曾经与中国北方的另一个大国西夏爆发了战争。西夏的疆域范围在今宁夏、甘肃西北部、青海东北部、内蒙古以及陕西北部地区。西夏军队的数量，按照《宋史·夏国传》的说法为："诸军兵总计五十余万。别有擒生十万。兴、灵之兵，精练者又二万五千。别副以兵七万为资赡，号御围内六班，分三番以宿卫。"也就是一共有超过 70 万人。但是在与蒙古军队的战争中，这支曾经也创下过辉煌战果的庞大军队却似乎不堪一击，屡次被蒙古军队击溃，最后不得不臣服于成吉思汗。

1211 年，蒙古与金国爆发战争，史称"蒙金之战"。金国当时是中国北方的霸主，占据华北地区以及秦岭、淮河以北的华中地区，最强盛时，南宋、西夏与属于蒙古族的塔塔儿部、克烈部都臣服于金国，人口 4000 万以上，有军队上百万。但与成吉思汗几次大战，每次都是几十万人溃不成军。

像这样以少胜多的战例在成吉思汗的征战经历中不在少数，可以说，他每次所面临的敌人都比自己强大，但是却偏偏每次都能取得胜利，究其根源，是因为他手下的蒙古骑兵，称得上是当时世界上最强大的军队。

生活在马背上的蒙古人，天生就是骑兵。宋朝彭大雅所著的《黑鞑事略》记载：

其骑射，则孩时绳束以板，络之马上，随母出入；三岁索维之鞍，俾手有所执射，从众驰骋；四五岁挟小弓、短矢；及其长也，四时业田猎，凡其奔骤也，立而不坐，故力在蹠者八九，而在髀者一二。疾如飚至，劲如山压，左旋右折如飞翼。故能左顾而射右，不持抹鞴而已。其步射，则八字脚步阔而腰蹲，故能有力而穿札。

蒙古人从三岁的时候，就要学习初步的骑马技术。四五岁的时候，就要学会在马上射箭。因此说他们的骑射技能是天生的，一点儿也不夸张。

蒙古人平时打猎，战时打仗。在成吉思汗眼中，打猎和打仗是一回事儿，他常说："行猎是军队将官的正当职司。从中得到教益和训练是士兵和军人应尽的义务。（他们应当学习）猎人如何追赶猎物，如何猎取它，怎样摆开阵势，怎样视敌人多寡进行围捕。"

蒙古人想要行猎时，总是先派探子去看有什么野兽可猎，数量多寡，他们在战争中也是如此。蒙古人围杀猎物的过程，也是团队合作的过程，有战术训练的价值。所以战争对于蒙古人而言，是真正的"从生活里来，到生活里去"。

自从成吉思汗统一了蒙古的各个部族以后，蒙古人空前的团结，蒙古士兵对他们的大汗更是忠心耿耿，士兵的忠实既不指望俸禄和采邑，也不是期待军饷和晋级。他们是勇敢又具有服从精神的一支队伍，正如成吉思汗在他著名的格言里说"在日常生活之中，又如两岁的犊儿，但在厮杀时，又似老鹰的搏击。在筵宴和娱乐之中，无忧无虑有如小驹，但在战斗时候。又似海东青之扑仇敌。在白天，像老狼的伺机，在昏黑之中，像乌鸦的守夜"。这样一支经验丰富、忠诚，而且充满战斗意志的军队，战斗力自然强盛。

成吉思汗帐下，除了有最优秀的士兵之外，还有一大批杰出的军事将领。历史上有一个很奇特的现象，那就是在一个伟大人物出现之后，身边一定有一大批优秀人才迅速崛起。例如汉高祖刘邦，在他崛起之后，你会发现在刘邦的家乡"沛县丰邑中阳里（今江苏丰县）"这么一个小地方，居然同时涌现出了例如萧何、曹参、周勃、樊哙、周昌等一大批文臣武将，帮助刘邦成就了千古功业。再如朱元璋，他起兵之后，徐达、汤和、周德兴等凤阳老乡也成为了他的左膀右臂，一个小小的凤阳县，居然能在短时间内涌现这么多杰出人物，难怪有人要发出"天助朱元璋"的感慨了。

这条历史的定律在成吉思汗身上也体现得十分明显，作为人类战争史上少有的天才型人物，成吉思汗本身的军事才能毋庸置疑，可是若说蒙古帝国的光荣历史是成吉思汗一个人铸就的，未免有些不够客观，事实上，在成吉思汗的身边，有很多非常好的帮手。其中最为著名的就是"四杰"和"四狗"。

"四杰"包括：木华黎、博尔术、赤老温、博尔忽。这四位将领是成吉思汗帐下最为杰出的四个人。

木华黎，以沉毅多智、雄勇善战著称，四十年间追随铁木真，无役不从。成吉思汗曾对木华黎说："国内平定，汝等之力居多。我之与汝犹车之有辕，身之有臂也（《元史·木华黎传》）。成吉思汗元年（1206），与博尔术被成吉思汗分别任命为左、右万户（万户为蒙古官职，地位崇高）。

博尔术，与成吉思汗少年相识，最早加入蒙古军，为蒙古的发展做出巨大贡献。参加统一蒙古诸部战争，志意沉雄，善战知兵，多立战功。

赤老温，少年时曾经掩护成吉思汗脱险，获得信任。世袭"答剌罕"（成吉思汗专门封给对家族有恩之人的一个称号），享有九次犯罪不罚的特权。

博尔忽，是成吉思汗在战场拾的一个孩子，由成吉思汗之母抚养长大。曾经从战场上救出濒死的成吉思汗之子窝阔台。此人在战场上极度勇猛，所向无敌，可惜在1217年，也就是成吉思汗出征讨伐花剌子模的两年之前，死于战斗之中。

"四杰"之外，还有"四狗"。

"四狗"这个词，是对成吉思汗身边四位忠诚的将领们的统称。分别指的是"野战之王"速不台、"神射手"哲别、者勒蔑和忽必来。"四狗"这个称呼是成吉思汗早年的对手札木合给的，他曾说："这四个是成吉思汗用人肉喂的四条狗。"

"四杰"、"四狗"中很多人将会成为不久之后那场惊天大战中的主角，而且作为成吉思汗身边的重要人物，他们的经历也将贯穿成吉思汗的一生。

除了以上这八位将领之外，成吉思汗身边还有几个异常重要的人物，那就是他的儿子们——术赤、察合台、窝阔台、拖雷、兀鲁赤、阔列坚、忽兰。关于他们的故事，我们在以后的篇幅中有详细的描述。

现在，让我们把目光转回到阿尔泰山成吉思汗的大本营之内。这里已经集结了10多万人的部队，并且还不断地有来自属国、其他部族的军队加入到其中，其中有钦察军、契丹女真军、西辽军、哈剌鲁军等，最终的总人数达到了20万左右。

在出征之前，成吉思汗命令木华黎统领将近两万军队，继续与金国的残余势力战斗。他还听从夫人也遂的建议，册封窝阔台为汗位继承人。毕竟，这一年成吉思汗已经57岁了，虽然他强壮依旧，但是要到遥远的地方去打一场前途未卜的战争，就不能不考虑帝国的未来了。

最后，成吉思汗派人出使西夏国，让他们出兵协助西征。当时西夏国已经臣服于成吉思汗，按照道理说，他们即便是不愿意出兵，也没有必要得罪"宗主国"，但是西夏人却回复说："既然你们的能力不够，又何必称汗呢?"

成吉思汗在得知了西夏人的态度之后，非常愤怒，但是，英雄人物往往会以理智战胜愤怒，他说："就是先去征讨他们，又有何难？但是，我们现在要出征讨伐他人，暂时不理他。"

1219年6月，成吉思汗的西征军举行了盛大的出征誓师。成吉思汗手下最为重要的谋臣耶律楚材记载了声势浩大的出征仪式："车帐如云，将士如雨，牛马被野，兵甲辉天，远望烟火，连营万里。"

誓师大会结束之后，成吉思汗便带领着麾下的精兵猛将向花刺子模进发。

当蒙古大军穿过伊犁河谷时，这里往日的平静被打破了。战鼓隆隆、马蹄阵阵，蒙古勇士在大汗的带领下，奔向了未知的战场，一场空前绝后的大战，马上就要开始了。

摩诃末的策略

1219年秋，经别失八里、不剌（今新疆博罗市），通过铁木儿忏察（亦称松关，今名果子沟）至阿力麻里，西行渡伊犁河，经海押立向花剌子模挺进。当时，铁木儿忏察是非常难行的隘口。1222年丘处机去西域见成吉思汗时也通过该隘口，他的随徒李志常在《长春真人西游记》里写道：千岩万壑横深溪，溪边乱石当道卧，古今不许通轮蹄。蒙古大军通过时，成吉思汗次子察合台理石开道，并且砍木修桥，共修筑48座。桥的宽度，可容两辆车并行。

最终，蒙古人经过层层艰难险阻，来到了花剌子模的边界。

得知蒙古大军已经气势汹汹地前来征讨之后，摩诃末并未太过慌张。他知道，蒙古人这一次虽然倾全国之力前来征战，但兵力也不过20万人。他马上集结起了40万人的军队，准备以优势兵力击垮蒙古人。

在这场战争中，摩诃末采取的战略是据城守卫，坚壁清野。

从理论上将，摩诃末的这个策略是非常有针对性的。蒙古人是游牧民族，擅长野战，他们缺乏城市攻坚战的经验。

可惜的是，这种所谓的正确性，仅仅存在于理论上。蒙古人在西征之前，已经和金国、西夏国战争多年，这两个国家都是有大城市的。最初，蒙古人确实不擅攻城，在与金国的战争中也因此吃到了苦头，但是随着战争的继续，他们积累了丰富的攻城战经验，甚至连北京这样的大城市都无法阻挡蒙古人的铁骑。所以摩诃末试图用城市对抗成吉思汗的战略，仅仅是出于主观臆想，而非客观实证。

花剌子模国最繁华的城市在东边，正处于蒙古人进军的方向上。花剌子模国有两个首都，新都撒马尔罕（今乌兹别克斯坦撒马尔罕）和旧都玉龙杰赤（今土库曼斯坦库尼亚乌尔根奇），撒马尔罕在东，旧都玉龙杰赤在西。摩诃末的具体战略部署是：将军队主力（11万人）配置在新都撒马尔罕和旧都玉龙杰赤两地；其他军队则散布在其他重要的城市中。这样一来，总共40万人的军队就如同散沙一般散落在了花剌子模广阔的领土之中。

成吉思汗的第一攻击目标就是讹答剌城。数月之前，亦纳勒出黑在这里杀死了449个蒙古商人，现在，复仇的火焰就要燃烧到这座城市了。

摩诃末猜到了成吉思汗的第一攻击点，在此之前，他就给讹答剌城派去了5万人马，后又派手下大将哈喇察带1万人马去，协助亦纳勒出黑守城。

为了抵御成吉思汗的攻势，亦纳勒出黑整修了城堡、加高了城墙，还在城外修了一道外部防守堡垒，把军用物资也全部准备齐了，严阵以待。

1219年秋，成吉思汗亲自率领的几十万大军浩浩荡荡地开到了讹答剌城下。志费尼在《世界征服者史》中这样记载道：

他们兵临讹答剌城下

杀气腾腾

连闪电也不敢向前迈步，

霹雳也不敢高声布道

天变蓝，地变黑，

大海因金鼓齐鸣而沸腾。

　　他（成吉思汗）用手指向原野上的人马

　　一支无穷无尽的军旅。

　　而此时的亦纳勒出黑，正站在城墙上，当他看到源源不断的士兵从四面八方杀气腾腾地涌到城下之时，怯意顿生，用嘴咬住了自己的手背。

　　杀人者竟如此虚弱。

　　在接下来的几天里，亦纳勒出黑看到了不可思议的一幕——远道而来的蒙古人并没有马上发动进攻，他们在城市的周围安营扎寨，放羊牧马，大有在这里安家常驻的架势。更让人惊讶的是，有几股蒙古大军离开了大部队，朝着不同的方向去了。

　　蒙古人葫芦里到底卖的是什么药？

　　为什么会有几股军队离开呢？原来，成吉思汗认为攻打一座小小的讹答剌城根本不需要这么多人马，所以他作出了兵分三路的决定：派二儿子察合台和三儿子窝阔台在这里围困讹答剌；派大儿子术赤进攻周围的小城市；自己和小儿子拖雷则取中路，渡锡尔河，向西南横穿红沙漠直逼花剌子模国的中心城市不花剌。

　　至于讹答剌城下的蒙古军队摆出一副安家常驻的架势，则是他们一贯的作风。一般的军队，在进攻敌人的时候，往往由于后勤供应的原因，但求速战速决。但是蒙古人却不同，他们是游牧民族，他们远征的时候，赶着羊儿马儿一块前进，士兵饥渴的时候，喝的是马奶，吃的是羊肉，万一遇上攻城之战一时不能马上获胜，蒙古人则在城下就近放牧，长期围困。

　　从1219年9月到接下来的五个月时间里，亦纳勒出黑经历了人生中最为痛苦的时期。那些在自己城外安家的蒙古人时不常地发动一次进攻，虽然都未能攻破城池，但是亦纳勒出黑却日夜不得安寝，心神俱疲。

反观蒙古军队一边，虽然久攻不下，士气却一点没有受到影响，他们在城下放牧，继续围攻不懈。花剌子模国优质的草原成了蒙古人的牧场，结果蒙古人的战马越养越强壮，羊群越养越肥。

在这场攻坚战中，花剌子模人也见识到了蒙古人的攻城能力。在讹答剌城下，巨大的攻城利器——抛石器一字排开。蒙古军将领一声令下，无数的石块就从天而降，砸在城墙之上，碰着就亡、擦着即伤。

这还不是最恐怖的！更让讹答剌人胆战心惊的是另一种从来也没见过的新式武器——火药。通过抛石器，蒙古人把引火球（火炮）、蒺藜火球、毒药烟球、霹雳炮、𥏈天雷等众多花剌子模人见都没见过的火药武器抛上城墙，一时浓烟四起，烈焰燃烧，响声震天，弹片横飞。

所以，虽然蒙古人一时未能攻克讹答剌城，但是蒙古军队的进攻带给讹答剌军民的震惊是巨大的，尤其是蒙古军的新式武器——火药武器的使用，带给讹答剌人的震惊和恐惧，那简直是无法形容！

恐惧会变成绝望，经过蒙古人日夜的狂轰滥炸，讹答剌城内人心惶惶，军心动摇。最先扛不住的是摩诃末派到这里帮助守城的大将哈喇察，他劝亦纳勒出黑赶紧把城池献给蒙古人，让蒙古人饶了自己的性命。

亦纳勒出黑拒绝了哈喇察的建议，他比谁都明白，自己是这场战争的"发起者"，手上沾有蒙古人的鲜血，成吉思汗是无论如何都不会放过他的。与其投降后被惩罚，还不如死扛到底。

哈喇察见亦纳勒出黑要顽抗到底，作出了一个重大决定——自己逃跑。当天夜里，哈喇察率领自己的那1万人马打开城门，准备冲出蒙古人的包围圈，找一条活路。

很多时候，历史充满了喜剧性的效果。正当哈喇察偷偷摸摸打开城门要逃跑的时候，迎头遭遇了正好同一天来进攻的蒙古人。蒙古人还以为这支花刺子模军队是要出城迎战的，冲上前去一阵乱打，哈喇察的军队瞬间崩溃，他本人则成为了俘虏。

时运不济的哈喇察被带到了察合台和窝阔台面前，哈喇察请求投降，察合台说："你不忠于自己的主人，我们又怎么能够指望你忠于我们呢？"于是把哈喇察和所有士兵全部杀掉。

另一边，蒙古军队顺着哈喇察打开的城门杀了进去，攻占了讹答剌的外城。他们把城内的居民统统赶出城外，大肆掠夺财物。

被杀的使者

被攻破外城之后，亦纳勒出黑带着自己的2万人躲进了内城。在那里，他作出了一个匪夷所思的决定——每过一段时间就派出50人冲出内城，和蒙古人厮杀。

把50人放到数万人的蒙古大军中，简直如同是羊入虎口、尸骨不存。2万人就这样被亦纳勒出黑一点点糟蹋光了。最后，蒙古人攻进内城时，亦纳勒出黑身边只剩下了两个手下，他带着最后的这两个人跑到房顶上，做无谓抵抗。蒙古人很快就射杀了他的两个手下，只剩了他孤零零一个人。

这个时候，如果蒙古人想杀亦纳勒出黑，他早就给射死无数次了。但是蒙古人偏偏留着他，就等着活捉他。

等到亦纳勒出黑连房顶上的瓦片都扔光了之后，几个蒙古人架起梯子，从容上房，将其俘获。

对于这个战争的罪人，察合台不敢擅自处置，将其送到了正在攻打花刺子模国首都撒马尔罕的成吉思汗那里。

成吉思汗用酷刑结束了仇人的性命，讹答剌城也被蒙古人所占领。

破城之后，蒙古人将除了工匠之外的男人全部杀死。把城市拆毁，内堡和城池被夷为平地。从此之后，一座繁华的城市变成了一片荒原。

窝阔台进攻讹答剌的同时，成吉思汗长子术赤正在率领军队攻打速黑纳黑城（今哈萨克斯坦契伊利东南）。

来到城下之后，术赤并没有马上攻城，而是派了一个很早之前就已经归顺蒙古人的阿拉伯商人哈散哈只为使者，进城去劝降。

为蒙古人效力的阿拉伯商人们能量很大，他们满世界地做生意，见多识广，而新兴的蒙古帝国则恰巧需要向外扩张，亟需了解世界各地的情况，于是，这些阿拉伯商人成了蒙古人最好的参谋、顾问和向导。而且他们当中许多人知识非常渊博，懂得各种语言，蒙古帝国需要与其他国家建立政治、经济联系，所以这些阿拉伯商人又可以充当最好的中介和使者。

这一次，术赤考虑到阿拉伯商人哈散哈只认识当地居民，所以想要凭借这些亲密的关系，让他担任使者，进城去劝诱当地居民放弃抵抗，投降蒙古人，并保证，如果投降，就可以放过居民的性命。

然而，哈散哈只进城后，还未以使者的身份和当地的权贵说上话，就被杀死了。

术赤听说蒙古使者被杀，当时就愤怒了，二话不说，立刻攻城。蒙古军队组成战斗队形，不分昼夜轮番攻城。

经过多次冲杀，蒙古人终于在猛攻了七天之后攻破速黑纳黑城。蒙古人进城后，将满城人杀得鸡犬不留。

而这座城后来封给了哈散哈只的儿子来管理，蒙古人让他去召集那些躲在穷乡僻壤的幸存者。然后，术赤继续挥师前进。

蒙古军队的残忍手段传到了毡的，毡的的最高将领忽都鲁汗坐不住了，当他听到术赤的军队正向着自己杀过来之后，当天夜里就带着军队弃城而走。

他马不停蹄地渡过锡尔河，扔下一城无人保护的百姓。

毡的城守军星夜逃跑的消息很快就被术赤知道了，于是，他派使者去毡的城劝降。最高首领跑了，军队也大部分都跑了，毡的城没有人能控制局面，居民们群龙无首，不知何去何从。

听了蒙古使者成帖木儿让他们放弃抵抗的劝谕，人们各执己见，谁也不服谁。于是产生了争执，接着产生了骚乱。一些百姓被鼓动起来，企图杀害蒙古军队的使臣。

幸亏这个成帖木儿临危不乱，他向人们述说了速黑纳黑城蒙古使者被杀事件，以及事件的后果——所有居民全部被杀，无一赦免。这件事起到了威慑性的作用，城内的居民们害怕了。接着，他又发表了恩威并施的演讲，缓和了居民的情绪。最后，他和当地居民签订了条约，保证会尽自己所能不让毡的受到攻击。当地居民相信了他的承诺，于是放他回去。

成帖木儿回到蒙古军队的营帐中向术赤复命，他向术赤详细述说了在毡的城劝降的经过：当地的居民怎样企图谋害他，他怎样恩威并用化险为夷，当地居民怎样意见不合、群龙无首，当地的守卫力量如何薄弱等等。

既然当地居民不肯投降，术赤便下令攻城。

于是，蒙古大军紧锣密鼓地填塞城外的壕沟，在城下架设攻城的器械、撞击城门的工具、巨大的抛石机以及架设高高的云梯。

城下的蒙古人忙做一团，城上的居民则丝毫不当一回事。他们大部分都没有经历过战争，所以根本不知道蒙古人在干什么。他们像节日看耍把戏一样看着蒙古人在紧张地忙着他们从来没见过的事物。他们纷纷议论："这么高的城墙，这些家伙怎么能够爬上来呢？"他们根本就没有想到要好好备战。

无知者无畏，此言不虚。

过了一段时间之后，蒙古人造好了攻城用的云梯。蒙古军士从四面八方通过云梯爬上城头。居民们这才醒悟过来，但是为时已晚，蒙古军队不费吹灰之力攻占了毡的城。值得庆幸的是，在这场所谓的攻城战中，双方无一伤亡。

蒙古军队把所有的毡的居民统统赶到城外，按照以往的惯例，这是蒙古军队屠杀前的准备。不过，由于居民们根本没怎么抵抗，所以蒙古军"网开一面"，没有对居民进行屠杀。但是，那几个对蒙古使者成帖木儿无礼，企图谋害他的居民被蒙古人处死。

然后，蒙古人开始大肆地掠夺，将这座城市洗劫一空。

离开这里时，术赤把毡的地区交给阿里火者管理。这个阿里火者是不花剌人，但也是很早就投靠了蒙古人，为蒙古人效力。后来他倚仗着蒙古人的信任，一直占据着那个位置，管理毡的地区一直到他去世。

帖木儿灭里的传奇

在成吉思汗的王子们建立战功的时候，他手下的大将阿剌黑那颜、速客秃和塔孩三将率领着5000蒙古军队，一路上又接收了其他的援军，威风凛凛、浩浩荡荡地向忽毡地区进发。

蒙古人兵临忽毡城下。当地居民早已躲进了城堡中。

忽毡的守将帖木儿灭里，是当地一位有名的英雄人物。人们评价他时，都说：即使是鲁斯坦（当地有名的英雄）再世，也只配给他当马夫。可见这位将军的威名有多盛。

帖木儿灭里把城堡建在锡尔河中心的一座小岛上，地势非常险要，易守难攻。他领着数千名英勇的将士守卫城堡，居民都躲在堡内。

蒙古军队抵达忽毡城堡后，发现这里确实难以攻克。城堡建在大河中间的沙洲上，投石机和弓弩都无法打到，蒙古人又从来没有在水上打过仗，更甭提有水军了！蒙古人有种"望洋兴叹"的感觉。最后，蒙古军队决定填河。

想要让一条大河断流谈何容易？这是一项浩大的工程，而蒙古军队的人数太少，当地又缺乏石头。所以，蒙古三将马上遣使去各地调援军。

数日之后，蒙古人从毡的、讹答剌、不花剌、撒马尔罕以及其他地区一共征集了5万俘虏，蒙古兵的数量也增加到2万人。这些俘虏们负责到远处的山里搬石头，蒙古人则负责把这些石头填进锡尔河。

帖木儿灭里早就造好了12条有特殊用途的船，这种船船身非常坚固，蒙上湿毯，外面涂上一层用醋揉过的黏土，不怕箭射、火烧。船上还开有窥视孔，既可以观察敌情，又可以从那里射箭攻击。因此，蒙古人拿它没办法。

每天早上，帖木儿灭里就在被沙洲所分成的两条河道上分别派出6条战船，利用这些船把蒙古人填进河里的石头清除掉，蒙古人劳心费力的举动变得没有意义。他还经常在晚上偷袭蒙古人，使蒙古人损失惨重，疲惫不堪。

双方僵持了一段时间。

但是，筑在河中间的城堡有一个很大的问题，就是无法得到援助。城内的粮食等生活物资和弓箭等军用物资储备都很快就用光了。在蒙古军队的围困和不断猛攻下，忽毡城渐渐支持不住了。

无奈之下，帖木儿灭里准备率领部下突围。他准备了70条船。在一个天很黑的晚上，把所有仅剩的辎重以及那些伤员搬到船上，他自己则率领一队勇士登上一条大艇，然后突然点起火把，以闪电般的速度顺流而下。志费尼在《世界征服者史》中是这样描述那一幕的：

一道电光射进黑暗划破夜幔，

这电光好似那飞舞的宝剑。

等蒙古人发现时，想要拦截已经来不及了，帖木儿灭里已经扬帆跑远了。蒙古军队赶紧沿着锡尔河两岸纵马追赶。

蒙古军在陆上，帖木儿灭里在河中，就算是蒙古人追上了他，拿他也没办法。每当蒙古人快要追上自己的船队时，帖木儿灭里就率领一队勇士从船上向陆上的蒙古追兵放箭。这些人的箭法非常精准，射杀了不少蒙古人，以至于蒙古追兵都不太敢迫近他们的船队了。

就这样，英勇的帖木儿灭里率众沿锡尔河向前进发。蒙古人为了阻挡他们的船队，星夜派快马疾驰往前报信，通知前边的蒙古军队做好拦截准备。

为了阻挡帖木儿灭里，前方的蒙古军队在锡尔河中布下铁链，封锁河道，企图凭此拦截帖木儿灭里的船队。

帖木儿灭里的船队发现了河道上的铁链，他怒吼一声，拔出宝剑，砍断了铁链，强行通过了河道，继续沿着河流向毡的进发。

然而，此时毡的城已被成吉思汗的长子术赤领兵攻下。蒙古追兵连忙派快马前去报信。

术赤收到有关追击帖木儿灭里情况的报告之后，当天夜里就在毡的境内的锡尔河两岸设下几处伏击阵地，准备阻击帖木儿灭里。他把许多船只连在一起，拦在河中央，河岸上又架设了许多弩炮，严阵以待。

在船上的帖木儿灭里得知了这些情况之后，弃船登陆，率众骑马奔逃。在陆上一直紧追的蒙古军队发现了，赶紧合围上去。帖木儿灭里让辎重部队先行，他亲自殿后，与蒙古追兵交战。

这场战斗持续了好几天，帖木儿灭里的军队伤亡惨重，辎重也被蒙古人抢去。帖木儿灭里见败局已定，只能马不停蹄地逃亡。一开始还有随从跟着他，到最后随从们都战死了，只剩下帖木儿灭里一个人继续逃亡。而且，他的武器也在激战中失去了，只剩下三支箭，其中一支还是没有箭镞的断箭。恰在这时，又有三个蒙古士兵追了上来。

但是帖木儿灭里临危不惧。他拉起弓,用那支断箭一箭射中一个蒙古士兵的眼睛,然后他勒马对另外两个蒙古兵说:"我还剩下两支好箭,但是我舍不得用,你们也消受不起。你们最好还是退回去吧!"

这三个蒙古兵都为他的神勇所震服,于是不再追赶,勒马而回。

靠着自己精湛的箭术和强大的气势,帖木儿灭里得以逃脱。他先是逃到花剌子模州,在那里重新拉起一支队伍,继续对抗蒙古人。

多年以后,蒙古人已经成为了花剌子模国的主人,战火也已经平息。漂泊在异国他乡的帖木儿灭里,思乡心切,于是隐姓埋名又回到了故乡。他先是在费尔干境内的讹失城住了好几年,期间一直在打听亲人的情况。他还不时悄悄前往忽毡城去看一看,因为那块土地曾经是他的领地。

后来有一次,帖木儿灭里在忽毡城遇到了自己的儿子。儿子完全没有父亲的骨气,从蒙古人那里获得了恩典,拔都汗把他父亲也就是帖木儿灭里的领地和财产都赐给了他,让他为蒙古人效忠。

帖木儿靠近自己的儿子,但是他儿子居然没能认出他来。于是他对他儿子说道:"孩子,如果你见到了你的生身之父,你还能认出他吗?"

他的儿子用不解的眼神看着他,回答道:"我的父亲逃走的时候,我还是个吃奶的孩子,我对他已经没有任何印象了。但是家里有一个老奴仆应该认得出他。"

于是他的儿子喊来了那名老奴仆。老奴仆一眼就认出了帖木儿灭里,并且根据他身上的印迹,确证了他就是帖木儿灭里无疑。

后来,帖木儿灭里还活着并回来了的消息不胫而走。被合答罕(窝阔台的第六子）抓住了，把他绑了起来。合答罕向他拷问他以前跟蒙古人作战的事情。

帖木儿灭里毫不畏惧，一点也不否认，勇敢地回答说："大海和山岳有目共睹我怎样跟都兰军的著名英雄交锋。星星可以证明：因为我的英勇，全世界都拜倒在我的足下！"

被帖木儿灭里当年逃亡时用一支断箭射瞎了眼睛的那个蒙古人还没有死，他也站出来指认说此人确实是帖木儿灭里。

当合答罕想更加仔细地盘问他时，帖木儿灭里忽视了对待皇室成员应有的礼仪，甚至出言不逊。

于是合答罕发了怒，一箭就把他射死了。

花剌子模国少有的英雄人物，就这样死去了。

第二章 / 西亚弯刀

征服不花剌

在蒙古军队四处攻城略地之时，成吉思汗正在率领大军围攻不花剌。

不花剌的地理位置很重要，花剌子模国有三个大城市，新都撒马尔罕位于最东边，旧都玉龙杰赤在西边，而不花剌处于两都中间。如果能攻下不花剌，就等于切断了两都之间的联系，从战略上分割了花剌子模的版图。

在成吉思汗进军不花剌的途中，首先要经过一个叫匝儿讷黑的小城市。这个小城在通往不花剌的必经之路上，必须拿下。

黎明时分，成吉思汗率领大军把城池围得水泄不通，蒙古的铁骑塞满了整个城郊，人吼马嘶，旌旗蔽日，马蹄扬起的尘土几乎把已经明亮的天空变得如同黑夜。

城外人吼马嘶，城内也吵翻了天。有些人被成吉思汗的军队所震慑，吵着要出城投降。另一些比较顽固的人则坚持抵抗。正当双方争吵不休的时候，成吉思汗派出的劝降使者来到了城内。

蒙古人每次攻城之前，其实都会派出使者劝降。这些使者们并不是什么重要的人物，所以很难在历史上留下自己的名字，但是这一次，这位叫作答失蛮哈只卜的使者，却凭借自己的三寸不烂之舌青史留名。

当答失蛮哈只卜到城里之后，强硬派已经在争吵中占据了上风。他们高呼口号，号召人们起来反抗，阻止蒙古人进城。老百姓被煽动起来，一些原来打算投降的人又动摇了。见此机会，有人高呼："杀了他！赶走蒙古人！"于是立马有人响应："杀了他！""杀了他！蒙古人滚蛋！""杀死蒙古人！"

眼看着性命不保，答失蛮哈只卜忙中不乱，冲着愤怒的人群大喊道："我对你们绝无恶意！我奉成吉思汗命令，作为使者来见你们，就是想把你们从死亡的深渊和毁灭的血河中拯救出来！这次前来的是成吉思汗，他的军队数量庞大，如果你们起来抵抗，一个时辰之内，你们的城堡将被夷为平地，原野将会成为一片血海。但是，如果你们用明智、持重的耳朵听从忠言和劝告，恭顺地服从成吉思汗的旨令，那么，你们的生命、财产将会得到保全！你们好好想想吧！"

这番话让刚才还处于愤怒中的人群重新冷静下来，他们开始考量反抗的代价。最终，绝大多数人认为投降还是最好的选择。居民大多都愿接受劝降，但是，还是有一些人很担心，他们议论纷纷，如果投降，蒙古人真的会放过我们吗？蒙古人真的会不杀我们吗？见此情形，答失蛮哈只卜马上向人们发誓说，如果向蒙古人投降，迎接成吉思汗的到来，服从他的命令，倘若有一个匝儿讷黑人受到伤害，那么，他答失蛮哈只卜将会遭到报应。

答失蛮哈只卜铁齿铜牙，利用一番说辞劝降了这座城市，使得成吉思汗兵不血刃地扫清了一个障碍。首战胜利让成吉思汗非常高兴，他亲自把这个匝儿讷黑城重新命名为"忽都鲁—八里"（意即"幸福城"）。而这座城市的人们，也因此保全了性命。拿下匝儿讷黑，成吉思汗率领军队向讷儿城进发。这里也是前往不花剌的必经之路，这一次，成吉思汗的庞大军队再次显示出了强大的震慑力。讷儿城主动投降。

连下两城之后，成吉思汗率大军向不花剌进军。1220年3月，成吉思汗的大军抵达不花剌城下，于城下驻扎。

不花剌（今乌兹别克斯坦名城布哈拉）是花剌子模国的重镇，不花剌意为"学术中心"。

不花剌城防坚固，分内外二城，城池阔大，周围12门，易守难攻。摩诃末也清楚这座城市的重要性，所以他派将军库克汉率部将哈迷的布尔、舍去治汗和怯失力汗等，统率骑兵3万防守此城。这3万骑兵，大部分是突厥雇佣军，雇佣军就是用钱招来的士兵，只为钱卖命，特点是：在能打赢的战争中极度勇猛，但是若稍有失利，便会溃不成军。

当这些雇佣兵在城头上看到成吉思汗大军浩浩荡荡杀来之时，未战先怯，想要弃城逃跑，逃离蒙古人的弯刀。据说他们看到成吉思汗的军队多如蚂蚁、蝗虫，数都数不清。蒙古军队的人马一支接着一支抵达，绕城扎营，就像大海起伏，绵延不绝。

作为不花剌的守将，库克汉是不愿意投降的，但是他控制不了自己的手下。突厥士兵跑出城池，往阿姆河方向逃跑。一支2万人的军队，还未交战就先行败退，可见花刺子模军的士气已经非常低落。

突厥士兵不想打仗，但是成吉思汗却不能容忍敌人的有生力量在自己眼皮子底下逃之夭夭，他派出军队马不停蹄地追赶，终于在阿姆河畔追上了这支逃军。

突厥人压根就没想到，自己已经跑了，蒙古人还要赶尽杀绝，所以在没有任何心理准备的情况下遭到了突袭，很快就被蒙古人击败，2万人全军覆没。

突厥军队临阵叛逃之后，成吉思汗不费吹灰之力便占领了不花剌的外城。此时城内只剩下了400个不愿投降的花刺子模国的士兵，他们在库克汉的带领下躲进内城，誓死抵抗。

以区区400人之军力，对抗数万蒙古大军，无异于以卵击石。但是战争已经打到了这个地步，在以往数次战役之中，花刺子模军人的尊严已经被蒙古人践踏得不成样子，库克汉不愿重蹈之前几位将军的覆辙，他决心用性命向蒙古人证明：花刺子模军中不乏慷慨赴死的猛士！

库克汉带领军队坚守内城，白天在城楼上抵抗蒙古人，深夜时还对蒙古人的营地发动突然袭击。

为了赶快消灭这股顽固的敌人，成吉思汗在城外竖立起抛石机、架起高高的箭台，石块和箭矢像雨点一样射入城中。而库克汉则命令军队向城外发射弩炮和火油筒，进行还击。

在这场力量悬殊的战役中，库克汉斗志昂扬，奋勇格杀，并且以一人之力击退一队蒙古军队，他率领400人坚守内城达12天之久。但最终因寡不敌众，惨遭失败。不花剌城尽入成吉思汗之手。

战争过后，昔日繁华的不花剌城被战火烧成了一片废墟。而饱受战争之苦的不花剌人，则被成吉思汗全部俘虏，然后赶到草原上。《全史》作者伊本·阿昔儿记载道："是日也，极不幸。但闻男女老少悲啼永诀之声，蛮人（不花剌人眼中的蒙古人）在此种不幸人面前辱其妇女，男子力不能抗，唯有相对饮泣。中有数人，宁死不愿睹此惨象。若法官别都鲁丁，若教长鲁克那丁与其子，见其妻女被辱，曾奋斗而死。"

不幸的不花剌人被成吉思汗编入到了蒙古军队中，在蒙古军队向花剌子模首都撒马尔罕进发的过程中，他们一直走在前面。这是一支炮灰军队，他们将会被驱赶到进攻同胞的战场上，被自己的同胞杀死。

1220年3月，在拿下不花剌后，成吉思汗开始向撒马尔罕进军。当他抵达此地时，攻下了讹答剌城的察合台和窝阔台也带兵到此与他汇合，蒙古军军势更壮。

撒马尔罕是个大城市，当时就有十余万户人口，居民总数大约有三、四十万。摩诃末把大部分军事力量都放到了这里，总兵力达到了11万人。撒马尔罕人还在城外修建了环形堡垒，作为首都的外部防御阵地；还加高了城墙，高得快接上了"天上的星星"。

如此固若金汤的城防，成吉思汗想要攻进来，不是一件容易的事情。按照道理说，摩诃末大可以以此为据点，与蒙古人决一死战。但是他没有这么做，而是选择了逃跑——带领着军队逃往到阿姆河以南。

摩诃末并没有带走全部的军队，撒马尔罕城内依然是重兵驻扎，城防工事自然也是带不走的。但是他却带走一件更为重要的东西——对于国家前途的信心和抵抗侵略的决心。

大战在即，最高统治者自己先逃跑，是对军队和人民战争信心和决心的重大打击。在历史上如此事例并不少见。

公元前506年，吴军攻破楚都郢，楚昭王携其妹逃出郢，楚国失势。

755年，安禄山兵犯长安。唐玄宗仓皇逃走，大唐百年盛世就此告终。

1900年，八国联军兵临北京城下，慈禧弃城去了陕西。清朝一蹶不振。

与之相反的事例也有。

1449年，明军精锐在土木堡全军覆没。敌军趁势进攻北京城。当时北京城内仅剩残军，朝野中有人提议弃城而走，于谦力排众议，劝说皇帝留守京城，与敌决战。结果重挫敌军，明朝国运由此又延续百年。

历史已经一再证明，君主逃跑的后果往往是国家不幸的开始。所以，成吉思汗与摩诃末这场战争的结果，或许从摩诃末离开撒马尔罕那一刻就已经注定了。

撒马尔罕之战

撒马尔罕城北、东、西三面环山,只有南面是一马平川的平原地带。在远方又有锡尔河、阿姆河三面环绕,可谓是易守难攻。

从前,撒马尔罕的军民都认为,自己的城市是永远不可能被攻破的。但是随着国王的出走,军民们对于城市的未来开始不那么自信了。

1220年3月15日,蒙古大军兵临城下。

像往常一样,成吉思汗没有急于发动进攻,他率领高级将领用两天时间实地勘察了城外地形。看到撒马尔罕坚固的城墙、牢固的城防工事、深深的壕沟、铁制的城门,成吉思汗似乎并无多少畏惧,他道出了一句千古名言:"什么城墙!有的城市的城墙的强大,只赖于防御者的勇敢才行。"

很显然,成吉思汗这句话是针对摩诃末说的。他早就知道这个怯懦的对手已经逃走了,便派出了哲别和速不台率领3万人马去追赶摩诃末。作为一个天才的统帅,成吉思汗自然知道,摩诃末的怯懦将会成为自己胜出的契机,所以他对未来的战争并无多少担心。

但不管怎么说,撒马尔罕城内依然驻扎着大量军队,而且城防坚固,想要拿下它还是很不容易的。

大战在即,先检视一下双方的军容。自从成吉思汗西征以来,他所碰到的敌人大多是望风而逃，对于这种不对等的战争，已没有必要对比双方的实力，但是这一次不同，交战的双方从客观实力上看是相差无几的。

成吉思汗率领的蒙古军队主要以骑兵为主，其中轻骑兵大概占总数的百分之六十，他们除了戴一头盔外，身上不披铠甲。轻骑兵的任务是侦察、掩护，为重骑兵提供火力支援，肃清残敌以及跟踪追击。轻骑兵的主要兵器是弓。这是一种很大的弓，至少需要166磅的拉力，比英国长弓还要重，射击距离为200~300码。他们身带两种箭，一种比较轻，箭头小而尖利，用于远射；另一种比较重，箭头大而宽，用于近战。他们的近战武器一柄很重的短弯刀或狼牙棒，或者一根套索，有时还带一支头上带钩的标枪或长枪。

除了轻骑兵之外就是重骑兵。重骑兵头戴铁制头盔和皮制护颈，装备一支长矛和一柄战斧或马刀，一面皮制盾牌，两张组合反曲弓和数囊羽箭，其中一张是轻型弓，用于策马飞驰时快速发射，箭身短，射程近；另外一张是强弓，弓重箭长，用于射击远程目标。所不同的是轻骑兵的战马身上没有甲，而重骑兵则身披皮革制造的轻便甲胄。

蒙古士兵习惯穿丝绸内衣，其目的绝不是为了舒适。数层丝绸制成的内衣质地相当坚韧，远距离射来的弓箭穿透蒙古兵的皮制战袍以后，往往无法继续穿透内衣。近距离发射的弓箭透至丝绸内衣时，箭镞会被丝绸包裹着进入人体，这样能有效地防止箭镞可能携带的毒素扩散，而丝绸包裹的箭镞可以轻易地取出来，上面的倒钩也无法发挥作用。可以说，正是不起眼的丝绸内衣使蒙古士兵在战场上的伤亡率大大低于当时的其他军队。

从装备上看，花剌子模军队一点也不比蒙古人差。他们的主要兵器是

"环刀",这种刀"轻便而犀利"。他们的坐骑是当年令汉武帝非常向往的"汗血宝马",这种马身材高大、躯干强壮,负荷量大。在平原作战中,比身材矮小,跑速慢,但是耐久力强的蒙古马更具优势。

双方各有优势,大战一触即发。

当时成吉思汗手下有一个汉族人,名叫郭宝玉,素来足智多谋。成吉思汗问他:"卿有何破城良策?"

郭宝玉回答说:"臣见此城易守难攻,不宜轻举妄动,再加之将士连日行军疲惫,莫若先行休整,再图良策。"

成吉思汗听了郭宝玉的话连连点头称是,遂下令蒙古军就地扎营。

蒙古军抵达撒马尔罕的第三天,成吉思汗下令把撒马尔罕城包围起来。撒马尔罕的守军则不甘示弱,主动杀出城门,在平原上与蒙古军队展开激战。

数万花剌子模骑兵呼啸着奔涌而出。蒙古士兵对这突如其来的进攻有点儿指手不及,他们还未来得及准备,花剌子模骑兵就已经冲到眼前。为首的花剌子模将军名叫阿勒巴儿汗,只见他手中挥舞着一把巨型战斧,挥动马鞭带头冲入蒙古军阵营,拼命地砍杀。阿勒巴儿汗率领的士兵也非常勇敢,他们在阿勒巴儿汗的指挥之下,非常英勇。

一直以来,蒙古人以野战见长,他们迅速地将部队编为五个分队,前面两队重骑兵,后排三队轻骑兵。当花剌子模军队冲过来时,处于后排的轻骑兵越过重装骑兵杀了出来。但是他们并不与敌人短兵相接,只是对着敌人的阵营放箭。

等到花剌子模军队承受不住弓箭的攒射,阵形被打乱之后,轻骑兵向两侧撤退,重骑兵开始冲锋,与敌人短兵相接。而此时,轻骑兵会乘机进攻敌人的两翼,让他们处于腹背受敌之势。

靠着这套战术,成吉思汗率蒙古军队纵横沙场,少有败绩,但是这一次,他发现自己面对的敌人不愧是纵横亚欧的强大军队。他们阵形严整,进退有度,很难被冲破,甚至能在短兵相接中杀死一些蒙古士兵,经过一天的血战,双方都伤亡惨重。蒙古军队在战斗中不但没有占到丝毫的便宜,而且还有几十名士兵做了敌军俘虏,这在蒙古军西征以来还是第一次。

越是面对强大的敌人,就越要拿出决战勇气。未能在野战中重创敌军,成吉思汗决定对撒马尔罕发动更凶猛的攻势。

当天傍晚,成吉思汗亲自出马,指挥蒙古军四面攻城。攻城机械发射出的石块和火球再度让花剌子模守军感受到了蒙古人的可怖。为了扭转被动挨打的局面,他们使出了自己的秘密武器——20头战象。这些战象身着好似节日盛装一样的披挂,皮肤被漆成红色、绿色或其他颜色,象背上有一座小木堡,木堡用丝绸覆盖,木堡的四个角各插有一面旗帜,木堡里有5到6名战士,象颈上还骑着一名操控战象的人。战象被削短的象牙上牢牢绑着两把大刀一样的刃器。它们被训练成通过一系列的小跳和急步调整阵形,使之始终保持在并排位置反复向敌阵冲杀,它们高速冲锋的速度可达30千米/时(相当于短跑选手在进行百米赛跑)。

花花绿绿的战象,以其庞大的身躯冲向蒙古军队。这是蒙古人第一次看到如此巨大的野兽,在面临未知的危险之时,相信他们的内心一定也非常恐惧。但是，严明的纪律战胜了内心的恐惧，面对怪兽，蒙古军阵形没有乱。他们开始用一种叫作"擒王"的强弩打击象群。这种武器是蒙古人在中原战场上获得的强大兵器，射程远，威力大。这一次，在面临敌人的突袭时，它发挥出来巨大的作用，射穿了大象身上的甲胄和皮肤，射伤了大象。

"大象负伤，不比棋盘上的卒子更有用，它们往回跑，脚下践踏了许多（花剌子模）人"。守军只好放弃外垒，龟缩回撒马尔罕城中。

一天的战争，让撒马尔罕人仅剩的、对于自己坚固城防的自信受到了严重打击。城内军民的抵抗意志开始动摇，最终，掌握着3万突厥精兵的守城主将、摩诃末的舅舅脱盖罕带着自己的军队向成吉思汗投降。

或许脱盖罕和他手下的人认为，投降了就可以保住性命。但是对于成吉思汗而言，一支建制完整而又朝三暮四的军队，今天可以背叛摩诃末投降自己，将来也可能会毫不犹豫地背叛自己。决不能让他们存在下去！于是，这些俘虏全部被杀。

1220年3月19日，仅仅经过一天的战斗，成吉思汗就攻下了花剌子模的首都的外城。为了能让骑兵顺畅地进出城市，成吉思汗下令拆毁了城墙和残存的外垒，直到城墙被削平，城壕被土填满方才罢休。

不过，3月19日当天，撒马尔罕的战事尚未完全结束，所谓"时穷节乃见"，一股花剌子模小部队（千余人）退守内城，继续顽强地抵抗，也为这座轻易投降的坚城挽回了最后的荣誉。蒙古军的攻城部队架起弩炮，拉开强弓，矢石齐发，又用盛石油器向守军喷射点燃的石油（早期的火焰发射器，与拜占庭帝国的"希腊火"类似）。最终，城堡和堡前斜坡都被毁坏，入夜时分，蒙古军攻破城门，闯入内城，坚守到底的花剌子模守军除战死者外均在被俘后遇害，包括二十多位著名的大臣。

完全占领了撒马尔罕之后，蒙古军将全城居民赶出城外，拒不从命者当即沦为刀下之鬼。他们随即被洗劫一空。城市居民中间有手艺的工匠被成吉思汗分给了几位王子当奴隶，而其他人，则被编入了军队之中。在后来的战争中，这些人能够生还的概率微乎其微。

志费尼在他的旷世名著《世界征服者史》里，为昔日繁华的撒马尔罕城写了一首"挽歌"：

"心儿哟，不要呻吟，

因为尘世仅仅是幻影；

灵魂哟，不要悲伤，

因为凡间仅仅是虚无！"

玉龙杰赤

成吉思汗的下一个目标是玉龙杰赤！作为花剌子模帝国的旧都，攻下这里，就可以宣告这个帝国的灭亡了。

摩诃末已经彻底丧失了抵抗意志，所以玉龙杰赤已经被他抛弃。这里最有权势的人原本是摩诃末的母亲秃儿罕哈敦。这个花剌子模最有权势的女人统领着9万多精锐部队，但当她得知自己的儿子已经逃出撒马尔罕的消息后，也不负责地带上摩诃末留在城中的妻子、儿子和财宝逃离了玉龙杰赤。

秃儿罕哈敦自己逃走了，却没有指定玉龙杰赤的留守负责人，在1220年末，花剌子模名将帖木儿灭里和摩诃末的王子札兰丁虽然先后来到城中，却因为与城中的将领和贵族不和而离开。所以，整个玉龙杰赤城中虽有近百万居民，9万多军队，许多大臣、贵族、学者，却没有一个首领，陷入一片混乱中。

在没有办法的情况下，玉龙杰赤城中的将领、贵族们集体推举秃儿罕哈敦的亲戚忽马儿为城主，临时摄政，希望他能在敌军来袭时带领大家渡过难关。

"它是世界众国王的宝座所在，它是人类最有名的名人的居住地，它的四角供当代的名人作歇肩之用，它是容纳现代珍奇的府库，你期望的一切，物质的和精神的，都在其中。"这就是玉龙杰赤！它曾经是花剌子模国土上的一颗明珠，而现在，随着其他"兄弟城市"纷纷落入成吉思汗之手，玉龙杰赤

"像一座断了绳索的帐篷",孤立无援地矗立在国土深处,静静地等待着宿命的到来。

-成吉思汗并没有亲自来攻打玉龙杰赤,而是派长子术赤,次子察合台,三子窝阔台前往征战。

蒙古人的部队到达玉龙杰赤时,已经是1220年秋天。最先出现在玉龙杰赤城下的是一小股蒙古军队,他们人数虽少,却在城下耀武扬威,似乎并没有把花剌子模人放在眼里。

花剌子模人愤怒了,他们出动全部兵力,去追击这一小队蒙古骑兵。看到城里人追杀出来,蒙古骑兵像受惊的野兽一样惊慌逃走,不时还回头看看是不是已经追上来了!

对于这种古代中国战场上经常会出现的"诱敌出战"的戏码,花剌子模人明显缺乏鉴别的能力。所以他们一直追到离城三十里路远的地方。

此时,花剌子模人发现蒙古人勒马回头,不跑了。与此同时,大队蒙古骑兵从四面八方杀了过来。

处于追击状态的军队是很难保持阵形的,所以两军一经交战,花剌子模军队就开始败退,四散奔逃。而蒙古人则瞬间从猎物变成了猎人,他们策马追击,剿杀四散溃逃的玉龙杰赤士兵。

这一战中,蒙古人歼敌大部,仅有一小部分军队逃回到了玉龙杰赤。

在取得初步胜利之后,术赤、察合台和窝阔台并没有趁热打铁,而是选择次日再战。第二天早晨,蒙古大军来到城下,将整座城市紧紧包围,并随即发动进攻。

攻打玉龙杰赤,可能是成吉思汗在这次西征战役中碰到的最为艰苦的战役。一次次进攻被击退，在战争中，玉龙杰赤守军表现得异常顽强。倚仗城墙坚固，打退了蒙古人的数次进攻。

久攻不下，术赤派人前去劝降，说成吉思汗已将玉龙杰赤封给了自己，希望玉龙杰赤人早点投降，免得城市被毁坏。

术赤的劝降言辞更像是一种挑衅，反而激起了玉龙杰赤人更大的反抗决心，同时，他说父亲已经将城市封给了自己，引起了其他两位战争指挥者窝阔台和察合台的不满，兄弟之间因此产生了矛盾。这种矛盾直接影响了蒙古军队的作战效率，在攻守的选择上无法做到进退如一，玉龙杰赤军队则趁机反攻，蒙古人伤亡惨重。

从未有过的挫折让蒙古军队变得更加狂躁，他们不惜耗费大量人力，从远处运来沙子填平了玉龙杰赤的护城河，这项工作花了整整10天时间。之后，蒙古人又砍伐大量的木材，制造了高高的云梯，从四面八方往城墙上爬。像蚁群一样茫茫多的蒙古士兵不避箭矢、舍生忘死地向上爬，让玉龙杰赤的守将忽马儿看得心惊胆寒，他下令：放弃城墙，全军退入城中，与蒙古人打巷战。

蒙古人花了整整六个月时间，才终于敲开了这座城市的大门。但是，更艰苦的战斗还在后面。

玉龙杰赤军队虽然迫不得已放弃了守城，但是却依然拥有强大的战斗力，他们把城中每一条巷子、每一处房子都当作据点，抗击涌入城中的蒙古人。

巷战，是蒙古军队遇到的一种新型战斗模式，也是蒙古人最为忌惮的战争模式。因为在狭窄的街巷中，他们所擅长的大规模集团军作战完全施展不开，而且，在这种地形中，战马变成了累赘，一生都生活在马背上的蒙古人不得不徒步与敌人作战。

蒙古军队再次陷入苦战。

久攻不下、伤亡惨重的蒙古士兵决定断绝城中居民的用水，渴死他们。3000蒙古士兵奉命去攻占流经城里的阿姆河上的一座桥，堵截水道。

玉龙杰赤人同样也知道水源的重要性，所以他们派出军队去阻击这3000蒙古士兵。双方围绕着一座桥展开了激烈的战斗。战争的结果是，3000名蒙古士兵全军覆没。

自从西征战役开始以来，花剌子模军从未取得过如此彻底的胜利。所以在听到全歼蒙古偷袭队的消息之后，玉龙杰赤军队欣喜若狂，他们打破了蒙古军队不可战胜的神话，因此斗志更旺。

在蒙古一边，战争的趋势向着更坏的地步发展——术赤与察合台的矛盾进一步加剧了。

在攻入玉龙杰赤城之后，术赤下令：禁止军队纵火毁城。他这么做的原因，还是因为他认为将来这座城市会属于自己，所以不想毁坏"自己的财产"。

而察合台，则坚持推行焦土政策，他认为如此便可把敌人从房子里逼出来，摆脱巷战泥潭。

兄弟之间的矛盾让战争变得更加艰难，他们在攻入城中一个月以后，往日纵横驰骋、用6天时间便攻下撒马尔罕的蒙古军队陷入到了消耗战的泥潭，未能再向前一步。

最后，两人分别向成吉思汗告状，希望父汗能站在自己一边。

成吉思汗得知两兄弟窝里斗的消息之时，正在和四子拖雷一道进攻一个叫塔里寒的小城市。在这里，他同样遭遇到了敌人的顽强抵抗，久攻不下，又听说玉龙杰赤的两兄弟搞内讧，所以非常生气。他派出使者前往玉龙杰赤，向三兄弟传达了大汗的敕命。

在大汗的口谕中，先是狠狠地痛斥了术赤和察合台的不团结行为，最后他任命三兄弟中的窝阔台担任总指挥，统领全军。

窝阔台得到军队指挥权后，下令统一行动，用石油筒把所有的房屋一律烧毁。在接下来的7天里，玉龙杰赤变成了一片火海，无数军队在火海中奋力拼杀，任何一部战争大片都无法重现这场惨烈的决战。

7天以后，玉龙杰赤人派一位名叫阿老丁·哈牙锡的教长往见术赤，恳求宽恕和怜悯，他说："我等已领受大王之怒火与威严矣。今请大王大发恻隐之心，怜悯我等！"

部下的伤亡让术赤怒火中烧，所以他对这位教长说："汝曹以抗拒而殁我军多人。迄今受怒火与威严者乃我军也，汝曹竟说汝曹受我军之怒火与威严！今我军当使汝曹一受之！"你说你领受到了我的怒火和威严，但到现在为止，是你们在用怒火抗击我，所以，我必须让你们真正体会什么才是怒火和威严。

奋战了7个月的玉龙杰赤人，连投降的资格也被剥夺了。

1221年4月，玉龙杰赤全部沦陷，这座城市已经变成了焦土。

成吉思汗的不满

三兄弟攻占玉龙杰赤之后，在瓜分胜利果实时，忘记了给父汗留一份。结果，等到他们三兄弟回到他们父亲那里的时候，成吉思汗非常生气，三天不见他们。

成吉思汗手下的亲信，博尔术和失吉忽都忽（成吉思汗母亲收养的一个孩子）来劝成吉思汗，他们说："玉龙杰赤已被攻陷，此役胜利已壮大我军之力量，西域已被征服。陛下之军队欢呼雀跃。我汗奈何如此大怒，陛下之子已知过错，正自悔悟，望陛下宽容大量，赦免他们的过错。"

一番劝告之后，成吉思汗怒气稍止，接见了三个儿子，但仍然对他们严厉责骂。

在两军阵前耀武扬威的三个将军，在成吉思汗面前一动不敢动，成吉思汗越骂越严厉，三兄弟不敢还嘴，脸上的冷汗直往下流。这时，成吉思汗的侍卫也来劝成吉思汗："三个王子像小鹰初次参加围猎，他们是来学习战争的本领的。他们做得不好也情有可原，不能一回来就责骂他们。更何况从太阳升起到太阳落下的地方，我们的敌人很多。请您放他们去攻打敌人，就像你在围猎时候放猎狗一样。靠老天爷保佑，他们战胜了敌人，会将一切金银绸缎财富取来献给您，他们会替您攻破敌人所有的城池。您要不要他们去攻打巴格达的哈里发呢？"

听了这些话，成吉思汗才停止了责骂，饶恕了儿子们的过错。

拿下玉龙杰赤之后，花剌子模帝国的国运也走到了暮年。一个称雄西域多年的强大帝国，在成吉思汗率领的蒙古军团刀下，迅速衰亡。当然，成吉思汗的西征还未结束。在未来的几年中，他将彻底铲除花剌子模的残余力量，并且会征服包括俄罗斯大部、欧洲局部的广阔地区。在那里，他和他的军队将面临各种各样的挑战，体现出卓越的智慧和战力。不过，在描述这些精彩却也残酷的战争之前，我们亟需弄明白一件事——成吉思汗和他的蒙古军队，为什么会有如此之强的战斗力？如果不把这件事情解释清楚，我们很难真正理解这场改变了世界格局、影响了历史进程的战争。

作为蒙古帝国的缔造者，成吉思汗对于蒙古帝国的贡献无人可以出其左右，我们甚至可以这样说——没有成吉思汗，就没有蒙古帝国。柏杨在《中国人史纲》中给予成吉思汗极高度的评价："铁木真是历史上最伟大的组织家暨军事家之一，他在政治上和战场上的光辉成就，在20世纪之前，很少人可跟他媲美。铁木真胸襟开阔，气度恢宏，他用深得人心的公正态度统御他那每天都在膨胀的帝国，高度智慧使他发挥出高度的才能。"

成吉思汗带给蒙古帝国一种非常奇妙的东西，就拿征服花剌子模战争说，在之前的两军实力对比中，我们可以知道，花剌子模的军事力量并不比成吉思汗的西征军团弱，而且在很多地方占有绝对的优势，例如地利之便、人数之众。但是战争不是数学题，不能单纯地用数字来考量，相较于花剌子模军队，蒙古人拥有更强的战斗意志、更实用的战争策略，而蒙古人在心理上、在战术上的优势，可以说全部来自于他们举世无匹的领袖——成吉思汗。

第二篇 / 草原上的最强者

第一章 / 草原上的散沙

婚姻与背叛

蒙古族在诞生之初,没有国家的概念,他们分成了几个大大小小的部落,散布在茫茫草原之上。在"列强"环伺的中国北方,他们的势力非常弱小,就如同散落在草原上的沙子。

成吉思汗的先祖——孛儿帖赤那和豁埃马阑勒,生活在今天的大兴安岭北端。

经过几代人之后,这个小小的族群开始发展壮大,逐步西进,来到了蒙古草原上。

蒙古草原,悠远辽阔。

如果从今天的地域划分来看,蒙古草原地处东亚地区内陆高原。包括了蒙古国全境,俄罗斯联邦南部和中华人民共和国北部部分区域。总面积约为

60万平方千米，海拔约900~1500米。

蒙古大草原属于温带草原气候，冬冷夏热，气温年落差比较大，最热的时候，月平均气温可以达到20℃以上，最冷的时候，月平均气温经常处于0℃以下。在这种气候的影响下，蒙古地区的降水量非常有限，不利于树木的生长，所以这里树很少，多是草。而且，正由于蒙古草原昼夜温差比较大、比较寒冷，最大程度上减少了牲畜的传染病流行。

草多，牲畜不容易生病，有了这样的自然环境，蒙古地区自然而然就成为了游牧民族的天堂。而蒙古族，就是一个典型的游牧民族。

游牧民族，顾名思义，"游"和"牧"是他们最大的特点。所谓的游，指的就是"居无定所、四处游荡"，他们没有固定的生活区域，哪里草肥水美，就去那里生活。

在世界历史上，有三大游牧民族——雅利安游牧民族、阿尔泰语系游牧民族和欧罗巴游牧民族。这三个游牧民族，都曾经雄霸一方，以武力见长。但是，若论武力之强盛，历史上恐怕还没有哪个民族能够超过蒙古族的。

不过，此时的蒙古族人还太弱小，并没有一统天下的勇气与实力。他们所关心的事情，是眼前的这个姑娘。

蒙古族中有个人叫作"都蛙锁豁儿"，蒙古秘史中说他额头上长着一只眼，能看得很远。这恐怕是一种神话。但有一点是真的，那就是这个都蛙锁豁儿的视力可能确实不错，能看得很远。

这一天，都蛙锁豁儿和弟弟朵奔篾儿干一起去登山。路途中，遇到了一群由别处迁徙来的外族人。这群人中，有一个姑娘，相貌出众。

都蛙锁豁儿充分发挥了自己的视野优势，远远地就看到了这个美貌的姑娘，对弟弟说："在那迁徙而来的人群中，有一女子坐在黑色车子的前头，是个不错的女孩。如未出嫁，你娶她为妻吧！"

朵奔篾儿干一听此言，便上前打探，得知那女子叫阿阑豁阿，尚未婚配。而且，这女子还大有来头，是一个部落首领的女儿。因为部落内讧，所以她才避难来此。

英雄相救落难女子的故事再次上演，朵奔篾儿干在阿阑豁阿为难之时出手相助，并成功抱得美人归。

婚后，夫妻二人生了两个儿子，一个叫不古讷台，一个叫别勒古讷台。

帮助弟弟发现美人的都蛙锁豁儿，自己生有四个儿子。都蛙锁豁儿去世之后，他的孩子们对自己的叔叔朵奔篾儿干非常不屑，不久便弃他而去，变成了朵儿边氏人。

阿阑豁阿的五个孩子

几年之后，朵奔篾儿干也去世了。

朵奔篾儿干死后，已经成为了寡妇的阿阑豁阿又生下了三个孩子——不忽合塔吉、不合秃撒勒只、孛端察儿蒙合黑。蒙古秘史记载，这三个孩子是"天孕"，也就是说，是上天赐给她的。

朵奔篾儿干的两个儿子不古讷台和别勒古讷台不相信，他们怀疑自己的这三个弟弟，是母亲和别人生的，并经常私下议论此事。

对于孩子们的不信任，阿阑豁阿也有所察觉。春季的某一天，阿阑豁阿煮熟羊肉，把五个孩子都叫来一起吃。

吃饱了肚子之后，阿阑豁阿让孩子们并排坐下后，给每人发了一支箭，令他们折断。孩子们很轻易地折断了一支箭。然后，阿阑豁阿又将五支箭捆到一起，让孩子接着折。

一帮孩子谁也没能折断五支箭，阿阑豁阿趁机教导说："别勒古讷台、不古讷台两人对我所生三子以及父为何人一事充满了怀疑和猜测。你们的怀疑有道理。但你们有所不知的是，每到深夜有一发光之人从天窗飞进屋内抚摸我的腹部，其光芒都透入我的腹内。待到天亮时，才如同黄狗般地爬将出去。你们怎能乱加猜疑！由此看来，必为上天之子，怎可与凡生相比？待将来成为万众之主时，人们才会明白的呀！"

阿阑豁阿接着又对孩子们说:"你们五个都是我的儿子,如果不团结,就像箭矢一样,被轻易地折断,如能合力,便无坚不摧!"

说罢,阿阑豁阿唱道:

如今啊

除了影子,

没有伙伴;

除了坐骑,

没有随从。

不要像虎豹,

自食其子;

不要像猎鹰,

自冲其影。

单箭容易折,

孤树不挡风;

兄弟能齐心,

力量大无穷。

兄弟们听了母亲的歌,都深受感动。他们跪拜在母亲膝下,含泪发誓道:

纯净的母乳哟,

哺育我们成长;

贤母的训谕哟,

犹如明镜照心。

要学弓和箭,

力量不可分。

要学日和月，

永不相冲撞；

昼夜有顺序，

光明照乾坤。

(此段话出自《蒙古秘史》)

这便是历史上"阿阑豁阿五箭训子"的故事。

在给孩子们上完课后不久，阿阑豁阿便去世了。作为蒙古历史上最为伟大的女人，她被后代子孙们立为"三圣母"之一。

虽然阿阑豁阿的家教课极为生动，但效果却一般。她死后，兄弟五人不和，别勒古讷台、不古讷台、不忽合塔吉、不合秃撒勒只四人分掉了所有家产，没有给孛端察儿蒙合黑留一分一毫。原因是，四人嫌孛端察儿蒙合黑太笨。

被兄弟所不容，孛端察儿感觉非常愤怒，可毫无办法，他骑着一匹骨瘦如柴的青白马，心想："死就死，活就活。"顺着斡难河一直走下去。来到了一个叫作巴勒谆岛的地方。在这个地方，他独自一人生活。

孛端察儿的哥哥不忽合塔吉，在伙同其他兄弟赶走自己的弟弟之后，内心有所愧疚，他很思念弟弟，便顺着斡难河向弟弟走去的方向出发了。

没过多久，兄弟两个人便再次见面了。

孛端察儿与不忽合塔吉见面之后，孛端察儿对哥哥说："兄长，兄长，身必有首，衣必有领啊！"

这句话说得很无厘头，不忽合塔吉完全不知道怎么回答，所以选择了沉默了。

孛端察儿接着唠叨同一句话:"兄长,兄长,身必有首,衣必有领啊!"继续冷场。

孛端察儿再接再厉,把刚才的话重新又说了一遍。他哥哥被弟弟的反常表现搞得很不满意,问:"一句话你翻来覆去的说,有意思嘛?"

孛端察儿这才说出了真实的想法:"统格黎溪边的那些百姓是一群无主之人。我们去俘虏他们吧!"

不忽合塔吉倒是很痛快:"行啊。"

达成一致后,兄弟两人便开始动手了。他们先抓了对方一个孕妇,盘问出了这伙游民的情况。

随即,兄弟两人便向游民发动了进攻。由于没有一个首领指挥战斗,所以游民们虽然人数占优,可依旧没能敌得过兄弟两人,只好臣服。

兄弟两人,再加上臣服的一干游民,组成了一个新的蒙古部落。

在当时的蒙古草原上,几股强大的势力同时存在——金朝、南宋、西夏、契丹(西辽)以及草原诸部。蒙古人仅仅是草原诸部中的一个种族,而这么一个种族,还四分五裂,分成了若干个部落,彼此之间杀戮不止。

这时候,蒙古人中出现了一个伟大的人物——来自乞颜部的孛儿只斤·合不勒汗,他通过战争统一了蒙古各部。这是蒙古人第一次团结到一起,但是持续的时间很短。

统一后的蒙古人,很快就展现了自己超强的作战能力。在与周边部落的战争中占据了上风。

屈辱的日子似乎过去,合不勒汗成为了民族的英雄,蒙古人都非常尊重他。

蒙古的崛起，让当时北方的霸主——金国感到非常不安。

当时，金国正在和宋朝进行着长期的战争。这就好像是一个武士在和强大的敌人决战，打着打着，发现自己身后的一个人战斗力逐渐开始提升。那种身后冷飕飕的感觉，想必是非常糟糕的。

为了拉拢合不勒汗，金太宗采用了人类历史上最常用的一种手段——请合不勒汗吃饭。

这本是一件小事情，谁知道却发生了大意外。

金太宗设宴款待合不勒汗。酒过三巡，喝的酩酊大醉的合不勒汗竟然伸手去捋皇帝的胡须，这个无礼的举动，引起了金国人的严重不满，但是毕竟要拉拢蒙古人，金太宗也就忍了。

蒙古帝国的建立与乱象

金太宗死后，金熙宗即位。

金熙宗是个比较倒霉的皇帝。他在位期间，宋朝出了诸如岳飞、韩世忠等一干猛将。金朝军队不是敌手，早先占据的一些地盘被宋朝收复。更为棘手的是，金国内部发生了叛乱。叛乱者还联合了合不勒对金国两面夹击。

在与蒙古人的战争中，金军处于下风，被蒙古铁骑一口气攻下20多个城寨。无奈之下，金国只好主动和蒙古人握手言和。

金国为了求和，给了蒙古人很优厚的条件，除了送牛、送羊、送粮食之外，还承认合不勒汗的"国王"地位。

从此，蒙古人才有了自己的"合法"国家。

好景不长，在建立了自己的国家之后，合不勒汗去世了。蒙古人又陷入到了内乱之中，金熙宗趁此机会，怂恿塔塔尔人骚扰和攻击蒙古部落。

事实上，塔塔尔人也属于蒙古人。只不过因为塔塔尔部离金国更近，所以他们一直依附于金国。

形势对于蒙古人而言非常严峻，危局之中，他们迅速作出一个决定：推举合不勒的堂兄弟——俺八孩为新的汗王。

俺八孩汗是个"和平主义者"，他希望用和平的方式解决蒙古人与塔塔尔人的争端。于是俺八孩带着自己的女儿，向塔塔尔人表示了希望联姻的友好意向。

塔塔尔人表示同意，但有一个前提：你要表现出自己的诚意。

为了表达诚意，俺巴孩决定孤身陪同女儿来到塔塔尔人的地盘，与他们订亲。

真诚换来了欺骗，当俺八孩带着女儿来到塔塔尔人的地盘上时，伏兵四起。俺八孩被俘。

被俘之前，俺八孩传出消息：我是被塔塔尔人抓住的，你们要替我报仇。

塔塔尔人俘虏俺八孩之后，把他交给了金熙宗。

金熙宗二话不说，杀死了俺八孩。他之所以这么做，就是想要让塔塔尔人和蒙古人的矛盾到达不可调和的地步，用心着实阴险，而且有效。

蒙古人和塔塔尔人之间的仇恨，就在这样的你来我往中不断升级。然而，强大的塔塔尔令蒙古人无可奈何，更多的时候，蒙古人只能把血往肚子里吞。

俺八孩死后，他的泰赤乌氏族为了争夺汗位产生了严重的分歧。在争议中，蒙古各方怀着叵测的目的，将合不勒的四儿子忽图剌推上汗位。

对前两位汗王相比，忽图剌汗对于蒙古各部落的约束力是非常有限的。最明显的表现就是：作为乞颜部人（他姓孛儿只斤），他无法控制前任汗王俺八孩的部落——泰赤乌氏。

泰赤乌氏本来是"汗王"的后代，但是现在大权却掌握在其他氏族人的手中，这让他们非常不满。这种不满，升级成了对乞颜部的仇恨。

此时，蒙古各部族之间再度产生了裂痕。不过，在对付敌人的立场上，他们还是保持着一致。当忽图剌继位之后，提出要讨伐塔塔尔，为俺八孩报仇，得到了大部分蒙古部族的响应。

忽图剌此人，是个勇士，力大无穷，食量惊人。他是一个优秀的战士，却不能称得上是一个合格的统帅。因为在讨伐塔塔尔的过程中，他先后同塔塔尔人进行了十几次战斗，却没有取得任何实质性的胜利。而且，他还纵容手下四处掠夺，到最后竟然穿过塔塔尔的地盘，到达了金国边境。金国对于他的举动非常不满。

在一次劫掠中，忽图剌被蒙古部一个叫作朵儿边的小部落袭击了，这次袭击给忽图剌造成了大麻烦。在战斗中，他被连人带马逼到了泥沼之中，无奈之下，他只好丢弃战马，只身逃走。

蒙古人被称为马背上的民族，丢弃了自己的战马，是莫大的耻辱。

死里逃生的忽图剌音讯全无，许多人都认为他死了，甚至开始为他办葬礼。只有他的老婆拒绝这种说法。

在葬礼进行到一半的时候，忽图剌回来了。原来，他逃走后不久，又返回了泥沼，拉出了自己的战马。并单枪匹马潜入朵儿边部的营地，抢走了敌人一群马。

葬礼变成了欢迎会。

在蒙古人和塔塔尔人征战不休之时，第三方势力出现了。

金国人认为，如果任由蒙古人在草原上为所欲为，那么将会养虎为患。所以他们决定支持塔塔尔人对付蒙古人。

金国人的加入，让这场战争变得毫无悬念。当时的蒙古人，远不是金国的对手。在呼伦贝尔湖一带的一次大战中，蒙古人惨败而归。

这场败仗,对于当时的蒙古人来讲是致命的打击。他们失去了东部草原的大部分地盘,塔塔尔人成为了这里的新主人。合不勒汗所建立的蒙古王国开始凋零和残败,面对越来越强大的塔塔尔,蒙古人一时间毫无办法。

到此为止,蒙古人经历了合不勒、俺八孩和忽图剌三个汗。忽图剌死后,没有任何人来继承他的汗位。

此时蒙古部族似乎又一次陷入了分裂和混乱,这个刚刚建立的王国已经分崩离析,蒙古人又回到了相互劫掠杀戮的那个时代了。

第二章 / 英雄的诞生

铁木真的诞生

陷入分裂的蒙古族再次失去了在历史舞台上一展身手的机会,中国各大强权之间战争不断,谁也不会把注意力放到分裂、弱小的蒙古族身上。

1162年,也就是南宋绍兴三十二年,宋朝和金国的战争仍在继续着。

5月,金世宗命太师乌珍率兵20万进攻海州(今江苏连云港一带)。海州守将魏胜选派3000精锐骑兵前往石闼堰(今江苏东海东南),依险抗击金军,使其不得进。

几日后,金军又增兵10万,全力进攻石闼堰。魏胜率部与金军激战,杀敌数千人。金军大败而逃。魏胜守险不追,还军城中。

战败后的金军并不死心,他们重整旗鼓,包围了海州城,"围城数重"。面对数倍于己的敌人,魏胜与统制官郭蔚分兵备御,并且趁着夜晚时候,派出骑兵劫营，将敌人的攻城器械全部烧毁，使金兵夜不安枕。

天明后，金军对海州城发动了进攻。魏胜知道靠一己之力难以守御，便向沿海制置使李宝、镇江都统制张子盖求援，二人收到消息后，火速率兵赶来支援。

交战中，镇江都统制张子盖一马当先，杀入敌军阵中，宋朝士兵见主将英勇，大为振奋，奋勇争先与金军展开激战。此时，魏胜也率兵从海州城内杀将出来，与张子盖两面夹击。

金兵虽人数占优，但腹背受敌，军心大乱，毫无抵抗之力。此战过后，金兵损失近半，无力再战。太师乌珍只好引兵退却。

此战史称海州之战，是中国乃至世界战争史上，以少胜多的经典战例。

毫无疑问，1162年之际，宋朝和金朝都把对方当成了最大的敌人，都把消灭对方作为自己的主要任务。但是，双方或许并不知道，就在这一年，被他们所忽视的蒙古族中诞生了一个伟大的人物，这个人，最终把宋金两国统统消灭，整个中国，将臣服于他的统治！

他就是成吉思汗。

当时，蒙古乞颜部的首领叫作也速该。他是蒙古草原上的英雄，身上流淌着高贵的血液。

也速该的祖父就是伟大的蒙古汗王合不勒汗。他的叔叔，就是忽图剌汗。

也速该继承了祖先的勇武，在与敌人的战斗中，他也从不退却。1162年1月7日（腊月初二），他在一次战斗中击杀了塔塔尔部一个叫作铁木真的敌人。恰逢当天，也速该的妻子为他产下一子，为了纪念胜利，也速该用死去敌人的名字为自己的长子命名，所以这个孩子就叫作铁木真，他的全名是孛儿只斤·铁木真。

孛儿只斤这个姓氏，在草原上是一种荣耀的象征。但是真正让这个姓氏焕发无限荣耀、变成"黄金家族"的人，正是铁木真。

铁木真虽然出生在一个贵族家庭，但是他的童年却是在不幸中度过的。

在铁木真8岁的时候，父亲也速该被仇人毒杀。

杀死也速该的，正是当年被也速该在战斗中击杀的那个铁木真的儿子，他的名字叫扎邻木合。

也速该临死前，把铁木真叫到自己跟前，对铁木真说："将来有朝一日为我报仇消灭塔塔尔部落，只要高于车轮的男人要一律杀掉。"

复仇的火焰，从那一刻起，开始在年幼的铁木真心中熊熊燃起。

也速该死后，留下了两个妻子和7个孩子。

两个妻子分别是诃额仑和速赤吉勒。

7个孩子分别是：

铁木真，诃额仑所生。

合撒儿，诃额仑所生。

合赤温，诃额仑所生。

铁木格，诃额仑所生。

铁木仑，诃额仑所生。

别克帖儿，速赤吉勒所生。

别勒古台，速赤吉勒所生。

这几个名字，大部分将成为历史中非常重要的人物。

也速该死后，他的原配夫人诃额仑带着家眷们一起生活。作为乞颜部首领的大儿子，铁木真本该继承父亲的位置，成为新的首领。他的两个母亲和一帮兄弟，也理应受到优待。可正所谓人走茶凉，乞颜部的其他人把孤儿寡母晾到了一边，自立门户去了。

事实上，乞颜部并不是普通的蒙古部落，在也速该活着的时候，凭借自己的威望，将许多部落都收拢在了自己的乞颜部下。各个部落之所以愿意听命于也速该，是因为一个强力的领袖对围猎和战争的胜利能够起到关键性作用。一旦这个强力领袖去世，这种联盟型的部落大多数都会很快瓦解。

当然，也有少部分人会保持忠诚，也速该手下的察剌合老人，曾经去找过那些"背叛者"，希望他们能够回到旧主身边，但是却遭到拒绝，老人极力坚持，对方却用长矛猛刺他的身体。

察剌合老人回到自己的蒙古包里时，已经是奄奄一息。当时只有9岁的铁木真去看望老人，老人说："你伟大的父亲死后，这些人便想远走高飞，我劝他们留下，可是你看看，他们却把我伤成这个样子。"

铁木真大哭着离开了老人的家，年幼的他已经见识了死亡、背叛和真正的忠诚。这些东西将会伴随他的一生，而那时，他不会再哭泣。

从部落首领的家属，瞬间变成了众叛亲离的孤家寡人，生活的落差可想而知。但这还不是最可怕的事情。要知道，也速该当年南征北战，虽然功勋卓著，可同时也和许多人结下了仇怨。现在他死了，当年的仇人都纷纷找上门来，想要斩草除根。

铁木真一家人，为了躲避仇人的追杀，开始逃难。在此过程中，铁木真与家人失散，险些被敌人抓到，或许是因为上天的垂青，他才能避过杀身之祸，并与亲人团聚。

最终，铁木真一家人逃到了一个叫作不儿罕山（今蒙古国境内肯特山脉的最高峰）的地方，安顿了下来。

在此期间，发生了两件重要的事情。

第一件事情是，铁木真和合撒儿，把自己同父异母的兄弟别克帖儿杀死了。

别克帖儿是铁木真同父异母的弟弟，从小就生的很强壮，力大惊人，常常自恃勇力，与铁木真争抢猎物。

一天，铁木真和弟弟合撒儿连同别克帖儿和别勒古台在河边钓鱼。他们钓上一条金光闪闪的小鱼，为了争抢这条漂亮的小鱼，双方争吵起来。铁木真和弟弟合撒儿一伙儿，别克帖儿和他的同胞弟弟别勒古台是一伙儿。

这一次，别克帖儿再次凭借力气从铁木真手中夺走了小鱼，铁木真非常生气，回家请母亲主持公道，但是母亲出于家族团结的考虑，并未替铁木真出头。

铁木真怒气难消，叫上合撒儿，拿上弓箭，两人匍匐在草丛中，悄悄地接近别克帖儿，然后突然现身，用弓箭对准了他。

别克帖儿知道，自己的哥哥会毫不留情地杀掉自己，所以他先是好言相劝，但无奈铁木真杀意过旺，无法被说动。最后，别克帖儿只得说："求你们不杀我的弟弟了，要杀就杀我一个，放过别勒古台吧。"

说完之后，别克帖儿便盘腿坐在山冈上，从容求死。铁木真下手毫不留情，射杀了自己的弟弟。

在蒙古秘史中，这个故事被真实地记录了下来。千百年后读起来，仍让人觉得寒意顿生。艰苦的野外生活，不仅仅磨炼了人的意志，也让一些人变得冷血。小小的铁木真，身体里的野性已经被激发出来。这种野性是他日后成功的必要条件，但同样是他人格中黑暗一面的体现。

在铁木真童年发生的第二件重要事情是，他结识了博尔术（"四杰"之一的博尔术）和札木合，并与这两人结为安答（兄弟）。

铁木真13岁那年，他的马被盗马贼偷跑了，铁木真前去追赶，路上遇到了博尔术，博尔术便与他一起追赶盗马贼，两人合力击败了对方，从此，博尔术便终生追随铁木真。至于札木合，则是铁木真从小的玩伴，他是札达兰部的一员，但是由于他的身上流着外族的血液，所以部落内的人看不起他，而铁木真却将他看作是兄长一般，所以二人结为安答。

后来，铁木真的这两个安答在他生命中扮演了不同的角色，但是对于他来讲，这两个人都非常重要。

从最危险的地方走来

铁木真在危险的环境中长大,作为家族的长子,他要担负起家庭的重任,同时也是敌人"斩草除根"的第一目标。

有一天,铁木真的母亲突然发现大队人马向着自己居住的地方跑来。她马上意识到,可能是敌人来了,于是便带着孩子们朝着附近的树林跑去。到了树林里之后,他们开始用木桩和树枝架起屏障,躲避敌人的追击。但敌人还是发现了他们,铁木真、别勒古台、合撒儿开始用弓箭阻击敌人,其他年纪还小的弟弟妹妹则钻进岩石洞中躲避。

此时,敌人的首领出来喊话说:"我们只要拿住铁木真,就可以不伤害其他人。"铁木真的母亲和兄弟们听了这话,马上把铁木真扶上马背,让他赶紧跑。

铁木真逃到了一片茂密的树林中,但还是被敌人发现了,并展开追杀。他只好逃向密林深处。敌人不敢深入,便在森林周围布起了一道网,派人站岗放哨。他们希望铁木真会因为疲劳和饥饿,主动走出丛林。

这些人在树林外等了三天三夜,都未能等到铁木真投降,逐渐放松了警惕。铁木真打算趁此机会逃走，但是途中马鞍突然掉落，铁木真认为这是上天在提醒自己——不要跑。于是便回到林中，继续躲藏。

又等了三天，铁木真饥渴难耐，再次决定逃走。这一次，一块石头从山上滚落下来，挡住了他的去路，铁木真认为这是上天的第二次启示。便再次回到密林。

就这样，铁木真在密林中坚持了九天九夜，除了几个野果之外，没有任何食物，他最后决定逃走。但是刚刚走过那块石头，便被敌人抓住了。

敌人并没有杀死铁木真，而是将他抓了回去。据敌人的首领后来说"是一股不可抗拒的力量阻止了他（杀死铁木真）"。

作为敌对氏族的继承人，铁木真被戴上了木枷，成为了阶下之囚，被牢牢地看管着。

铁木真在想尽一切办法逃跑，但是苦无良机，所以只能暂时隐忍。直到夏天到来的时候，敌人为了庆祝节日通宵达旦地饮酒。在一次看守换岗的时候，换来一个喝得醉醺醺的家伙。铁木真趁其不备，用木枷将其打晕，逃了出去。

虽然暂时获得了自由，但是铁木真知道，不久之后，敌人就会发现自己逃走了，到时候大批追兵就会倾巢而出，自己绝对跑不远，必须先找个地方躲起来。

躲到哪呢？再次躲到树林里？铁木真放弃了这个想法，因为敌人一定会找到那里去，最后，他决定躲进河里。

他把手上的木枷当作浮板，只露出脸来透气。

不久之后，敌人就发现铁木真逃跑了，派出大队人马搜查。当天晚上，月光皎白，天公似乎故意与铁木真做对。很快，铁木真就被一个叫作锁儿罕失剌的人发现了。

锁儿罕失剌是铁木真敌人部落里的一个奴隶，他对铁木真并无仇恨，反而很同情这个可怜的孩子。所以，在发现铁木真之后，他说："因为你过人的智慧，和你眼中折射的火花，你的敌人才想要杀死你。你不要动，我不会告发你的。"

说完，锁儿罕失剌继续向前，假装寻找。路途中，他遇上了其他人来搜索河岸，就对这些人说："你们大白天的都让他跑了，现在天这么黑，想找到他可不是一件容易的事儿。不如明天天亮了再找吧。一个脖子上还戴着木枷的孩子能跑到去哪？"

搜寻铁木真的人被锁儿罕失剌说动了，转头回到了营地。而后，锁儿罕失剌又来到河边，对铁木真说："他们走了，不过明天早上还会回来，到时候我就没办法了。你赶紧逃跑，越远越好。不要告诉任何人见过我。"说罢便走了。

一个人泡在夜晚冰凉的河水中，面对未知的命运，铁木真该何去何从？

如果是一个普通的孩子，或许会马上选择逃走，找个隐蔽的地方躲起来，为自己谋求一线生机，虽然机会渺茫，但是人在恐惧时，也顾不得那么多了。但是铁木真没有这么做，他从河里出来之后，非但没有逃跑，反而向敌人的营地走去。

铁木真蹑手蹑脚地靠近敌人营地，从一片蒙古包中认出了锁儿罕失剌的家，闪身而入。

见到铁木真去而复返，锁儿罕失剌既惊讶又有些生气，他不明白这孩子为什么如此大胆，竟敢跑回来，同时也害怕铁木真的到来给自己带来灾祸，所以他显得有些生气地说："我不是说要你赶紧回到母亲身边吗？"

铁木真一言不发，一双明亮的眼睛看着锁儿罕失剌，似乎在反问："你觉得我能逃出去吗？"

这时，锁儿罕失剌的两个儿子赤老温和沈伯对父亲说："麻雀被老鹰追击，树林草丛都可以庇护它们，今天铁木真有难来求助我们，难道我们不如草木，不能帮他一把？"

未等父亲回答，赤老温便为铁木真卸下枷锁，扔到了火里，不留一点痕迹。然后，他们又把铁木真藏到一辆装满羊毛的车子里，要他的妹妹"合安答"照料他。

铁木真暂时躲过一劫，但是危险远未过去。在接下来的三天时间里，他的敌人搜寻未果，便认定有人窝藏了逃犯。开始挨家挨户地搜查。

搜查的队伍来到了锁儿罕失剌家中，开始四处搜寻。很快，这些人就开始搜查那辆装满羊毛的车子，把羊毛从车上往下扔……

眼看着铁木真就要被搜出来了，锁儿罕失剌不动声色地走上前去，与搜查队一起去翻车上的羊毛，一边翻一边说："这么热的天气，谁要是能在羊毛车里躲上三天三夜，不是被热死，就是被闷死。"

搜查队的人一听，有道理，便放弃了对羊毛车的搜查，开始搜寻别的地方。铁木真死里逃生。

经过这一次，锁儿罕失剌和铁木真都意识到：不能再躲着了，必须赶紧走，敌人迟早有一天会发现的。于是，锁儿罕失剌给了铁木真一匹没有鞍的马，也没有给铁木真火镰（引火的器具），让铁木真赶快逃跑。

之所以不给马鞍，是害怕将来铁木真万一被俘，敌人通过马鞍认出马的主人，追查到自己身上。不给铁木真火镰，是希望铁木真在路途中不要停留，更不要生火。

当天晚上，铁木真跨上马，向锁儿罕失剌一家谢别之后，消失在了茫茫夜色中。

铁木真运气很好，一路上没有碰到追兵。他回到了当初敌人来袭时和家人躲避的那片树林。当然，他的家人早已经离开此地，铁木真用他那像野兽一样敏锐的观察力，追踪家人留下的记号，终于在很远的地方找到了母亲和兄弟。

铁木真死里逃生，身处险境而不失其智，绝处逢生不失其勇，可谓大智大勇。当然，若是没有锁儿罕失剌一家的冒险救援，他也无法成功。日后，铁木真得势之后，也报答了这一家人。

至于锁儿罕失剌的儿子赤老温，则追随铁木真左右，成为了铁木真手下最出色的大将之一，位列"四杰"。

雄鹰展翅之前，必须先要磨炼翅膀。对于一个人来讲，还有什么比苦难的经历更能磨炼意志的呢？幼年铁木真，从贵到贱，历经生死。对于一个孩子来讲，如此的历练，实在是太过残酷。不过，这段经历，恐怕对铁木真的一生有着非常重大的影响。他的无惧，是因为很早就见识到了最深的恐惧。他的睿智，是因为他曾经在最复杂的环境中生存。他的冷酷，是因为见识到了太多的死亡和残杀……

在痛苦的磨砺中，铁木真已经在不知不觉中变得无比强大。

蒙古男儿，准备迎接最伟大的可汗吧！

美满的婚姻与畅快的复仇

铁木真逃得一死之后,暂时迎来了平静的生活。当然,这种所谓"平静的生活"依然是艰苦的,居无定所、狩猎打鱼、躲避仇杀。在艰苦和危险的环境中,他一点点长大。

铁木真18岁就结婚了,他的夫人叫孛儿帖,是弘吉剌惕部首领的女儿。

在蒙古语中,"弘吉剌惕部"的意思就是"出美女的部落",这个部落中许多女性都嫁给了蒙古贵族。当年,铁木真的父亲也速该与弘吉剌惕部首领德薛禅(薛禅在蒙古语里是智慧的意思,德薛禅的意思就是名字叫德的智慧之人)颇有交情,便为双方的孩子订下了婚事(也速该就是在订婚归来的途中,被敌人毒死的)。

铁木真成年后,便去找自己的"岳丈",以求履行婚约。虽然当时也速该已经死去,铁木真也正在难中,但是德薛禅还是遵守了约定,把自己的女儿孛儿帖嫁给了铁木真。铁木真成家了。

结婚之后,铁木真开始招募军队,组织自己的武装力量。

在铁木真身上,似乎拥有一种天生的领袖气质,这种气质在他逐渐成年后显现的更加明显。许多人开始前来投奔他,听从他的领导。其中就有当初和铁木真一起抗击马贼的博尔术。

当初,铁木真让弟弟别勒古台去邀请博尔术加入自己的"阵营"。博尔术二话不说，飞身上马，把灰色毛毡往马背上一放，跟着就来了。

除了博尔术之外，"四狗"之一的者勒蔑，也是这一时期投入到铁木真阵营中的。他跟着父亲一起来投铁木真，者勒蔑的父亲是一位炼金高手，给铁木真带来了制作兵器箭矢的手艺，同样也为铁木真的崛起立下了汗马功劳。

新婚燕尔，军队初成，一切都很美好，却不承想变故突生——蔑儿乞惕部突然袭击了铁木真的部落，并劫走了他的新婚妻子孛儿帖。

蔑儿乞惕部也是蒙古族的一个部落，《新五代史》记载：蔑儿乞惕部是一个凶残的部族，他们擅长用大弓长箭（蔑儿乞惕的意思就是善于使用弓箭的人），并且经常吃掉被自己杀死的敌人。

这个部落与铁木真的部落关系十分复杂。双方是世仇，铁木真的父亲曾经与蔑儿乞惕部大战一场，并抢走一个蔑儿乞惕部的少女。而据传说，这个被抢走的少女，正是铁木真的母亲。

现在，蔑儿乞惕部来报复了，他们同样抢走了铁木真的妻子。据《蒙古秘史》记载，蔑儿乞惕人在掠获了孛儿帖之后，将她"许配"给蔑儿乞惕贵族赤勒格儿孛可为妻。

夺妻之恨岂是铁木真所能容忍的？他决定实施报复行动。不过，仅仅依靠自己的力量，铁木真是无法复仇的，必须要借助外力才行。

谁是外力？

王汗。

王汗，蒙古克烈部首领，原名脱斡，是草原上最有势力的部落首领之一。

王汗幼年曾先后被蔑儿乞惕部和塔塔尔人掠去为奴，后来当上了蒙古克烈部的首领。他曾经与金国军队一道攻打蔑儿乞惕人、塔塔尔人，所以金朝封他为"王",故称"王汗"。

此人与铁木真的父亲关系非常好,也速该当年曾经在王汗落难时帮助过他,并与他结为安答。

铁木真曾经去拜访过王汗,为了给这位长辈送见面礼,铁木真甚至牺牲了妻子的陪嫁——一块黑色的貂皮。王汗对故人之子也有几分情面,他当面对铁木真说:"离了你的百姓,我替你收拾;漫散了的百姓,我与你聚集。我一定记得这件事。"

虽然王汗并没有完全兑现自己的许诺,但是对于铁木真而言,这位有权势的长辈还是可以倚仗的,因此,在妻子被抢走之后,铁木真马上去见王汗,对他说:"趁我不备,蔑儿乞惕人来突袭,并抢走了我的妻子。希望汗父能帮我讨回!"

王汗回答得很爽快:"去年,你拿着貂皮来见我的时候,我曾许下过诺言。现在我来兑现那个诺言!"

不过,王汗也有个附加条件——你得把你的安答札木合也叫来,和我们一起行动。

此时的札木合,也已经成长为草原上的英雄人物,当上了札达兰部的首领,是蒙古部落中最有权势的人之一。

铁木真派合撒儿、别勒古台两位弟弟,前去札木合的部落,请求他出兵相助。

听闻安答有难,札木合同意出兵相助,对合撒儿说:"希望王汗和铁木真安答立刻起程,途经不儿罕山到孛脱罕·孛斡儿只扎营。我带两万兵马,与你们会合。"

有了这两个人的帮助,铁木真实力大增。不过,在三军会合的时候,出了一点状况：札木合按照约定到了孛脱罕·孛斡儿只，在那里，他等了三天，铁木真和王汗的军队才赶到。札木合有些不高兴，铁木真和王汗见状都认了错，事情也就过去了。他们合军一处，以迅雷不及掩耳之势，袭击了蔑儿乞惕部的营地。

《蒙古秘史》的记载，蔑儿乞惕部的营地被洗劫一空，妇女儿童被掳掠，百姓被俘虏。当时蔑儿乞惕部的营地乱成了一锅粥，众人忙着逃奔、追赶、劫掠。在纷乱的人群中，铁木真大声呼喊他的妻子孛儿帖的名字。孛儿帖正在一辆蔑儿乞惕人的车子里面，听出了她丈夫的声音。她下了车，顺着声音方向寻找，终于在人群中找到了铁木真。铁木真立刻差人对王汗和札木合说："我已找到了要找的人，不用继续追赶了。让士兵们停下来扎营休整。"（"吾所寻者，吾所失者，今已复得之矣。其勿夜行，就兹下营可也。"）

这次报复行动中，蔑儿乞惕人的首领阿台答儿麻剌被擒，参加掠夺孛儿帖的三百人全部被杀，他们的妇女被分配给了蒙古战士。

在得胜回归的路上，大部队顺路袭击了泰亦赤兀惕人。毫无防备的泰亦赤兀惕人同样被击溃，他们向札木合投降。

铁木真则在泰亦赤兀惕人的营地拾到了一个名叫阔阔出的小孩。诃额仑见这孩子幼小无助，便收养了他。

选对了领袖

在对蔑儿乞惕人取得决定性的胜利之后，在孛儿帖与铁木真两人的情感复合之时，这对刚刚重圆的夫妇仍不到二十岁，他们的生活幸福而美满。

但现实生活中总会有些不如意的事情，一个问题的解决又会滋生出另一个新的问题——铁木真发现孛儿帖怀孕了。

1179年，孛儿帖肚子里的孩子出生了，铁木真给他取名为术赤，意思是"游客"或"客人"。很多人因此认为，铁木真并不相信孩子是他的。

在接下来的那个世纪中，这种怀疑将在蒙古的政治事务中起到非常大的作用，蒙古人长期地争论孛儿帖长子的亲生父亲究竟是谁。或许正是因为这种怀疑，作为铁木真的长子，这个孩子虽然自幼随父征战，无役不从，但最终却没有被选为继承人（当然，蒙古人也没有非要选择长子当继承人的传统）。而且可以确信的是，术赤与其他兄弟如窝阔台不和，很大的原因就是他"来路不明"。当然，这都是后话了。

不过，也有人认为，铁木真之所以给孩子取了这样一个名字，是为了纪念自己当时的生活状况——在术赤出生的时候，他们全都是札木合的客人。

击败蔑儿乞惕人、营救出孛儿帖之后，铁木真决定带着那些追随自己的人，加入到札木合那个更大的追随者群体中去。铁木真和他的那一小群人来到札木合的营地，该营地处于广阔而又肥沃的地区，被称为合剌主鲁格山谷，该山谷位于铁木真祖先的发祥地，处在斡难河和客鲁涟河之间。

这是铁木真和札木合两人年轻生涯中关系最为密切的一个时间段，他们又一次结成金兰之好。虽然他们从小就是所谓的安答，但当时不过是儿童之间的约定而已，这次他们是以已成年男性的身份，在一种公开的仪式上盟誓结拜的，并且由追随者作为见证人。

铁木真和札木合站在悬崖边的一棵大树前，相互交换金色的腰带和健壮的马匹，并且互换衣服，分享彼此的气味，承接对方的灵魂。他们发誓说"让我们互相爱护"，一起生活，永不抛弃对方。他们设宴庆贺这次的结盟，宴饮狂欢。为展现两人的亲密无间，铁木真和札木合不与其他人睡在一起，而是他俩共被而眠，就如亲兄弟般，在同一张被毡下长大。

铁木真的小群体走出山区的保护，进入草原，跟札木合集团生活在一起。铁木真改变了生活方式，从猎人变成了牧人。尽管铁木真一生酷爱狩猎，但作为札木合集团的一分子，他的家族已不再过一种仅能维持生计的生活，而是过一种更高标准的生活——有可靠的肉类和奶制品供给。

铁木真在札木合的部落中学到很多放牧的知识，如：用确定的习俗来管理一年日常生活的方方面面，学习有关如何正确地管理母牛、牦牛、马、山羊、绵羊和骆驼等牲畜的知识，蒙古人称这些牲畜为"五喙"，因为他们将牦牛和母牛计算在一块。除作为食物外，所有的牲畜都提供极重要的生存资料，马是它们中的贵族，它除当坐骑外，不会用于其他劳作。

在札木合的阵营，铁木真的地位很高。一是因为他和札木合之间的"安答"关系，给予铁木真一种特殊的地位；再者他不是作为一个真正的追随者加入其中，而是因为铁木真本人是一个出类拔萃的勇士，无论在哪，他都能以自身的实力受到他人的尊重和追捧。尤其是在讨伐战争结束之后，铁木真不仅夺回了妻子,更名扬草原,许多人都来归顺他。就连札木合的部下,也有转投铁木真的。

在归顺铁木真的这些人中,有合不勒汗的曾孙(应该算作是铁木真的叔叔)、主儿乞部的首领撒察别乞和当年忽图剌汗的儿子阿勒坦斡赤斤……那些当年对铁木真母子冷眼相待的乞颜部族人,也重新回到了昔日族长之子的身边,并奉铁木真为部落首领。

在铁木真处于危难之时,这些人置若罔闻,当他功成名就之时,昔日冷面相对的人又纷纷来归顺。但不管怎么说,这些人的归顺,让铁木真的地位大大提升。与此同时,札木合觉得铁木真抢了自己的"风头",开始逐渐对铁木真产生了防备之心。

《蒙古秘史》记述,在一年半的时间里,铁木真的实力虽然不断壮大,不过他似乎很满足于接受札木合的领导,并向他学习。

1181年5月中旬,札木合要求拆除冬季营地,向更远的夏季牧场迁徙。跟往常一样,札木合与铁木真并驾齐驱,处在追随者和牧群的长长队伍的最前头。但也就在那天,札木合决定不愿与铁木真一起分享他的领导位置。或许札木合意识到,铁木真已经在那个群体的其他成员当中深得人心,也可能札木合只是对于铁木真的存在已经感到厌倦。他对铁木真说:他本人该带着马匹在靠近山坡的地方安营扎寨,而铁木真则应带着并不重要的绵羊和山羊,在靠近河边的地方建立另一个营地。札木合似乎在表明,他的权力就如"牧马者"一样,要比铁木真这个"牧羊人"的权力更大。

接到这一命令后,铁木真并没有当即表示反对,而是移到正在行进中的自己家族和牲畜所在队伍的尾部，去征求诃额仑的意见。他此时似乎陷入了困惑，不知道该如何作出反应。这种情况在他身上很少出现。

然而，听到铁木真向他的母亲讲述这一情形时，铁木真的妻子孛儿帖便打断他们谈话，愤怒地坚持说，丈夫与札木合的关系破裂了，并且认为无论谁都得走属于自己的路。夜里，当札木合停下来安营扎寨、过夜休息的时候，铁木真和他的小部分随从秘密地潜逃了，为了能与札木合保持尽可能大的距离，以避免他追赶，他们彻夜不断地前行。按照计划或出于自发性的选择，札木合的许多部下追随铁木真逃走了，当然也带走了他们的畜群。尽管这是在分裂他的群体，但札木合并没有去追赶他们。

铁木真称汗

离开札木合之后,铁木真成为了一股单独的势力,并获得了大多数蒙古贵族的支持,迅速崛起。

当时蒙古草原上诸强林立,诸如王汗、札木合等人,都有很强大的军事实力,人们为什么会选择归顺铁木真呢?一是因为铁木真当时风头正劲,是草原上冉冉升起的一颗新星。二是因为王汗老了,他的儿子又不成器。第三个原因是最重要的,这些贵族们,"看不上"札木合。

首先,札木合出身低微(这是个很大的问题)。其次,札木合此人,性格比较活跃,而且有革新倾向。贵族后裔们都是既得利益者,一革新,就要伤害他们的利益。所以这些人是非常不支持札木合继承大统的。而铁木真,在他们眼中,是一个更加守旧些、更加驯服些的人,所以他们觉得铁木真继承汗位,可能对自己比较有利。

有了贵族们"部下"的支持,铁木真实力大增。

时间过了十年,铁木真从一个18岁的少年,成长为了一个拥有领袖气质的部落首领。随着实力的增长,铁木真的部下们便想着要立铁木真为"汗"。这种事情历史上很常见,刘备的手下请求刘备"自立为王",朱元璋的手下也曾经请求朱元璋自己当皇帝。

为了劝铁木真称汗,铁木真的叔父答里台,堂兄弟阿勒坛,撒察别乞、

忽察儿等一帮人对铁木真说:"你当汗王之后,我们将

　　冲锋陷阵不惜生命

　　掳来美女夺其宫帐

　　献给可汗铁木真你!

　　袭击征服外族百姓

　　掳来美女夺其战马

　　献给可汗铁木真你!

　　在猎杀狡兽的时候

　　将其追来供你射杀!

　　在捕杀野熊的时候

　　将其赶来供你射杀!

　　在围猎山鹿的时候

　　誓要为你

　　追将使它精疲力竭!

　　誓要为你

　　逼将使它气绝而亡!

　　在那沙场鏖战时

　　如违你铁般的号令

　　请你灭我们家门九族

　　使我们头颅滚落荒野!

　　在那安稳平和时

　　如违你任何的派遣

　　请你掳我们属民与妻女

  使我们流亡他乡无家归！

  长篇大论，谈不上文采却也生动。

  铁木真的另一个手下豁尔赤，为了让铁木真称汗，则是当起了"算命先生"，他对铁木真说："我梦见，一头白色的牛用它的角撞翻了札木合的营帐和车子，又有一头强壮的犍牛拽着营帐的下桩，吼着说：天（腾格里）命铁木真为人君。"说完这个预言梦之后，豁尔赤还敲诈了铁木真一笔，他说："铁木真呵！这是神明所做的启示。你若做了一国的主人，你拿什么给我？"

  铁木真听说是上天也帮自己，非常高兴，就许诺豁尔赤说："到了那个时候，我让你做万夫长，在最美貌的女子中由你挑选三十人。"这个诺言，最后还引起了一场战争，不过都是后话了。

  在蒙古贵族们的"规劝"下，铁木真同意称汗，在名义上成为了全蒙古部落的首领。

  这一年是1189年，铁木真28岁。

  虽然铁木真获得"成吉思汗"这个称号，是在1206年蒙古帝国建国之后。不过既然他现在已经称汗，那么我们就把铁木真叫作成吉思汗吧。（大部分历史典籍都是如此，比如宋史，在宋徽宗还没有称帝的时候，就直接称呼他为"徽宗"。）

  成吉思汗称汗这件事情，刺激到了一个人的神经，这个人就是札木合。

  作为草原上的年轻霸主，札木合与成吉思汗一样，雄才大略，想要统一蒙古诸部。而且，他确实有这个实力。但是现在，当初的弱者铁木真却突然间"膨胀"起来，成为了自己统一道路上的一块石头，这让他非常恼火。

必须搬走这块石头。

成吉思汗和他想的一样,他想要统一蒙古,札木合也是他脚底下的一块大石头,他同样想搬走这块石头。

客观来讲,札木合与成吉思汗的情义是很深的。成吉思汗有难,札木合二话不说出兵相助,在攻打完蔑儿乞惕人之后,札木合还邀请成吉思汗一家与自己生活了一年多。但是,当兄弟变成障碍,就成了敌人。

铁木真称汗之后,马上派人通报札木合和王汗。王汗得知这个消息之后,说:"我的义子当上了汗王,这很好啊,我们蒙古需要一个首领。希望他能有始有终,不要坏了义气。"

札木合的反应则不相同,他说:"你回去向曾经背叛我、归顺了铁木真的那些贵族们说,希望你们能够做人厚道一点,让我的兄弟放心一点。"

两个人,两番话,各有深意,值得玩味。

就当时的情况而言,王汗可能也对成吉思汗的新政权有所担心。一个曾经的"手下",正在走向与自己平等的地位,这确实让人焦虑。不过成吉思汗在称汗之后,曾经对外声称:自己将比以往更加忠实于义父。而且,当时成吉思汗的实力虽然已很强,但是也还远未达到一家独大的程度。所以相对来讲,王汗比较淡定。

而札木合则不同,作为一个有远见的政治家,他意识到:蒙古贵族的天平已经严重地倾向到了成吉思汗的一边,如果任由其壮大,很快,草原上将没有自己的立足之地了。

所以在札木合听说成吉思汗称汗之后,就决定"趁着铁木真立足未稳,找个借口和他开战"。

1193年秋天的一个早晨，成吉思汗手下的牧马人术赤答儿，发现自己的马丢了。他的牧场和札木合的弟弟给察儿的牧场相邻，所以术赤答儿认为是给察儿偷了自己的马。

对于蒙古人来讲，马就是命根子，如果养马的丢了马，一定会遭到部落的惩罚，所以术赤答儿便独自一人去找给察儿。结果，两个人发生了冲突，这个术赤答儿的脾气比较烈，一箭结果了对方的性命。

弟弟被成吉思汗的人杀了！札木合以此为借口，对成吉思汗发动了战争。

术赤答儿的一箭，引发了一场战争。不过，就算他不射这一箭，战争也还是要爆发的。就像加·普林西波一枪打死斐迪南大公夫妇一样，这一枪不过是个导火索。炸药准备好了，由谁、以怎样的方式点燃，只是个时间问题。

十三翼之战

"札木合集结各部兵马,合计3万,已翻越阿喇兀惕土儿合兀惕山,向你杀来!"向成吉思汗报告这个消息的人,叫作木勒克脱塔黑。他本是来投奔成吉思汗的,恰巧在路途中遇到了札木合的大军,所以就快马赶来,提前向成吉思汗报信。

"多谢你,我的朋友,你拯救了我们。"成吉思汗重赏了他。

报信的人退下之后,成吉思汗陷入了沉思。

3万人的敌人!对于当时的成吉思汗来讲,这着实是一股可怕的力量。而且,这支军队的首领是札木合。成吉思汗很明白自己这个昔日兄弟的能力,他心中没有必胜的把握。

倒是成吉思汗的部下显得比较自信:"打吧。我们也有3万兵马!"

"是啊,棕熊来了要用弓箭,札木合来了就当他是棕熊吧。"

众人也许还不知道,成吉思汗想的不是打不打的问题,而是怎么打的问题。他沉默了片刻后,对众将说:"你们现在立刻回转自己的营地,整顿本部军马,准备作战!"

众人走后,成吉思汗把手下几个重要将领——博尔术、者勒蔑、木华黎、速不台、忽必来、赤老温以及四个弟弟留下了。问道:"你们看这仗应该怎么打？"

他的异母兄弟别勒古台说："我们跟札木合拼个你死我活！"

"然后呢？"

"然后？……"别勒古台一时语塞，怔了一下才说，"拼得过就拼，拼不过就死。"

……

此时，者勒蔑发话了："我看这仗很难赢。我们军队的战斗经验不如札木合的军队。"

"可我们绝不能输！一旦输了，十年来的努力都白费了！"赤老温也跟着道。

赤老温与博尔忽、木华黎、博尔术合称蒙古四杰，成吉思汗麾下最会打仗的将领。

看自己手下的将领议论纷纷，成吉思汗猛然站起，说道："你们说得对，敌人很强，很难战胜，但是我们也不能输！明天，集结众将，听我号令！"

次日清晨，蒙古众将及3万勇士集中到了一起，成吉思汗站在点将台上发号施令：

阿勒坛、捏坤、答里台率本部军马以及撒察和泰出的主儿乞部为先锋。其他军队，分成十三个阵列，准备迎敌。全军以我的白旄大纛为准，进退有度，不得擅自行动。

不久后，札木合军就来了。双方并未立时开战，只是摆开阵势，遥遥相望。

第二天，决战开始。

札木合军的阵势绵密紧凑、有章有法。相较而言，成吉思汗的军队则显得有些"稚嫩"，作战经验不足的缺点，很快就暴露了出来。胜利的天平，开始向札木合一方倾斜。

这次战争，是成吉思汗第一次指挥大战役，而且，他的对手是当时草原上最强的军团和将领。所以，摆在成吉思汗面前的，是一场失败。

"是撤退的时候啦。"木华黎在身边小声提醒着。

成吉思汗点了点头，将手抬起向空中一挥，背后的白旄大纛开始缓缓后退，号手吹响了号角，撤兵的号令借着声音飞向战场的四面八方。

成吉思汗的军队，撤退到了一个叫作哲列谷的地方，札木合派兵来追，却被成吉思汗打了个埋伏，死伤严重。

随后，双方围绕这个谷口展开了争夺战。成吉思汗处于守势，札木合处于攻势。

我们知道，蒙古人作战，最喜欢的战场是辽阔而平坦的草原，那里有利于他们驱策战马，发动进攻，他们并不擅长这种攻坚战。因此，札木合久攻不下。

战争拖到第三天的时候，札木合变得异常暴躁。他开始用残忍的方式虐待战俘。

他的残暴举动，非但没有吓倒成吉思汗的军队，反而激发了战士的斗志。与其被抓到折腾死，还不如拼死在战场上。

抵抗更加激烈了。

就连札木合手下的各部首领，也对他的这种暴行非常不满。有些人甚至把不满情绪写在了脸上。

此时的札木合，就好像是一个拳击手与一个太极高手对打，明明浑身都是力气，却偏偏找不到使劲的地方。这种感觉，想必是很难受的。

最后，他绝望了，下令撤兵。我们不得不说，他失去了战胜成吉思汗的唯一机会，也失去改写历史的良机。

虽然从最后的结果来看，成吉思汗还是败了。但是却没有受到太大的损失，相反，札木合手下的几个将领，因看不惯他的残暴行径，反而投向了成吉思汗一边。其中包括鲁兀惕部的术赤台、忙忽惕部的忽必来（"四狗"之一）和蒙力克。

这个蒙力克，与成吉思汗早有渊源。他是成吉思汗父亲的朋友和亲信，成吉思汗父亲临死时，托孤于他，但是很显然，他并未尽到自己应尽的义务。后来他归顺了札木合，在一定程度上成为了成吉思汗的敌人。

对于这样一个背叛者的到来，成吉思汗并没有表现出丝毫的不高兴，因为蒙力克是著名的谨慎之人，他只把"宝"押在有把握的人身上，他的到来，可以充分证明：成吉思汗已经变成了一个强有力的人物。

胜者不胜，败者不败，成吉思汗与札木合的十三翼之战，就此结束。

被各部落推举为大汗，击退强大的对手，成吉思汗在草原上威望更盛。但根据以往的经验来看，蒙古部落的联盟是比较松散的，否则他们也不会一而再再而三地陷入分裂。所以，成吉思汗对于各部的约束，其实还未达到令行禁止的地步，他的权威，也还有限。

在击退札木合之后，为了欢迎忽必来、蒙力克等人的归顺，成吉思汗举行了盛大的宴会。蒙古人的宴会上，主要客人面前一定会摆上几罐马奶酒，还会有人专门给他们斟酒。

宴会上，一干人饮酒正酣，突然听到有人吵闹，原来是有贵族抱怨"司酒官"（负责管理酒水的人）没有先给他们斟酒，甚至还动手打了司酒官。结果这个司酒官向成吉思汗抱怨道："当年你父亲在世的时候，绝对没有人敢这么做。"这其实是在抱怨成吉思汗比较软弱。

成吉思汗权威不足还可以用宴会中的另一件事来证明。

由于各部族彼此之间心存芥蒂，所以在宴会中，成吉思汗派弟弟别勒古台去看守本族的马匹。而另一个部落的首领也派了一个叫作不里勃阔的头目去看守马匹。在此过程中，别勒古台发现有人偷自己的马，便和对方扭打起来。这个偷马的人，和不里勃阔是同一个部落的，所以不里勃阔便上前帮忙。在争斗中，不里勃阔用刀砍了别勒古台的左肩，但是别勒古台却丝毫不在意，任血往外流也不管，对对方说："我们不要把事情闹大。"

成吉思汗知道了这件事情，非常气愤，他对别勒古台说："你怎么可以如此忍气吞声？我决不能容忍这样的事情发生。"

善良的别勒古台劝说道："我伤势并不严重，他们来归顺于你，你不要因为我和他们闹翻。"

成吉思汗却不以为然，他认为此事关系到自己声生。他亲自拿起一根木棒，打了那两个人一顿。

虽然成吉思汗挽回了一点面子，但是这件事情能够发生，还是证明人们对于他的权威并不是那么重视。不过，在不久之后，成吉思汗将向所有人证明——我是草原上的最强者，我的威严不容侵犯。

第三章 / 复仇之战

完成父亲遗志

在和札木合打完十三翼之战后,成吉思汗获得了一段时间的安宁。短时间内,札木合不会再挑事儿了。和王汗那边的关系也维持得很好。接下来做什么呢?

报仇!

在成吉思汗的仇敌黑名单上,位列第一的,是塔塔尔人。

塔塔尔,其实也是蒙古的一个部落。这个部落和成吉思汗所在的乞颜部,有不共戴天之仇。当年,被成吉思汗父亲也速该杀死的那个叫作铁木真的人,正是塔塔尔人的部落首领。后来毒杀也速该的,也是塔塔尔人。如果再往前追溯的话,正是塔塔尔人于1161年与金联合,灭了蒙古人的第一个王权;并且杀了两任蒙古国可汗。

国仇家恨，让成吉思汗的部族对塔塔尔人充满仇恨，所以也速该死前才会对成吉思汗说："你以后要替我报仇，杀光塔塔尔部所有高过车轮的男人。"

现在，成吉思汗终于有实力去完成父亲的遗志了。

要说塔塔尔人也是气数当尽，他们的一些作为，给自己惹上了灭顶之灾。

作为金国的一个附属，塔塔尔人在变强大之后，居然开始骚扰起了"东家"的国土。金国很生气，他们决定援助和挑动王汗对付塔塔尔人。

在金国的支持下，王汗决定攻打塔塔尔人，当然，他是不会忘记把义子也拉上的。

1202年，王汗出征塔塔尔，成吉思汗就陪同在他身边。

值得一提的是，在出征之前，成吉思汗颁布命令：禁止私自掠夺财物。古代的蒙古人或者说大部分游牧民族，是习惯于在战争中大肆掠夺的，这也是许多军队战争的手段和目的。成吉思汗颁布禁止掠夺的命令，很可能是蒙古军队历史上的"第一次"。如果我们深入分析这道命令背后的意义，就会得出这样的结论：在成吉思汗的带领下，蒙古军的战争性质发生了改变，由掠夺战争转向了侵略战争。

所谓的掠夺战争，大概说来，就是"抢一票就跑"，战争的主要目的是获取物质。而侵略战争，则是通过战争手段扩大生存空间，不抢你东西，但是要占你地方。

从物质到空间的转变，意味着成吉思汗有了更大的理想，或者说野心。

言归正传，蒙古军队进攻塔塔尔人，大获全胜。战争的过程是一边倒的，面对成吉思汗和王汗的联合军队，曾经纵横草原的塔塔尔人几乎毫无抵抗之力。塔塔尔王蔑古真·薛兀勒图在战乱中被杀。

在此战争中，失败的塔塔尔人遭到了屠杀。没有被杀的塔塔尔人，被分配给蒙古各部落。成吉思汗本人也挑选了两个塔塔尔美女也速亦和也速根当自己的老婆。

在战争中，成吉思汗的母亲还在战场上"捡到"一个孩子，这个孩子穿着华丽，证明他出身高贵，成吉思汗的母亲收养了这个孩子，给他起名为"失吉忽都忽"，这个孩子日后成为了成吉思汗手下的谋士，深得其信任（在成吉思汗西征时，出来劝说成吉思汗不要因儿子没上贡礼物而生气的，正是这个人）。

此战过后，金国封赏王汗为汗号"王"。事实上，直到这个时候，王汗才真正成为了名副其实的王汗。在此之前，我们应该称呼他"脱斡邻勒"。只不过王汗这个名字又短又通俗，我们才在一开始就使用了这个称呼。

当然，成吉思汗也接受了金国的封号，但是官位很低。在当时，金国人对蒙古人内部的政治动向还不是十分清楚，只是把成吉思汗看作是王汗的一个手下罢了。若是金国人知道，当初被他们封了一个小官的这个年轻人，日后将成为金国的掘墓人，不知道会有什么感受。

这次战争之后，成吉思汗以"畏战"等罪名，惩罚了大批的蒙古贵族，其中包括合不勒汗的曾孙、主儿乞部首领撒察别乞，以及另外两位王公泰出和不里勃阔（就是那个与别勒古台打架的人）。这些人全部被处死。

成吉思汗之所以这么做，是因为他想要摆脱那些"蒙古正统性"的代表人物。这些昔日的贵族,认为自己身家显贵,很多时候并不服从成吉思汗的调遣。除掉他们,成吉思汗就能真正履行自己的意志、树立自己的绝对权威。

果然,在成吉思汗对某些不听号令的部落首领痛下杀手之后,其他部落的人深受震动。从前,他们只是想找一个名义上的首领,让这个人带着自己围猎打仗就够了,而现在,事实证明这位大汗是一个顽强不屈、要求他们绝对服从的真正主人。

报答王汗

成吉思汗用暴力手段震慑了大部分蒙古部落，让他们对自己的权威产生了尊重。但是有一个人，他无法震慑，那就是王汗。

札木合失势、塔塔尔人被消灭之后，成吉思汗和王汗成为了蒙古人中最有权势的两个人。作为恩人和义父，成吉思汗无法向对付其他对手那样，对王汗施以铁腕。最起码现在不能。不过，正所谓一山不容二虎，即便是没有读过那段历史的人，也基本上可以预测出——这两个人将有一战。

王汗对成吉思汗有大恩，若不是他的帮助，成吉思汗绝不可能如此迅速地崛起。有恩，又有利益冲突。是先报恩，还是先追求利益？成吉思汗选择了前者。

在剿灭塔塔尔之后，王汗的兄弟额尔客合剌发动了叛乱，后者得到了乃蛮王亦难赤必勒格的支持，成功地从王汗手中夺取了政权。

失势的王汗逃到喀喇契丹人中，他希望能得到喀喇契丹王古尔汗的帮助，但是并未如愿。在和古尔汗争吵了一番之后，王汗离开了那里，开始在戈壁滩上过起了悲惨的流浪生活，而且，也对复位丧失了信心。

到最后，在实在走投无路的情况下，他才去找成吉思汗，希望可以在成吉思汗那里避难。

这个现象很值得人们思考，要知道，王汗曾经给过成吉思汗极大的帮助。

他为什么不第一时间去找成吉思汗，让对方帮助自己恢复汗位？而是在无路可走的时候，才选择投奔成吉思汗？

或许，是因为以下两个原因：

第一，成吉思汗原来是王汗的下属、小辈，王汗觉得自己找他帮忙，会很没面子。

第二，或许王汗也知道，自己在成吉思汗眼中，是个"障碍"，他去找成吉思汗，说不定是"自投罗网"，所以不到最后时刻，他不愿意冒险。

不管王汗是出于何种顾虑，事实都证明：他多虑了。成吉思汗热情地招待了他。

当时，王汗还有一个弟弟在金国避难，成吉思汗也派人护送他回到了克烈部。

在王汗重新当上部落首领之后，决定要找当初支持叛乱的乃蛮王报仇。这一次，成吉思汗仍然坚定地站在了王汗一边，决定与他共同攻打乃蛮王。

所谓的乃蛮王，是乃蛮族的首领。支持王汗的弟弟发动叛乱，是乃蛮人在历史上的第一次亮相，他们来自何方？是谁的后代？在现在还没有具体的说法。（法国史学家勒内·格鲁赛认为他们很可能是突厥人的一个分支，但未经证实。）

第一次亮相，就惹上了蒙古人，乃蛮人确实有些不幸。

在王汗和成吉思汗决议攻打乃蛮人的时候，乃蛮王死了。他的两个儿子台不花和不亦鲁发生了激烈的冲突。不是为了争王位，而是为了争一个女人，这个女人曾经是他们父亲的妃子，名叫古儿别速，长得非常漂亮（在乃蛮人的眼中，父亲死后娶他的侍妾为妻是很正常的）。

在这两个不成器的王子还在为了媳妇你争我抢的时候，蒙古大军霍然而至。不亦鲁首先兵败身亡，但是，他的一位部将在"主公"死后对蒙古人发动了有效的反击，双方的战斗异常激烈。

在发生战斗的当晚，王汗背着成吉思汗撤走了自己的部队。

成吉思汗没有料到会有这种情况出现，直到第二天，他整肃兵马准备继续与敌人决战之时，才发现义父很不仗义地先跑了，局势变得非常严峻，成吉思汗无奈地说道："彼等以吾为牺牲也。"意思是说，他们把我当成了牺牲品来对待。

为了减少损失，成吉思汗下令撤兵，敌方并没有派兵追击，因此全身而退。

王汗没有成吉思汗的运气，先行撤退的他，反而遭到了敌人的追击。没有了成吉思汗军队的协助，王汗孤掌难鸣。弟弟札阿绀孛和他的儿子桑昆的军队被先后击败。

这时候，王汗又想起了成吉思汗，并向他求援。他对成吉思汗说："乃蛮不道，掳我人民，太子（成吉思汗）有良将四人，能假我雪怨复人民乎？"说乃蛮人不仗义，抢我的人，你有四名优秀的将领，能不能借给我报仇。

虽然被背叛过一次，但是成吉思汗还是马上出兵相助，《圣武亲征录》（蒙古史书，作者不详）记载说："上释前憾，遂遣博尔术那颜、木华黎、博尔忽那颜、赤老温拔都四将率兵往救之。"派出"四杰"——博尔术、木华黎、博尔忽和赤老温去帮助王汗。

四员大将投入战争之后，很快就把乃蛮人赶出克烈部境，夺回了被掠走的牲畜。在战斗中，博尔术还在千钧一发之际，救出了快要被敌人擒获的桑昆。

到最后，成吉思汗又派出自己的弟弟合撒儿投入战斗。乃蛮人抵挡不住，大败而归。

从这一系列的事情来看，成吉思汗对王汗确实不薄。虽然当初王汗对成吉思汗有再造之恩，可成吉思汗家族对王汗的帮助也同样巨大，就连王汗自己也说："昔日也速该勇士曾经拯救过我，今天他的儿子再次救我于水火，我怎么才能报答他们的恩情呢？恐怕只能祈求上天保佑他们了。"

战争过后，为了报答博尔术在战场上救回了自己的儿子，王汗派人去请博尔术到自己营地中领赏。当时博尔术正在为成吉思汗站岗，成吉思汗准许他离开岗位，先去领赏。

王汗送给博尔术一件华服，外加十只金杯。博尔术带着这些礼物回到营地之后，马上来到成吉思汗帐下，扑通一声跪在成吉思汗面前，几乎像是认罪一样说自己不该放弃为本汗效力的机会，去接受另一个汗的赏赐。

对于这个小故事，勒内·格鲁赛感慨地说："未来世界的征服者成吉思汗，很早以前就拥有让自己手下保持忠诚的能力。"

命运之战

虽然有一些小小的不愉快，但是王汗和成吉思汗的联盟，在当时看来，还是比较稳固的。他们两家如果能够和睦相处，将是草原上最为强悍的力量。事实上，这个强大的联盟确实对周边许多部落形成了威胁。

对于军力强盛的成吉思汗，许多其他部落都感到非常害怕，他们害怕有一天成吉思汗的战刀要砍到自己的头上。

1201年，哈答斤部、散只兀惕部、朵儿边部、弘吉剌惕部和塔塔尔残部组成了联盟。他们宣誓要打败成吉思汗。组织这个联盟的人，正是已经好久没有出现的札木合。在组成联盟军之后，札木合还自封"古尔汗"，意思是世界的皇帝。其野心暴露无遗。

这件事情被成吉思汗的岳父弘吉剌惕部的德薛禅知道了，他及时通报给了成吉思汗。

双方的大战，一触即发。由于蒙古各部正在趋向于统一，建立新的蒙古帝国已经具备了前提条件，所以，这一战，可能就是未来蒙古皇位的争夺战。交战双方的前途命运，就在这一战中要见个分晓。

从当时的情况来看，决定这场战争胜败的关键因素，就是王汗。

就权势来讲，王汗是当时蒙古最强大的王公之一。不管他偏向哪一方，都会造成命运天平的倾斜。

最终，他还是选择了成吉思汗。在得知有人要攻打成吉思汗之后，王汗马上率领军队来与成吉思汗会合。二军合一后，他们开始向敌人的营地进发。而与此同时，札木合的军队也开始向成吉思汗的营地杀了过来。

现在，我们来看一看交战双方的筹码。

成吉思汗的筹码是：性格顽强、政治敏锐，王汗的支持，以及站在正义一方的主动性。

札木合的筹码是：思想活跃，善耍阴谋，能力出众。

从优点上看，双方半斤八两。但是成吉思汗还有一个最大的筹码——他的缺点比札木合少。

札木合是一位不可靠的朋友，他会毫不犹豫地掠夺自己阵营中的部落。而且，他为人残暴，经常会给自己带来一些不必要的麻烦。

高手相争，拼到最后，往往不是比谁更出色，而是比谁更不容易犯错误。

两支同时向着对方前进的军队在"捕鱼儿海"这个地方相遇（今贝尔湖，位于中蒙边界）。随即展开了决战。

我们略过过程，直接说结果——成吉思汗打败了札木合。

之所以不描述过程，是因为这场战争，是同族间蓄谋已久的决战，战术差不多，兵员素质差不多，交战双方的主将又是相识多年的朋友，彼此之间太了解，谁也玩不出、也没必要玩什么阴谋诡计，就是面对面的厮杀，实力与实力的较量，所以，整个战斗过程显得比较沉闷。

如果说战争全无亮点，倒也不至于，在这场战争中，也出现了一个著名的插曲——"者勒蔑的忠诚"。

第一次进攻时，成吉思汗可能是求胜心切，为了鼓舞士气，冲得太猛，受了重伤昏迷过去。他手下的将领者勒蔑（四狗之一），为他的伤口吮去瘀血。之后，他脱光衣服，冒险潜行到敌人阵营中，寻找奶酪，喂给成吉思汗。第二天，成吉思汗醒来，发现地下有许多血块，便问者勒蔑是怎么回事。者勒蔑如实相告。

成吉思汗问道："倘为彼所擒，汝将何以对？"如果你在找奶酪的时候，被敌人俘虏了，怎么办？

者勒蔑回答说："我光着身子，就是为了他们抓到我时，我可以假装是去投降的。他们若是不信，我就说您想杀我，脱光了我的衣服，我悄悄跑了出来。他们一定会信以为真，到时候我就可以趁机逃跑了。我这么做，是一心想为您解渴。您就是我的眼珠子。"

成吉思汗听了之后，非常感动，说："盖此三功，其永存吾心中。"

这个忠臣护主的故事，在蒙古史书中被大书特书。者勒蔑也成为了忠诚的代名词，并因此飞黄腾达。

这场战争的意义在于，成吉思汗最后彻底打败了宿敌泰赤乌惕部，杀掉相当一部分的泰赤乌惕人，并迫使幸存者归顺。孛儿只斤氏从此统一了蒙古。

战斗中，联军的一位年轻勇士，用箭射倒了成吉思汗的马。被俘后，成吉思汗的部下纷纷进言，要成吉思汗杀了这个人。成吉思汗则问道："确实是你射了我一箭吗？"

此人答道："正是，如果你要杀我，就杀吧。如果你放了我，那么我愿意为你效命。披坚执锐、冲锋在前。"

成吉思汗对左右说："一般来投降的人，都不敢承认自己曾经造成的伤害。但是这个人却直言不讳，敢作敢当，有大丈夫的气概。"接着，他又对这个人说，"为了纪念你射伤我的战马，你就改名哲别（神箭手的意思）吧，哲别，你可以跟着我一起去征讨天下了。"

这个哲别，正是后来成吉思汗帐下的"四狗"之一。前面我们说过，他也是成吉思汗西征时的重要将领之一，在西征中，成吉思汗攻打花剌子模的时候，派他带领一支部队四处征战，后来此人带领军队击败了波斯人、格鲁吉亚人和俄罗斯人，成为了蒙古军队中少有的传奇战将。这是后话了。

与哲别一起归顺成吉思汗的，还有他的叔叔纳牙阿，这个人极有才略，这个人的名气虽然不如哲别大，但是在历史上，却比哲别更为重要，他后来成为了成吉思汗建国时所封的四个万户之一。

至于札木合，在兵败之后，他也表现出了一个强者的勇气和血性，誓不低头。成吉思汗念在兄弟情义上，饶他不死，并把他送到了王汗帐下。

对于这次战争的胜利，成吉思汗非常得意，他写信给王汗说："我如猎鹰飞越山间，飞逾捕鱼儿湖；为你捕捉青足灰羽之鹤。质言之，朵儿边、塔塔尔两部，接着又越曲烈湖，我再次为你捕捉青足鹤：哈答斤、散只兀惕和弘吉剌惕。"

虽然语气一如既往的谦卑，但是很明显，成吉思汗对自己的实力非常自傲。

征服克烈部

在击败札木合之后，成吉思汗和王汗的联盟走向了顶峰，他们的关系也随之变得微妙起来。

在成吉思汗眼中，王汗是义父、恩人，他始终保持着对王汗的尊重，这是一种感性的认识。从理性来讲，对于欲求称霸草原的成吉思汗而言，王汗是竞争的对手，是障碍。

感性和理性的冲突，历来是最难解决的问题。

从历史上的种种表现我们可以看出，最初的成吉思汗，其实是想与王汗和平共处的。他想要让自己的儿子术赤娶桑昆的女儿，也就是王汗的孙女。

桑昆拒绝了成吉思汗联姻的请求，并回应道："我的女儿嫁到他们家，成了仆从。他的女儿要是嫁到我们家，就变成了贵妇。这如何使得？"言下之意就是自己身份高贵，而成吉思汗和仆从差不多。

对方这样拒绝两家结亲，刺伤了成吉思汗的自尊心，或许正是从这一刻开始，成吉思汗才下定决心，与对方较个高下。

另一边，王汗已经因成吉思汗的崛起而感到了些许不安，但是他同时也明白，对方羽翼已丰，难以撼动。王汗隐隐约约地意识到，自己已经老了，未来是属于成吉思汗的，如果再让成吉思汗的儿子成为自己的孙女婿，那么未来自己的家族就很可能流落到外人手中。这或许是王汗默许桑昆拒绝联姻的理由。

现在的情况是，成吉思汗念旧情，不愿主动进攻王汗。王汗人老势衰也不想主动挑起战争。

这个世界之所以难以获得持久的和平，就是因为总有一些不安分的家伙出现。这一次，扮演这个角色的是王汗的儿子——桑昆。

桑昆，在蒙古语中是"圣公"的意思。他与成吉思汗本是安答，但是却总是怂恿王汗与成吉思汗决裂。

无论是在正史还是野史中，桑昆都被刻画成一个挑拨离间的小人。但是，我们如果站在桑昆的角度去想想，或许会看清一些事情的真相。

作为克烈部首领的儿子，桑昆将会在王汗死后成为克烈部的主人。他清楚地看到，虽然现在克烈部是蒙古最为强大的部落，但是若任由成吉思汗发展壮大，那么若干年后，克烈部将失去现有的地位。父亲健在的时候，也许成吉思汗还不至于做出什么出格的事情，他还会乖乖地臣服于自己的部落。等到父亲死了呢？那时候没有了顾忌的成吉思汗，还会把克烈部放在眼里吗？自己即便当了克烈部的首领，恐怕也是荣光不再了。

所以，我们说，桑昆怂恿父亲早日攻打成吉思汗，绝对不仅仅是因为他心胸狭窄这么简单，而是有着理性的考量。

在成吉思汗与王汗决裂的过程中，除了桑昆之外，还有一个人也起到了推波助澜的作用，他就是札木合。成吉思汗击败了他的军队之后，没有杀他，而是让他去追随王汗。札木合则利用在王汗身边的这个机会，挑拨成吉思汗与王汗之间的关系。他对王汗说："我於君是白翎雀，他人是鸿雁耳。白翎雀寒暑常在北方，鸿雁遇寒则南飞就暖耳。"言外之意就是，我对你是绝对忠诚的。但是有些人就不一定这样了，说不定哪天就展翅高飞了！这个有些人，除了成吉思汗还能指谁？

与此同时，古代蒙古汗系的合法后裔阿勒坦也开始向王汗靠拢。我们前面说过，蒙古贵族们一开始认为成吉思汗比较好控制，所以立他为汗，但是最后发现，成吉思汗对他们这些贵族一点也不客气，所以他们一直后悔把王位授予成吉思汗，并怂恿王汗发动战争，反对他从前的盟友。

1203年，成吉思汗与王汗终于决裂了。这次破裂，成为了成吉思汗一生中最重要的转折点之一。在此之前，成吉思汗一直扮演着王汗"属臣"的角色，如果不是王汗主动发动战争，他可能会把这个角色一直扮演到王汗死去为止。如果那样，他统一草原的进程最起码会晚上很多年。那么整个历史的进程也会随之发生改变。

现在，假想的情况不会出现了，因为王汗主动与成吉思汗决裂，他们二人的关系，也由盟友、"父子"，变成了敌人。

1203年的某一天，王汗给成吉思汗传去了一个消息：同意联姻，不过希望成吉思汗能到他那里吃一顿饭，商量两家孩子结婚的事情（成吉思汗的女儿与桑昆的儿子）。

鸿门宴！

成吉思汗的手下蒙力克进言说："从前我们主动与他们联姻，他们傲慢地拒绝了，今天反倒主动起来了，我怀疑其中有诈。"

成吉思汗认为蒙力克说的不错，所以拒绝了王汗的邀请。同时，他也意识到，到了最后摊牌的时候了，对方诡计不成，一定会图穷匕见，主动发起攻击。

很快，成吉思汗的猜测就被证实了，王汗在召开军事会议、密谈进攻成吉思汗的事情时，被他手下的一个马夫听到了。这个马夫知道如果把消息告诉成吉思汗，一定能获得奖赏，于是连夜跑到成吉思汗的大营中，报告了这个消息。

果然，该来的还是要来，成吉思汗知道时间有限，马上开始部署军队。

首先，成吉思汗带领军队撤退到一个叫卯温都儿的地方附近。这个地方是一处高地。易守难攻。

第二天，成吉思汗留下一小队士兵驻守高地，自己率大军来到一个叫作合兰真沙陀的地方驻扎。

当天，负责巡逻的骑兵向成吉思汗报告说——王汗军已经逼近。成吉思汗出兵应战。

战争打响了。

此时的成吉思汗，虽然已经身经百战，但是对于这次战争，他却无必胜的把握。战争打得异常惨烈。

在战争中，成吉思汗的副将术赤台和忽必来表现得勇敢顽强。忽必来率兵杀穿敌阵，将成吉思汗的旗帜插到了敌人的后方。术赤台则是用弓箭射伤了桑昆的脸。

虽然战绩颇佳，但因王汗军人数众多，所以在夜晚的时候，成吉思汗选择了撤退。

退兵之后清点人数，成吉思汗发现自己的三儿子窝阔台以及他最信任的两个将领博尔术和博尔忽三人不见了。

是战死？还是叛变？成吉思汗心头掠过一丝不安。

成吉思汗的眼泪

儿子与爱将的失踪，让成吉思汗万分焦急。不过幸好，这三人最后还是平安归来。

第一个回来的人是博尔术，他告诉成吉思汗，自己正在冲锋时，马被射倒了，只好步行作战。这时候他看见桑昆也受伤了，克烈部的人正在手忙脚乱地医治，于是他冲上前去，夺了一匹战马，这才跑了回来。

没过多久，成吉思汗又看到有一人一马从远处走来，马背上好像还驮着什么东西。走近一看，发现原来是博尔忽，马上驮着的正是窝阔台。

原来，窝阔台在战斗中脖子上中了一箭，伤及血管，博尔忽一见，马上翻身下马去保护他。最后，博尔忽将窝阔台扶到一个僻静的地方，吸出伤口的瘀血。陪着他度过了一个晚上，天刚亮，博尔忽就把窝阔台扶到了马背上，回到了营地。

《蒙古秘史》中记载，见三人这般模样，成吉思汗非常激动，这个如同钢铁一般坚硬的男子汉，竟然流下泪来。

虽然大将归来，但是情势仍然不乐观。成吉思汗想用和平方式结束这场战争。他写信给王汗，在信中，成吉思汗回忆了他与王汗友好相处的岁月，以及自己为王汗所做的事情，最后，成吉思汗说，希望重新得到王汗的好感。

在王汗收到成吉思汗的信之后，或许有所动摇，但是他的儿子桑昆跳出来说，"他是在麻痹您的警惕性。"

王汗手下的另一个部将也说："大王呀大王，您已经有了儿子，我们一定会保护好您和您的儿子，让您的基业传承下去。"

王汗决定与成吉思汗战争到底。

打还是不打？这是摆在成吉思汗面前的一个问题。

打，有可能赢，但注定要付出惨痛的代价。

不打，撤退虽然可以保存实力，但是也会影响士气。

最后，成吉思汗选择了撤退。

在成吉思汗受到挫败之后，许多原来的追随者都离开了他。而且，在撤退的过程中，成吉思汗手下的一员勇将也因箭疮发作而死。

当成吉思汗站稳脚跟的时候，他的身边只剩下了2600人。这一小群与成吉思汗共患难之人，也将成为他手下的主力。

在撤退的道路上，成吉思汗向蒙古弘吉剌惕部求援。成吉思汗的岳父、弘吉剌惕部的首领德薛禅同意为成吉思汗提供营地，并出兵相助。

有强援加入，成吉思汗胜算大增，而此时，上天又送了他一份大礼。

成吉思汗选择撤退后不久，王汗那边就出了一件大事。他手下的几个部落首领——答力台、火察儿、阿勒坦、札木合，就联合策划了一次谋杀阴谋，谋杀的对象正是王汗本人。

据历史记载，王汗此人，虽然势力大，但是能力却很有限。我们根据历史经验就可以知道，这样的人，是谋朝篡位的最佳对象。不过王汗比较幸运，及时得到了消息，并先发制人，袭击了"谋杀者"的军队。

被袭击后，札木合、阿勒坦和火察儿逃到了乃蛮部，而答力台则投到了成吉思汗一边。

王汗部落联盟因为此次叛乱，实力受到了严重的损害。成吉思汗的机会来了。

1203年秋天，重新整合了军队的成吉思汗，开始对王汗发动攻势。在此次战斗中，成吉思汗的弟弟合撒儿诈降王汗，并且谎称：成吉思汗其实一直有意与你和解，并不想发生战争。

当时王汗的实力大损，也不愿意与成吉思汗决战，所以就同意与成吉思汗和谈。

在王汗为和谈做准备的时候，成吉思汗秘密进军，并且对克烈军队发起了袭击。

克烈军猝不及防，仓促抵抗，虽然他们非常顽强，但还是在三天三夜之后，被成吉思汗的军队击溃。克烈部大部分人选择了投降，只有王汗和桑昆带着几个随从趁夜色逃脱。

曾经誓死抵抗的克烈部人，在失去了首领之后，老老实实地归顺了成吉思汗。克烈部的将领合答黑把对成吉思汗说："我之所以抵抗三天三夜，是因为我要尽我所能、拼死力战，保护我的首领逃脱。现在他已经走了，我也尽到了我的责任。如果你要杀死我，请便。若蒙恩赐不死，我愿意为你尽忠。"

成吉思汗素来敬重忠义之人，便说："如果只顾着自己逃生，而不管首领的死活，绝对不是大丈夫所为。这个人对首领忠心耿耿，是个男子汉。"他下令赦免了合答黑把。

其他克烈人也从此成为了成吉思汗手下忠实的追随者。不过，成吉思汗还是很小心，他谨慎地把投降的克烈人重新分配到蒙古各氏族之中，到此为止，真正意义上的克烈部就算是消失了。

王汗的弟弟札阿绀孛也投降了成吉思汗，成吉思汗对他还是非常友好的。并且娶了札阿绀孛的女儿亦必合别吉。而且成吉思汗的幼子拖雷还娶了札阿绀孛的另一个女儿唆鲁禾帖尼公主（在古代蒙古，父亲娶姐姐儿子娶妹妹的事情并非不道德）。

这个叫作唆鲁禾帖尼的女人，日后将成为成吉思汗家族中重要的一员。

逃亡中的王汗父子

战败的王汗父子,从乱军中逃脱出来。王汗惊慌失措地向西逃窜,最后来到了乃蛮人的地盘上,被一个乃蛮军官所擒。

王汗对乃蛮人说自己是克烈部的首领,对方根本不相信,不分青红皂白便是一刀,这位纵横草原几十年的部族首领,便如此窝囊地死去了。

"自称是克烈部首领的人被杀死"的消息很快就传到了乃蛮王塔阳的耳朵里,这个塔阳,就是之前曾经与成吉思汗对阵的两个乃蛮王子之一的台不花,他兄弟被蒙古大军杀死后,他便成为了乃蛮人的首领,改名塔阳,自称"塔阳汗"。

塔阳对部下杀死王汗这件事将信将疑,于是便派人去调查,结果发现,被自己部下杀死的这个人,确实是克烈部的首领。他勃然大怒,斥责那个军官说:"为何杀此年迈之大汗?你本该活捉他来见我。"

但毕竟人死不能复生,塔阳命令手下把王汗的人头取来,装进一个盒子里,祭奠了一番。

至于王汗的儿子桑昆,并没有和父亲朝同一个方向逃跑。而是选择往东南方向去了。这位昔日的贵族,变成了一个流浪汉,靠猎取野味来充饥,日子过得很悲惨。

一天，桑昆发现远处有一群野马。这些野马受苍蝇的骚扰，显得非常烦躁。桑昆见状，便下马去捉这群野马。

桑昆身边有一个马夫，叫阔可出，他见桑昆走远，便骑上桑昆的马，逃到了成吉思汗那里。

阔可出认为自己投奔成吉思汗，必能得到奖赏，但是成吉思汗在听他讲述了逃走的过程之后，勃然大怒，道："此人竟然舍弃其主人于荒野，只身而来，不忠不义，焉可信用？"下令斩了阔可出。

阔可出在逃跑之前，曾经和自己妻子商量，妻子不同意他扔下桑昆投奔成吉思汗，阔可出不听，扔下妻子走了。成吉思汗在杀死阔可出之后，对左右的人说："今后若是见到阔可出的妻子，要重赏她。"

马匹被偷走之后，桑昆只好徒步流浪。最后来到了西夏国。在那里，他开始落草为寇，靠打劫过日子。但不久之后，他被赶出了西夏国，又跑到了新疆，依旧靠当土匪度日。最后，桑昆在打劫时被维畏兀儿人所杀，克烈部的最后一个王位继承人，就这样结束了自己的一生。

第四章 / 可汗的愤怒

然地上则只可有一汗也

成吉思汗征服克烈人之后,蒙古草原唯一与其抗衡的独立政权就是乃蛮王塔阳所统治的乃蛮部。

当时,成吉思汗占据了整个东蒙古,而西蒙古,则是乃蛮部的天下。

那些曾经被成吉思汗打败过的敌人,大部分都跑到了乃蛮部。他们是:札只剌惕部首领札木合、蔑儿乞惕部首领脱脱别乞、斡亦剌惕部首领忽都花别吉,更不用说像朵儿边、哈答斤、散只兀惕和塔塔尔等残部的成员,甚至还有一支克烈部人也归顺了乃蛮部。

在这种情况下,成吉思汗和乃蛮部之间,不想发生战争都难。

乃蛮部的上一任大汗颇有威望,作为上代大汗的儿子,塔阳在乃蛮部的威望十分有限，这一点从他的部下可以肆无忌惮地指责他就可以看得出来。

或许是急于证明自己的能力，塔阳决定向成吉思汗挑战，他对部下说："天上可有日月，然地上则只可有一汗也。"

这时候，塔阳曾经的"母后"、现在的妻子古儿别速提出了反对意见，因为在她看来，蒙古人是野蛮人，她对塔阳说："这些满身臭味、衣着污垢的蒙古人，离我们很远，是我们的幸运，我们不要去接近他们。最多也不过是从他们那里找一些长得好看的女子，让她们挤牛奶，不过那也要先教会她们每天洗手。"

塔阳没有听她的话，执意要征讨成吉思汗，为了寻求盟友，他派一名使者去找突厥人，希望可以联合突厥人一起进攻成吉思汗。

塔阳找错人了，突厥人非但没有帮他，还派使者对成吉思汗说："塔阳将攻汝，汝其慎之，彼扬言欲取汝之弢来塔阳欲我为他右手而共攻汝，我已拒之矣。然汝宜提防彼之来犯也。"

当时成吉思汗正在围猎，听到了这个消息，当即停止了这一活动，召集各部首领商量对策。

1204年春，成吉思汗在一个叫作特木因—基也尔附近的地方召开了库里勒台（蒙古各部族首领的重要会议），商议攻打乃蛮部的具体事宜。

当时，许多军事首领都认为春季马瘦，不宜发动进攻，最好是等到秋天再说。成吉思汗幼弟铁木格和他的叔叔答力台则赞成攻其不备，出奇制胜。铁木格说："汝等谓马正瘦，岂可以此为由？闻此消息，我等岂可坐以待毙？"

成吉思汗很赞赏弟弟的战斗热情，说："有汝等如此忠勇之人，何愁不胜？"于是，他决定主动进攻乃蛮部。

作出了决定之后，成吉思汗并没有马上动兵，而是先在合勒合河畔整编军队，制定了生产、军事、行政相结合的"领户分封制"，并建立"怯薛"（护卫军）。

在成吉思汗之前，所谓的"蒙古国"，是一个奴隶制的部落联盟体，各个部落各有各的首领，相对独立，"大汗"对整个国家的控制力其实非常有限。现在，成吉思汗按照十进制的办法，把蒙古各部牧民统一划分为十户、百户、千户、万户，并相应地设立了十户长、百户长、千户长，万户长，打破了原来的部落组织。如此一来，"蒙古国"就变成了一个具有封建性质的军事行政联合体。

在爆发战争之时，国家按千户征派赋役、签调军队，所有民户都必须在本千户内登记户口，负担兵役和差发。成吉思汗任命木华黎为左手万户，管辖东边直到哈剌温山（今大兴安岭）方面的诸千户；博尔术为右手万户，管辖西边直到按台山方面的诸千户。万户只是军事统帅。蒙古汗国的最高统治集团是成吉思汗的"黄金家族"（孛儿只斤家族），全国人民都是他们的臣民。万户和千户等高级将领（统称为那颜），都是大汗和诸王之下的从属，不过他们有资格参与选举大汗、商议国策和掌管国政。通过赏赐和战争中的掳掠，高级将领拥有大量的牲畜、财物和奴隶。建立特殊功勋的高级将领，还被授予种种特权。这个阶级是成吉思汗"黄金家族"统治人民的支柱。

在实行了新的政策之后，高级将领如万户、千户，都要由成吉思汗直接任命分封，所以成吉思汗对国家有了更多的控制力，还初步建立了一套行政管理体系，使得整个国家更有序地运转。

1204年诞生的这个"领户分封制"，在成吉思汗一生的政治历程中，占有非常重要的位置。从这一刻开始，蒙古国成为了一个真正的国家，而不是从前那个"原始部落"的联盟。成吉思汗也成为了一个真正的领袖，他拥有了更多的权利和更团结的人民，蒙古勇士们不再如一盘散沙，他们会朝着大汗战刀所指的方向策马奔腾，去征服一个又一个强大的敌人。

说完了"领户分封制"，我们再来说一说成吉思汗在1204年建立的这支怯薛军。

怯薛是成吉思汗钦点的禁卫军，这支军队从成吉思汗起兵以来就一直存在，当时最初只有百人。《元史·兵志二》记载："宿卫者，天子之禁兵也。方太祖时，以木华黎、赤老温、博尔忽、博尔术为四怯薛，领怯薛长分番宿卫。时号掇里班曲律，犹言四杰也，太祖命其世领怯薛之长。怯薛者，犹言番直宿卫也。"由此可见，成吉思汗手下的"权臣"，大部分是从怯薛军中走出来的。

这一次，成吉思汗扩大了怯薛的规模。包括1千名宿卫，1千名弓箭手，8千名散班。由哲别的叔叔纳牙阿统领。

成吉思汗是唯一可以调动"怯薛"军的人，没有他的命令，任何人包括纳牙阿将军都不得调动这支军队。战时，怯薛只接受可汗号令，可汗前往战场，必有怯薛护驾。这些禁卫军平时则负责管理，包括督导宫廷执事、照顾马匹及维护辎重。

怯薛的成员，全部来自万户、千户、百户的子弟及随从，采取世袭制。分四班宿卫，轮番宿卫，每番值卫三昼夜，称四怯薛。怯薛人员除宿卫外，也分任大汗（大王）的冠服、弓矢、食饮、文史、车马、庐帐、府库、医药、卜祝等事。据蒙古古代诗人记载，一天，成吉思汗在对那些老卫士发表讲话时以华丽的语言赞扬和鼓励他们说：

朕之忠心耿耿之众卫士，

> 汝等竭诚效君王，鬓发各已苍！
>
> 云夜卧于外，星夜巡宫旁。
>
> 飘飚风雪里，谨护朕营帐；
>
> 倾泻大雨中，护朕编壁房；
>
> 棘针风骚骚，透衣雨冰凉。
>
> 但为朕眠安，谨守终夜长。
>
> 众敌伺于周，汝等拒之荒。
>
> 相戒不瞬目，刀剑放光芒。
>
> 但得君命招，应声立朕旁！
>
> 朕今登极位，赖众苦勤工！

成吉思汗对卫士们大加赞扬后，便分别给各队赐予崇高的称号。而且，成吉思汗还要求他今后的继承者也必须遵循他的安排，给这些老卫士以特别恩宠。他说："朕之子孙之子孙，久后居朕位者，必当忠于朕之遗训，善待汝等，尊汝等为帝国之守护神！"成吉思汗还进一步指出："朕之弓箭手犹如遮天蔽日之密林。朕必以甘养之，以锦衣衣之，以宝马骑之，以水草丰美之牧场封之，不使其牧场生有害之荆棘！"

除了奖赏立功开国的各位将士以外，世界征服者成吉思汗还想到了在他的领导下业已统一起来的蒙古族百姓。据他的后裔、蒙古历史学家萨囊薛禅记载，成吉思汗在谈到蒙古族人民时曾说："与朕同甘苦，共患难，英勇卓绝之蒙古百姓，艰辛危难中忠诚随朕创业之蒙古百姓，朕必当善遇之，使之居于天下所有百姓之上！"

成吉思汗的称赞和赏赐，使这些卫士感到十分自豪和骄傲，在这些卫士的心中激起了一种竞相报效皇上的崇高热情。

作为中国古代五大精锐部队之一，怯薛是成吉思汗百战百胜的最后砝码，也是他统治国家的军事基础。所以这支军队的建立，也有着非同一般的意义。

通过一系列法令的办法，成吉思汗按照统一的法律和军事行政组织将蒙古人组织起来。废除了蒙古贵族一直奉行的陋俗，制定了从理性角度看值得肯定的制度。

他建立了从中央到地方的一整套政权组织机构，并确立了"黄金家族"神圣的地位，设立千户百户制，取代了旧日的氏族部落，草原牧民从此被严密地组织起来。扩充护卫军（就是怯薛军），并赐予护卫军以崇高的地位。其实对于巩固成吉思汗本人的统治地位起到了重要作用，成吉思汗依靠这支武装力量，加强了对各级军官的控制。蒙古人，由此第一次有了所谓的"集权统治"。

向乃蛮人的营地出发

在制定了制度,重组了军队之后,成吉思汗开始向乃蛮人进军。此时已经是1204年的夏天了。

在发兵之前,成吉思汗举行了庄重的祭旗仪式。仪式上,成吉思汗家族的旗帜"九斿白纛"迎风猎猎,威武雄壮。在以后的岁月里,这面战旗成为了黄金家族的标志,所到之处,望风披靡。

成吉思汗带着木华黎和博尔术,登上巍峨的孛儿罕山。在半山腰升起黑色的军旗,擂动几十面战鼓。阅兵开始了,弓箭队排成方阵行进,长枪队列成横排行进,大刀队列成竖排前进。接着,赛马、射箭、比武开始了。

比赛完毕,成吉思汗对大家讲道:

"只有磨尽马蹄的人,才能走到天边,只有磨尽刀刃的人,才能压倒敌人。怕血的人,最后流的是血;怕箭的人,最后招的是箭。但军令如山,军纪似铁,切切不能忘记。缴获的归公,私隐者处死!"

这是成吉思汗的军令,谁也不能违抗。成吉思汗一声令下,全军触动。哲别、忽必来二人作为先锋,带领军队走在最前面。

蒙古发兵的同时,乃蛮部首领塔阳及盟友札木合、脱脱别乞、忽都花别吉,也带领着乃蛮、札只剌惕、蔑儿乞惕、斡亦剌联军从阿尔泰山出发,准备应战。

两支军队在杭爱山相遇了。战争一触即发。

一开始,乃蛮人信心满满,他们抓到一匹从蒙古大营中跑出来的战马,这匹马瘦骨嶙峋,一副营养不良的样子。乃蛮人便因此断定——蒙古人的战马都力气不足。

这种判断不是没有道理,经过长途跋涉之后,蒙古军队严重消耗了马力。而且,在军队的数量上,成吉思汗也处于劣势。

在这种情况下,怯薛军中的朵歹扯儿必(朵歹是名,扯儿必是官职)建议说:"我们数量不占优,再加上长途行军,不宜速战。我们可以先驻扎下来,等到人马体力恢复,再战不迟。为了迷惑敌军,我们可以在白天的时候,制造许多假人放到营地里。黑夜时,每人点燃五处篝火,用来恐吓敌人。敌人虽然人数众多,但是他们的首领塔阳为人很懦弱,也没打过什么仗。所以等我们休息过来,去进攻他们的时候,一定可以马到成功。"

成吉思汗闻朵歹之言,连声说此计甚妙,接受了这条计策。

反观乃蛮部一方,首领塔阳在看到成吉思汗的军队时,想要先撤退,他之所以有这种想法,不是因为害怕,而是希望可以通过撤退来调动安置下来的蒙古军队,把本来就长途跋涉、体力不支的蒙古军队拖垮,最后,乃蛮军队可以在某个地势狭窄之处伏击蒙古人,到时候一定可以取得胜利。

塔阳的这条计策,其实是非常明智、合理的。但他的部将火利速八赤则毫不留情地羞辱他说:"先王战伐,勇进不回,马尾人背,不使敌人见之。"意思是,原来的大王和别人打仗,总是一往无前,从来不会让敌人看见自己的后背。言下之意就是说:你不行。

塔阳被部下的话激怒了,为了向部下证明自己一点也不比父亲差,他决心就在此地与成吉思汗决一死战。

一个合格的将领，必须是理性的，他们不会被情绪左右自己的决策，他们不会因为外界的干扰而轻易改变决策。从这个角度来看，塔阳离优秀还差得很远。当然，考虑到塔阳当时在军中的威望有限，许多大将拥兵自重，塔阳此举也可能是迫于压力下的无奈之举。

当乃蛮人的军队开始向成吉思汗的大营杀来之时，成吉思汗立即部署军队，摆列战阵，准备厮杀，并对手下的将领们下达了自己的作战原则——"进如山桃皮丛，摆如海子样阵，攻如穿凿而战"。

"进如山桃皮丛"意思是，前进的时候，就像是山桃皮灌木丛一样，分小队低姿势联络前进。关于这一点，据《黑鞑事略》中记载：蒙古人行军时，怕互相冲撞，一定会先派出精锐骑兵，四散而出，登高远眺。这些负责勘测地形的军队，就好像星星一样散落在战场各处。

"摆如海子样阵"的意思是，像大海一样展开庞大的阵势。

"攻如穿凿而战"的意思是，在进攻的时候，就好像一把尖锥，直插敌人的中军。

这三条作战原则，体现了成吉思汗用兵的精华之所在，也是成吉思汗一生纵横沙场的基础。

在布置好战术之后，战争很快便打响。

这是一场艰苦的战争，双方都投入了大量的兵力，数万人马在草原上纵横驰骋，杀声遍野，血流成河。《蒙古秘史》中记载这场战役说：

白天，太阳吓青了圆脸；

夜里，月亮减上了血斑。

双方的战马咬破了鼻子，

双方的箭矢顶在天边。

长矛扎成了秃柄，

大刀吹成了碎片。

杀得苍天险些倾倒，

杀得大地险些塌陷。

战争持续了一天时间，到了晚上的时候，蒙古军队已经在战场上占得了先机。乃蛮人正面攻击无法获胜，就施展诡计。第二天中午，杀累的双方暂作小息，一个乃蛮将领突然率领人马败走，成吉思汗就派一部分兵马去追。在追击中，他们发现一片马蹄窝里撒满了闪光的碎银，这些碎银牵动了一些将士的私心。于是，有些将士在尘埃中下马拣起碎银，揣进私囊。这时，敌人乘机突然冲回来，挽救了败局。

成吉思汗听说中了奸计，派出1000名近卫箭士，才赶跑了大肆冲杀的敌军。

当晚成吉思汗赶回自己的金帐，叫来木华黎，追问败阵的详细经过。当成吉思汗知道有人弃枪拣银的时候，非常生气，等他知道率先下马的两个人都是自己的亲属之后，更加愤怒，说道："将二人带来问罪！"

不多时，两个箭士将成吉思汗的亲属押进金帐。

成吉思汗拔出宝剑向苍天、远祖祈祷说：

请苍天宽恕，

请远祖知情。

不是我愿意自残骨肉，

是军纪不容。

愿苍天达理，

愿远祖同情；

不是我非砍九指不可，

是民心不容。

祈祷完毕，成吉思汗握着宝剑对亲属说："对不起，我只能拿你们的头才能换回军心，才能打出铁的纪律！"说罢就要处斩。

木华黎赶紧跪下求告说："斩就斩我吧，英明的可汗！是我指挥无方，才破坏了圣主的金律。"成吉思汗看在木华黎的面子上，才免去二人的死刑。但是，当即宣布将二人削职为民，罚为牧马奴，终身不再加封。

成吉思汗对待亲人的铁面无私，让其他人更加觉得军令如山，不可动摇，便奋勇冲杀，将敌人逼到了绝境上。战争中，塔阳负伤，被部下抬到一个小山坡上。

塔阳问自己的下属："那赶来的，如狼将群羊直赶至圈内的，是什么人？"他把自己比作是羊，把蒙古军队中的出色将领比作是狼。

札木合告诉他说："是我的兄弟铁木真用人肉养的四条猎狗，曾用铁索拴着。那狗铜额凿牙，锥舌铁心，用镮刀做马鞭，饮露骑风，厮杀时，咬人肉。如今放了铁索，垂涎着喜欢来也。四狗是哲别、忽必来、者勒蔑、速不台四人。"

塔阳又问："随后如贪食的鹰般，当先来的是谁？"札木合回答说："是我铁木真安答，浑身穿着铁甲，似贪食的鹰般。"

随后，塔阳又看到一员大将在阵中左右突杀，猛不可当，问札木合："此人是谁？"

札木合回答说："此乃成吉思汗的弟弟，吃人肉长大。其人：

身高三寻许

顿餐三岁牛

　　拔挂三重甲

　　力过三牤牛

　　整吞带弓人

　　………

　　雄壮悍如蟒

　　名曰"合撒儿"

　　这段话出自于《蒙古秘史》，史诗般的语言，描摹出了当时战争的情景——在战斗刚打响的时候，成吉思汗手下的四员猛将如饿狼一般冲入敌阵、左右突杀，乃蛮军被四人驱赶追逐，只好聚到一起负隅顽抗。而这时，成吉思汗则率领大军加入了战争，他灵活机动，像鹰搏狮虎一般，东叼一口、西叼一口，每一口都撕扯起一块鲜血淋漓的肉。而成吉思汗的弟弟合撒儿，则率领军队杀向敌人心腹，望风披靡。乃蛮军在这样的攻势下，逐渐失去了抵抗的能力……

英雄的末日

战争打到这个地步,胜负之数已定。乃蛮人完了。而此时,一贯朝三暮四的札木合开始考虑自己的出路,他派使者给成吉思汗送去口信:

我已极言汝军壮矣

塔阳被我言吓昏矣

彼已登山免为阵矣

军官已无征战心矣

我弃乃蛮扬长去矣

安答勉之战必胜矣

我已经给你把塔阳吓到了,现在我走了,你好好打吧,胜利是属于你的。札木合留下了这番话后,便从塔阳军中离开了。

此时的塔阳,身上的伤势在恶化,手下等着他作出最后的决策,但是他却已经陷入了昏迷。火利速八赤高声呼喊着,想要唤醒首领,他对塔阳说:"你的母亲古儿别速和妃子们正在帐中等着你。"但是塔阳却说不出话来。

从某种角度而言,火利速八赤是这场战争的罪人,他"逼迫"塔阳选择了错误的战略,酿成苦果。但是,他却不是一个懦夫。在战争的最后关头,这个勇士——火利速八赤,对手下人说:"大汗已经无力再战了,在大汗临死之前，我等宜翻身力战，让大汗亲眼看见，我们为了大汗而英勇战死。"

此时，不知道火利速八赤是否后悔当初激怒自己的首领，让首领作出了错误的抉择。或许在他的眼中，力战沙场，是一个军人的荣誉，他可能会因此对首领产生崇高的敬意，收起曾经的轻视之心，因此愿意为首领而死战。

火利速八赤带领着乃蛮军最后一批人又冲下山去战斗，与蒙古军做最后的拼杀。明知必死，义无反顾。

理智来讲，无论是塔阳还是火利速八赤，都不能算作是优秀的将领。但是作为一个军人来讲，他们有莫大的勇气和不畏牺牲的精神，也是很伟大的。

就连他们的敌人——成吉思汗，也被他们无畏的勇气所感动。想要赦免他们。但火利速八赤拒绝投降，继续战斗，力战而亡。

血战告一段落。

塔阳之子屈出律见大势已去，选择逃跑。其他大部分乃蛮人向成吉思汗投降。

此后，成吉思汗率大军一路打到了阿尔泰山地区，消灭了整个乃蛮部落联盟。那个当年讽刺蒙古人是"蛮人"的乃蛮皇后古儿别速也遭俘虏，被押送到成吉思汗帐前，成吉思汗厉声说："你不是说我们蒙古人臭吗？今天怎么来了？"说罢，成吉思汗将其留在帐中加以宠幸。成吉思汗因贪慕她的美色，承诺："只要你乐意陪我，用心侍奉我，又不惹是生非，我不会抛弃你的，还会封你当王后的。"从此，古儿别速死心塌地侍奉成吉思汗，真的得到他的宠爱，被封为皇后。

除了古儿别速之外，成吉思汗还俘虏一个叫塔塔统阿的畏兀儿人，此人原来是塔阳的"掌玺大臣"（负责执掌印信），是一位博学的长者，会说汉语、金语、蒙古语。成吉思汗对此人非常敬重，派他著写蒙古史书。

塔塔统阿归顺成吉思汗之后，教会了成吉思汗在重要的文书上盖印章，在此以前，蒙古人不懂印章用处，自此之后，凡有制旨，一定要用"印章"。

在捣毁了乃蛮人的大本营之后，成吉思汗已经基本上完成了自己的征服计划，虽然塔阳的儿子屈出律侥幸逃脱，但成吉思汗当时也没有太过在意。谁知道，数年之后，这个屈出律居然东山再起，给成吉思汗造成了不小的麻烦，不过这都是后话了。

屈出律和脱脱别乞在也儿的石河畔被击溃，脱脱阵亡，屈出律再次逃走。

成吉思汗曾经的安答、敌人札木合，则在战争中再次脱逃，跑到唐努山（位于今蒙古国境内）。

当时札木合身边仅有五个随从，为了活下去，他们开始以打猎和抢劫为生，日子过得很凄惨。终于有一天，那五个随从不想再跟着札木合过这种颠沛流离的日子了，他们合伙擒住札木合，把他送到了成吉思汗的营地中。

从1201年到1204年，札木合先是自己出兵攻打成吉思汗，之后又辅佐王汗攻打成吉思汗，最后又辅佐乃蛮人攻击成吉思汗。作为成吉思汗当初的兄弟，他把扳倒成吉思汗作为自己最高的追求。但是他失败了，现如今还成为了成吉思汗的俘虏。

在成吉思汗面前，札木合仍不低头，他说："卑微的乌鸦竟然捕捉高大的野鸭，下贱的奴隶竟然擒拿自己的主人，呵，我的安答，汝怎能容忍此等卑劣之徒效命于你？"这是在要求成吉思汗处决背叛他的那五个随从。成吉思汗答应了札木合的要求，当着他的面，处决了那五名叛徒。

接下来，成吉思汗必须要考虑如何处置札木合了。

对于敌人，成吉思汗一贯严厉，但是这次他犹豫了，因为札木合既是敌人，也曾经是自己的兄弟。虽然他策划阴谋，背叛朋友，始终对自己抱敌视态度，但成吉思汗又不能不回想起童年时期的伙伴情义和并肩战斗的经历。最终，成吉思汗决定放札木合一条生路，他说：

"当初，我二人亲密无间，犹如一辆车上的两个轮子，不可分离。后来，你起了异心，弃我而去。但是好在如今你回来了，我期望我们能重归于好。你虽然不利于我，但是我心中始终认为你是我的兄弟。当我们沙场相对之时，我知道你也很悲伤。对于你的恩情，我始终难以忘记。"

札木合有机会活下去，但是他的自尊心不容许他为了活命而向敌人低头，即便这个敌人曾经是自己的兄弟，因此，札木合以"令人钦佩的贵族尊严与高傲态度拒绝了成吉思汗重归于好的建议"（勒内·格鲁塞语），他说：

"当初，我们还年幼，曾经结为兄弟。后来，我们受外人挑拨，彼此敌对，沙场相见。现在，我回忆起曾经的誓言，觉得非常羞愧。了不起啊兄弟，现在你已经一统天下，四方之内莫非王土。而我呢，已经无法再帮到你什么了，所以，我们二人永远回不到曾经了。假如我们重新成为了朋友，我就会变成你衣领上的虱子，裤脚上的刺。我曾经不义，背叛了兄弟，天下之大，又有谁不知道我的所作所为呢？兄弟，你是天之骄子，当世英豪，而我呢，只能甘拜下风。我一向不幸，自幼没有父母，也没有兄弟。上天垂青于你，给了你一切，所以能处处压制我。此时此刻，请你处死我。但是我希望不流血而死，我死后，请你把我埋葬在高处，我必定会保佑你的子孙。此时此刻，请马上处死我。"

见札木合死意已决，成吉思汗只得下令：赐札木合王子式的死，即不流血地死。

我们曾经说过，作为草原上最为优秀的两个年轻首领，成吉思汗和札木合之间的争斗，可能是蒙古帝国归属权的争夺。

札木合曾经强大过，他险些将成吉思汗的霸业付诸流水。但是最后却失败了。这种失败，有很大的必然性。我们看札木合这个人，他的一生可以用两个词语来概括——野心和背叛。他就如同是一个投机者，为了自己的野心，可以作出任何违背道义的选择。与成吉思汗相比，他缺少的不是作战能力，而是少坚持和忠诚。这样的人，总是要失败的。

铲除蔑儿乞惕部

在征服乃蛮部之后，成吉思汗又命令速不台去攻打蔑儿乞惕部的残余军队。在漫长的草原战争史上，失败的部落被劫掠，部分成员被俘为囚，而其余部众则多任其自流，没有人再会关注他们。失败的集团往往会重新组织起来并伺机反击，或四处逃散，加入到战胜者的部落中去。

蔑儿乞惕部与成吉思汗对抗多年，从一开始的势均力敌到现在的残军败将，他们的这个部落联盟已经非常脆弱了。在蔑儿乞惕部中，有一个小部落的首领，知道自己已经无法跟成吉思汗对抗，也厌倦了无休止的战争，所以决定向成吉思汗投降。他带着自己的女儿，亲自去见成吉思汗，希望可以通过贡献自己的女儿来换取成吉思汗的原谅。

在路上，父女两人遇见了纳牙阿（怯薛军首领纳牙阿），纳牙阿问明情由，决定亲自带他们父女两人去见成吉思汗。

为了慎重起见，纳牙阿留他们父女住了三天三夜，然后才出发，几日后才来到了成吉思汗帐下。

成吉思汗早就得知了敌人父女前来乞和的消息，算着日子早该到了，却偏偏晚了几天，再加上是纳牙阿亲自送来的，成吉思汗便认为纳牙阿肯定是在留宿期间奸污了那个女儿。勃然大怒，要将纳牙阿斩首。

纳牙阿大声说道："我一心侍奉，所得敌人的美女良马一律奉献，从不私占，若有歹心，甘愿受死。"成吉思汗依旧不信，那个女儿便出来作证。并表示如果没有纳牙阿，她也无法顺利到达。最后，她说："此外，可检查我的童贞。父母所生我之肌肤仍贞洁如初，未曾被犯也。"

成吉思汗准奏，果然如她所说。成吉思汗这才恢复了对纳牙阿的信任，并公开宣布说："此乃可靠可信之人也，将委以重任。"

而这位女子，也被成吉思汗纳为妻子，她便是日后成吉思汗最宠爱的忽兰皇后。

除了忽兰皇后的部族之外，还是许多原先跟随蔑儿乞惕部一起与成吉思汗做对的人也纷纷投降。在众叛亲离的局面中，蔑儿乞惕部的首领脱黑脱阿带着残军败将狼狈逃窜，过上了流亡的生活。但是成吉思汗依旧不放过他，率部穷追猛打。1204年的冬天，成吉思汗率部追上了脱黑脱阿的军队，两军交战之中，脱黑脱阿身中飞箭，当即身亡。他的两个儿子来不及运走他的尸体，只好砍下父亲的头颅逃走了。

脱黑脱阿的两个儿子带着军队向西方逃去，中途死伤无数，少数侥幸逃脱者则各奔东西，作鸟兽散。

至于脱黑脱阿的儿子们，先是跑到了畏兀儿人的地盘（今日新疆一带），但是畏兀儿王巴尔术派兵把他们驱逐出了界外。这两个倒霉的孩子只好跑到茫茫草原之上，过起了流浪汉的生活。

脱黑脱阿的儿子在草原上流浪了12年，在这段时间，成吉思汗忙于同西夏人、辽人、金国作战，无暇顾及他们这些漏网之鱼。但是在1217年的时候，成吉思汗突然想起了这些漏网的敌人，他命令速不台前去剿杀。并对速不台说："他们惨败之后，已经是残军败将，你如今带领一支军队，前去剿灭。如果对方变成了天上的飞鸟，你就要变成苍鹰。如果对方变成了地下的老鼠，你就要变成铁锹把他们挖出来。如果对方变成了海里的鱼，你就要变成渔网，一网打尽。在到达他们的地盘之前，你需要翻山越岭，山路高远，行程艰难，你需要约束军队，不可以让他们过度用马，以免到战斗时马力不足。如果谁不听你的号令，如果是我认识的人，你就把他带来见我，如果我不认识，你可以自行处置。"

接着，成吉思汗又对速不台说明了自己对蔑儿乞惕人斩草除根的原因：

"这帮蔑儿乞惕人，我早就恨之入骨了，在我年幼的时候，他们曾经围杀我，当时我很害怕。如今，我要把他们全部擒获，纵然需要花费数年数月，也要穷追不止。你如今代替我出征，我的心也会跟你一起去的。"

为了使速不台的军队能够顺利地在山区中行军，成吉思汗还命令工匠打造了一种经得起山路颠簸的铁车。

在成吉思汗的全力支持下，速不台横扫了蔑儿乞惕残部，顺利完成了任务。蔑儿乞惕部就此覆灭。

事实上，从种族亲缘来看，蔑儿乞惕部也属于蒙古人的一员。但是他们对成吉思汗造成的伤害太大，因此不能被成吉思汗所宽容，走向了覆灭。

出兵西夏

1205 年，距离成吉思汗建立蒙古国还有一年的时间。这时成吉思汗已经统一了整个蒙古，蒙古人开始前所未有的团结到了一起。结束了多年的分裂之后，聚合到一起的蒙古人爆发出了强大的能量，他们充满活力，期待荣耀，更关键的是，他们需要一场掠夺性质的战争来弥补物质上的不足。

蒙古人已经时刻准备着用自己手中的弯刀开疆拓土。可关键问题在于，拿谁开刀？

宋朝和金国虽然在多年的战争中消耗了极大的实力，但正所谓瘦死的骆驼比马大。刚刚统一的蒙古人还不具备向这两个国家挑战的资本。

往东不行，往南不行，往北就是自己家，总不能自己打自己，就只好往西了。

蒙古草原的西面，是西夏国。

西夏国，又称邦泥定国或白高大夏国，由党项族人统治。唐朝的时候，党项人拓跋思恭是唐军中的少数民族将领，负责镇守唐朝的西北边界。黄巢发动叛乱之后，拓跋思恭率兵与叛军交战，立了战功。于是唐朝政府便封他为夏州节度使。了解历史的人都知道，唐朝时，节度使的权力非常大，基本上能算作是"诸侯"。唐朝灭亡之后，党项人便自立门户。虽然不对外称自己是一个国家，但是实际上却也形成了一个独立的政权，史载："虽未称国，而自其王久矣。"

西夏这个国家，非常重视"友好外交"。不管中原谁称王谁称帝，他们都以"臣子"自居。

宋朝的时候，宋太宗想要兼并西夏，就派兵去攻打。西夏人也不愿把自己的国家拱手让人，就举兵反抗。不过他们并不和宋朝军队正面交锋，总是带着军队兜圈子。有时候两军相遇，眼看不打不行了，他们就诈降，把宋军的将领骗来，然后杀了，继续逃跑。宋太宗被西夏人惹得很恼火，便集结了几十万大军，准备把西夏军队一举剿灭。西夏人一看宋朝军队人太多，躲是躲不了了，估计对方的将领也没那么好骗了，就投降了。不过，没过多久，宋朝军队撤走之后，他们又叛变了。

1000年前后，西夏国出现了一位杰出的君主——李元昊。此人当上西夏皇帝之后，着重发展西夏的经济和军事。西夏在他的带领下多次打败宋军，并于1032年建立了自己的统一政权。李元昊称帝，以正统自居的北宋当然不会任由他胡来了，于是便派兵征讨。李元昊抓住宋辽之间的矛盾，多次打败北宋。

虽然后来李元昊迫于压力取消了皇帝这种虚衔，但他从北宋换来的金银却是货真价实的东西。北宋每年给西夏岁币，其实就是拿钱给敌人，养肥了那群白眼狼再回过头来打自己！女真兴起后，北宋和辽先后灭亡。旧的格局被颠覆，但西夏仍然活得美滋滋的。而且西夏还利用宋军南撤的机会乘机拿下了瓜州（今酒泉市）、肃州、沙州（今甘肃省敦煌市）等地，将边境线向东伸延了1000多里。在扩大了自己的疆土的同时，也进一步提高了国威，迫使宋、金承认了西夏的割据地位。

此时的西夏，已经完全成为了一个独立的国家。这种独立不仅仅体现在军事上，而且在政治、经济、文化等领域都独立了出来。

总而言之，西夏这个小国家也在"群狼环伺"的境况下生存了200多年。

但是，现在蒙古人来了。

在蒙古人攻打乃蛮人时，乃蛮人曾经找过西夏人，提议联合起来对付成吉思汗。西夏人拒绝了乃蛮人。

从战略层面上来讲，西夏如果和乃蛮人一起对抗蒙古人，那么就可能延缓乃蛮覆灭的进度，拖住蒙古人西进的脚步。但是历史没有如果，西夏人放任成吉思汗击败了乃蛮人，现在蒙古人要开始对他们动刀了。

从成吉思汗的角度而言，攻打西夏是势在必行的，因为有以下四方面的好处：

第一：西夏国所在的平夏地区（今陕西米脂一带）非常富饶。其中，鄂尔多斯南部地斤泽地区是一片肥美的牧场，与宋朝交界的七里坪地区农业发达，可以提供大量的牛羊粮草。而且，这个国家还产盐。要知道，在古代，食盐基本上等同于金子，是可以当货币使用的。蒙古人虽然军力强盛，但一直不事手工业和农业生产，比较穷，所以很有必要找个"富户"掠夺一下。毕竟，有了经济基础才能稳固上层建筑。

第二：西夏国与金国交好。成吉思汗知道，蒙古人与金国人素来不和，迟早要有一战。如果能在与金国决战之前，剪除其羽翼，消除自己后方的威胁，自然是再好不过。

第三：西夏与大宋接壤，如果有朝一日南下攻宋，这个地区是一个很好的跳板。

第四，西夏与吐蕃接壤，如果想要征服吐蕃，必须先要征服西夏。

庸手下棋，走一步看一步，高手下棋，走一步看三步，国手下棋，走一步看五步。成吉思汗堪称国手。

在这里，我们要说明一件事：蒙古征西夏战争，和以往成吉思汗发动的历次战争都有所不同，这场战争一共持续了将近 20 年时间，蒙古人一共对西夏发动了六次战役。双方之所以打这么久，不是因为势均力敌，僵持不下，而是因为在此期间，成吉思汗有比攻打西夏更为重要的事情要办，其中就包括我们第一章所提到的西征战役。

第一次进攻

从1205年开始,成吉思汗对西夏发动了第一次战役。

当时的西夏,李元昊那个辉煌的时代已经成为了历史,西夏国已经陷入到了政治腐败、经济严重衰退、皇帝昏庸无道,官员渎职的泥潭之中。虽然全国依然有近60万的生力军,但整个西夏却没有一个能统军的能人。

面对来势汹汹的蒙古人,西夏方面其实早有预感,为了应对即将到来的战争,他们积极备战——增筑城池、集中骑兵、增强北部疆土的兵力配置。另外西夏还在阿剌筛山(今贺兰山)克夷门地区构筑了坚固的阵地,并增派了近7万人加强守备。并且在战略要地兀剌海城增加了驻军。

1205年3月,成吉思汗以西夏收留蒙古的仇人为借口,对西夏用兵。

成吉思汗率领蒙古铁骑从额尔齐斯河(今蒙古人民共和国科布多地区)出发,沿着霍博河流域一路向南,很快就到达了西夏的西北边陲。

蒙古军之所以来得这么快,是因为从蒙古的心脏地区到西夏国,有一条天然的进军通道。这条通道由北向南,纵穿戈壁。通道上缺乏可以抵挡蒙古骑兵的要塞。

西夏人早就预计到蒙古人会从这里发起进攻,所以早早就做好了准备。但是他们没想到的是,蒙古军队并没有发起进攻,而是向东去了。

蒙古军队从西向东，沿着西夏的国界线绕了半个圈子，最后来到了力吉里寨（即应里县），这里是西夏的东北部边疆，成吉思汗准备在这发动进攻。

蒙古军队之所以选择力吉里寨作为攻击点，是因为西夏人一直认为他们会从西北方向发起进攻，所以在西北边境集结了大量的士兵，枕戈待旦。但是成吉思汗却没有按照西夏人的"想象"办事，他带着军队绕了个圈子，来到了西夏国的东北边疆，相对而言，这里的防守较为松懈，更容易得手。

力吉里寨虽然是西夏的边防重镇，城池坚固，但是由于准备不足，所以很快便被蒙古军队攻破。并且纵兵瓜、沙诸州进行掳掠。蒙古军队的这种行为是有意而为之，因为在成吉思汗的策略中，第一次出征西夏一是为了试探敌情，二就是为了抢夺财物。这是一场掠夺性质的战争。

在这次战争中，蒙古军队的一些特性表现得非常明显。

第一个是机动性。从西夏边境的大西头跑到大东头，并迅速发起有效进攻，这是一般军队做不到的。

第二个是破坏性。力吉里寨被攻破之后，变成了一个不毛之地。城墙、房屋，十有八九都遭到了严重的破坏。

攻下力吉里寨之后，蒙古军队又开始进攻西夏的另一个军事重地——落思城。

落思城守备森严，兵多将广。城内守军见蒙古军队来势汹汹，便坚守不出，一时间，成吉思汗也拿他们没有办法。但是他并没有闲着，而是派军队在落思城附近大肆掠夺，杀人放火、牵牛宰鸡，史载"大掠人民及其骆驼而还"，直接把这一地区变成了国家恐怖主义的重灾区。

在大肆掠夺了一番之后，成吉思汗再度对落思城发起进攻。这一次，落思城没能挺住，被蒙古军队攻破了。

得胜之后，蒙古军队进行了更大范围的掠夺，把落思城周边的老百姓和骆驼全部掳回了草原。

数月之内，蒙古人在西夏境内策马驰骋、耀武扬威，而西夏人则毫无办法。最后，蒙古军带着大量的战利品和无数骆驼、羊、马返回了漠北。

蒙古人走后，西夏人修复了被损坏的各个城堡，他们庆幸蒙古军没有深入，所以大赦境内，将都城兴庆府改为中兴府。蒙古的这次进攻并没有引起西夏统治者对北方强大蒙古的警惕，内部的派系争权斗争却又一次爆发。1206年，长期把持国政的镇夷郡王李安全与罗太后合谋，废其堂兄桓宗纯佑，自立为帝，史称襄宗。

第三篇 / 蒙古帝国征服史

第一章 / 真正的天可汗

成吉思汗

第一次进攻西夏一年之后的1206年,按照汉族的生肖年来讲是虎年。

冬季的一天,木华黎、塔塔统阿、哲别、速不台等人拜见成吉思汗。他们施礼完毕后,跪禀道:"你经历三十年的艰苦奋斗,平定了天下,消除了战乱,赢来了红虎年的升平世界。今日,我们文武百官代表全军将士,牧民百姓特向你建议,应该在斡难河的源头,举行一次忽邻勒塔会议,一来庆祝七百万余人口的团聚,二来检阅三十余万的精锐之师,三来共推真主天子登上大合汗的宝殿。"

这意思是要建国了。成吉思汗也早有此意,便接受了他们的建议。并且对眼前的这些功臣们说:"当我戏游薛凉格河的时候,你们及时献上金弓;当我口渴的时候,你们进献茗茶;当我需要统一全民族意志的时候,你们呈上了宝贵的建议。快请教主滕格里，选好吉日良辰，凡蒙古及其属下各部的男女老少都要赶赴大集合。"

这段话的核心意思可以理解为：我当了皇帝，你们也有好处。

1206年，成吉思汗在斡难河源头召集诸弟、诸子、驸马、安答和部落首领举行"忽里勒台"（部落和各部联盟的议会，用于推举首领、决定征战等大事）。

战场上的胜利并不能单独地赋予统治的合法性，只有在"忽里勒台"大会上受到众人的推选，它才具有合法性。要是有群体不派人参加"忽里勒台"大会，那他们就是不接受被称为可汗的人的统治。可汗不能声称统治了他们，而更重要的是，他们不能要求得到可汗的保护。

在1206年12月举行的这次"忽里勒台"大会上，成吉思汗命人在自己的大帐前竖起了家族的旗帜"九斿白纛"，萨满教徒、"通天巫"、蒙力克的儿子阔阔出（阔阔出是萨满教的领袖）以自己的权威批准成吉思汗称汗（全蒙古人的汗），并为其加冕。从这一刻起，"成吉思汗"这个名号才算是真正的实至名归了。

成吉思汗控制的广阔领土面积几乎有现在的整个欧洲那么大，不过，在他的统治下，仅有大约100万来自不同游牧部落的人口，和大概1500万到2000万头的牲畜。

统一了所有蒙古草原上的民众之后，在所有的世系、氏族和部落中，成吉思汗废除了世袭贵族的权利。所有官职都属于国家，而不属于个人或家族，并且他的民众要按新统治者的意志来进行分配。对成吉思汗本人来说，他不接受如"古儿汗"或"塔阳汗"这样的古老部落头衔，而是选择了自己部众可能已经称呼过他的头衔——成吉思汗，这个后来在西方世界闻名的名字。

像绝大多数成功的统治者一样，成吉思汗知道隆重的仪式和盛大的场面所具有的政治影响力。不同的是，大多数中原地区的统治者把举行就职典礼的地方限制在宫殿或庙宇之类的建筑物之中，而成吉思汗的就职典礼是在开阔空旷的大草原上举行的，那里可容纳无数的民众来参加典礼。

蒙古人的公开典礼，给很多人留下了深刻的印象，所以在历史上有很多关于典礼的记录，保存至今的、最完整的记述来自于17世纪的法国传记作家克鲁瓦，他使用了现今已佚的那个时代的波斯语和突厥语文献记录了当时的情况：成吉思汗的部下"把他置于一块铺在地面上的黑毡毯上；有人受命发布'人民的心声'，向他大声宣布'人民的意志'。"说话者训诫成吉思汗："授予他的所有权威都是来自于上天，如果他能充分公正地管理民众，上天将保佑他的蓝图得以成功；若非如此，如果他滥用权力，就将一败涂地。"

这一典礼提供了部众明确支持的信号，他们将他高举到过头的毡毯之上，并将他送上王位宝座，这一行为公开地表明了他们的臣服。然后，他们"在新皇帝面前九次下跪叩头，显示他们服从于他的承诺。"

拥有了整个蒙古草原之后，成吉思汗开始封赏功臣。成吉思汗很大方，分封了95个千户。千户之上是万户，成吉思汗一共封了4个万户，分别是博尔术和木华黎、纳牙阿、豁尔赤。这个豁尔赤，当年成吉思汗在称汗的时候，就曾经许诺过他，将来要让他当万户长，并且给他30个美女。现在，这种许诺落实了。

成吉思汗每封一人，便以充满赞扬和肯定的语言去述说此人的功绩。他对博尔术说："伙伴有求，汝即不假思索以应。（说的是当年博尔术和他一起去寻找马匹的事情）……时汝父纳忽伯颜年老在家，汝为彼之独子；其时汝与朕素不相识。然闻朕有难，汝即放弃一切而伴朕矣……其后，朕与塔塔尔人相拒而宿于答阑捏木儿格思时，是夜大雨通宵不停，汝为使朕夜眠，张毡衫而立，不使雨水淋朕，彻夜未移半步。朕今得以登此大位，有赖于汝孛斡儿出与彼木华黎二人之助力，有赖于汝二人之良言。朕行是时，汝二人则尽其力，勉朕行善；朕行非时，汝二人则直言谏止，劝朕择善而行之。"

在成吉思汗的夸赞之下，各位功臣们都被一种上进心和荣誉感激励着。

成吉思汗的义弟（就是成吉思汗母亲当年从战场上捡到的那个孩子）失吉忽都忽担心自己不如木华黎和博尔术那样受宠于主人，便对成吉思汗说：

"我的功劳难道比别人少吗？我在蹒跚学步的时候，就开始跟着你了，除了为你一人效力之外，再无异心。如今，你将给我何种荣耀呢？"

成吉思汗回答说："你是我的六弟，是我的耳朵和眼睛，现在我派你去清点户籍、分遣众人。各部的安置工作，都要听从你的号令。你还有惩罚罪犯的权力，处死该死的人，惩罚该罚的人。"如此一来，失吉忽都忽就获得了"大断事官"的职务，相当于宋朝时候的丞相，他的决定将会被载入"青册"（相当于蒙古的历史书）。成吉思汗还对外说："失吉忽都忽依据我的旨意断案，都要写到青册里，传至子子孙孙，无论何人，不得更改。"

关于成吉思汗即位之后论功行赏，大封功臣的情况，后来的传说中除了上述朴素而庄重的赞扬之词以外，又增加了一些颇具传奇色彩的细节（这些细节见于蒙古历史学家、成吉思汗家族成员萨囊薛禅的著作中）。据说，成吉思汗在1206年举行即位大典大封功臣时，他对功臣一一赞扬，个个封赏，但是却故意忘记了博尔术一人。那天日落时分，成吉思汗退回到王后孛儿帖的帐内。孛儿帖王后责备他不该忘记博尔术的功劳。她对成吉思汗说："博尔术非陛下之始终相随之忠仆么？彼非陛下年轻时之朋友么？彼非陛下困苦时最可信赖之人么？奈何忘之焉？"

成吉思汗则回答说："朕佯为忘之耳！岂可真忘此等功臣么？"为什么要假装忘记呢，成吉思汗解释道："朕所以佯为忘之者，乃为使嫉妒博尔术之人大惊而心服口服也。盖朕深知博尔术之为人：当此之时，即使博尔术以为朕已忘彼之功劳，亦断不致因此而生怨朕之意与恨朕之心，且必言朕之善也。"

为了证明自己所言不虚，成吉思汗说完后立即派人到博尔术处打探，窃听博尔术此时在说些什么。

当时博尔术才刚刚回家，他一进门，妻子就开始埋怨说成吉思汗忘恩负义。博尔术则对妻子说："我为大汗效力而来，并非为求封赏而来。即使大汗令我饥饿而死，我也要尽我平生之力为大汗效劳。我此生此世别无他愿，只愿大汗之金帐永固，仅此足矣！"

成吉思汗没有看错人，如此忠臣良将，真乃天赐。

密探把博尔术的话原原本本地汇报给了成吉思汗，成吉思汗则在第二天的大会上，对众人说："博尔术英勇顽强，从不知畏惧为何物。征战之时，死神当面之际，抗拒死神……今之在场之人，无人敢与汝论高低，无人可与汝争功劳。诸位亲王，各位大臣，万民百姓，汝等切记朕言：彼博尔术当居众人之上！"

接着，成吉思汗又嘉奖木华黎。在回顾了木华黎的功绩之后，成吉思汗赐木华黎以国王（借用汉语"国王"一词）称号。

接着，成吉思汗开始奖赏他的"四狗"——忽必来、者勒蔑、哲别和速不台这四员大将。成吉思汗对他们说："汝等四人曾为朕压强者之颈，劲者之臀而使彼不得动弹。征战之日，只须朕一声号令，汝四人即勇往直前，所向披靡，破彼有如坚铁之岩石，断彼湍急难涉之深水。每当征战之时，但有此等之勇士立于阵前，朕即可心安神定，不惧强敌也。"

当然，成吉思汗也没有忘记那些在最艰苦危难的日子里为他的事业献出了生命的将士。他说："（他们）均为朕驱驰而捐躯矣。他二人之子孙及其子孙之子孙，从今往后当取孤子之俸！"

相较于对功臣们的奖赏而言，成吉思汗对他自己家族成员比较"吝啬"。他的母亲、最小的弟弟及两个小儿子窝阔台和拖雷，每人只分配到5000人的军队。即便他最大的两个儿子也并没有得到"万户"的待遇，术赤只有九千户，而察合台则只有八千户。成吉思汗任命自己最信任的朋友监视几个家族成员，尤其是对他的母亲、最小的弟弟和察合台。他通过声明察合台是"一个顽固而又心胸狭窄之人"的方式，来解释说这样的监视是必需的。他提醒谏言者们要"从早到晚都要待在他身旁提出忠告"。

在论功行赏之后，成吉思汗又下令建立了各级行政机构。

首先，他制定了"法律"，用古代的话讲就是法典。法典非常严厉：谋杀、盗窃、密谋、通奸、以幻术惑人、受赃物者死。而且不论军、民，一旦违法，都平等对待。

与一般的法律所不同的，这个法典完全是由成吉思汗的"名言"所形成的。也就是说，在草原上，成吉思汗的话就是法律，甚至比法律更为有效。西方传教士普兰·迦儿宾曾经到达过成吉思汗时期的蒙古草原，他说："蒙古人比世界上的任何民族都更加服从自己的统治者，甚至比我们的牧师对他们的修道院院长更顺从。他们非常崇敬长官，不对他们撒谎。他们之间很少互相争吵和谋杀。只有小的偷盗行为。如果他们中的一个人丢了他的牲畜，拾者可能会物归原主，绝不会纳为己有。"

由此可见，与成吉思汗征服蒙古草原之前上的混乱情况相比较的话，成吉思汗的"法律"，给蒙古社会带来的变化是非常深刻的。

成吉思汗还将蒙古军队分为三翼。左翼军在东，由木华黎统率。中军虽然有理论上的统帅，但实际上是由成吉思汗所指挥。右翼军则由博尔术统率。

总而言之，蒙古帝国的行政体系和军事体系是非常简单的。简单，往往代表着高效，毫无疑问，蒙古军队是一支高效的军队。他们的高效可能来源于三个方面：

第一，铁一般的纪律。

第二，优秀的统帅。从成吉思汗到他手下的将领，在这个时期，蒙古军队中有许多身经百战、有勇有谋的统帅。超强的单兵作战能力。蒙古骑兵的作战能力在当时的世界是首屈一指的，这一点，是世界上大部分史学家所公认的。

第三，强大的向心力。在经过几百年的内乱和分裂之后，蒙古人希望能够团结在一起，为荣誉而战。

随着蒙古帝国的正式建立，13世纪最强的军事集团诞生了！蒙古男儿，你们的铁骑将踏遍欧亚，你们的战刀将为你们赢得无上的荣誉！

挑拨离间

在寻求对蒙古部族控制的漫长征程上，成吉思汗击败了草原上的每一个部落，而且通过消灭他们的男性成员，并且娶他们的妇女为妻的方式，去除了所有贵族氏族的威胁。他对地位高于他的任何人的权威都感到恼怒。他杀死别克帖儿得以支配整个家族。他消灭蔑儿乞惕人，因为他们夺走他的妻子。他消灭曾害死他父亲的塔塔尔人。他打倒了蒙古民众的贵族，并且逐个消灭了像泰亦赤兀惕和主儿勤这样的最高等蒙古部族。

当他自身的盟友和长辈拒绝与他联姻时，他就消灭了王汗及其部落。当乃蛮王后将蒙古人视如自己的下级一样加以藐视的时候，他就攻击乃蛮部落，杀了她的丈夫，而且还把她赐给他的部下做老婆。最后，他杀死了生命中最热爱的人之一——札木合，因而，也就消灭了贵族氏族札只剌惕部。

成吉思汗现在作为辽阔土地上无可争辩的统治者，控制了从南部戈壁到北极冻土地带、从东部中国的东北森林地带到西部阿尔泰山山脉的所有一切。他的帝国领土是草原，其所拥有的动物要远远多于人类。

成吉思汗能走到今天这一步，靠的是多年的东征西讨、艰苦厮杀，但是那位"通天巫"阔阔出不这么认为，在他看来，成吉思汗的地位是神给的，而自己是神的代言人，自然应该高成吉思汗一等。他曾经对成吉思汗说："我已把整个地面赐给铁木真及其子孙，命他为成吉思汗，教他如何地实施仁政。"

对于这位神的代言人,成吉思汗一开始是非常尊重的,这种尊重甚至发展到了在一定程度上向阔阔出让步妥协的地步,这或许是源于成吉思汗对"神权"的敬畏。

成吉思汗对阔阔出的尊敬,让阔阔出非常受用,同时也使其更加膨胀。他开始要求成吉思汗在军国大事上要先和自己商量之后,再作决定。他坚定地认为,成吉思汗今天的地位是自己给予的,成吉思汗战无不胜要归功于自己的咒语,所以阔阔出表现得越来越肆无忌惮。

一天,阔阔出和他的六个兄弟,竟然合伙殴打了成吉思汗的亲弟弟合撒儿。合撒儿是蒙古著名的勇士,天生的神箭手,据传说,此人力大无穷,可以像折断箭矢一样折断一个人。但是面对阔阔出的殴打,合撒儿居然没有还手。

在成吉思汗的戎马生涯中,合撒儿劳苦功高,深得成吉思汗喜爱。而阔阔出兄弟居然敢殴打合撒儿,这足以说明通天巫的权利甚至震慑住了皇室。

被打了一顿后,合撒儿找到了成吉思汗,向兄长陈述自己的冤情。成吉思汗听完合撒儿诉苦之后,非但没有支持合撒儿,反而对合撒儿大发脾气,怒冲冲地说:"人们都说你是世间无敌的猛士,如今为何会失败?"

见成吉思汗如此态度,合撒儿默然垂泪,转身离去。在以后三天时间里,他都没有来觐见成吉思汗。

在这三天中,阔阔出找到了成吉思汗,对成吉思汗说:"我以神的名义向陛下转达旨意:成吉思汗继续执掌帝国。但是神也说了,合撒儿将来可以成为一国之主。依我的看法,如果陛下不早日提防合撒儿,那么未来会发生什么,就谁也不知道了。"

赤裸裸的挑拨离间,但是成吉思汗相信了。想到合撒儿将会取代自己的位置,成吉思汗坐不住了,他马上来到合撒儿的住处,将其逮捕。

事发后,合撒儿的两个亲信急忙跑到了成吉思汗的母亲那里,禀告此事。诃额仑夫人闻讯,马上让人牵来一头骆驼,当夜赶往成吉思汗的大帐。

诃额仑夫人走进成吉思汗的大帐时,看见了自己的两个儿子都在其中。成吉思汗高坐上位,而合撒儿则双手被绑,正在接受成吉思汗严厉的审问。

在如此情形下,成吉思汗见母亲来了,顿时慌了手脚,赶忙走到母亲身前请安。而诃额仑夫人则一言不发,径直去给合撒儿解开了绳索。然后,她开始大发雷霆,大声对成吉思汗说:"和你一奶同胞的合撒儿有什么罪?你为什么一定要骨肉相残?你铁木真有本事,心智谋略高人一等。而合撒儿有力量,善于骑射,曾经让敌人胆寒。所以你铁木真才能降服对手。如今鸟打完了,你就要折断这张好弓箭了吗?敌人被消灭了,你就容不下合撒儿了吗?"

诃额仑夫人的言辞,使得成吉思汗惶恐不安,他赶忙说:"被母亲骂了一顿,我是又羞愧又害怕,我先退下了。"

在诃额仑夫人的干涉下,合撒儿恢复了自由。但是从此之后,成吉思汗对合撒儿失去了信任。他背着母亲撤销了合撒儿的大部分封地和特权。后来,诃额仑夫人知道了这件事,精神上又一次受到了打击,她害怕成吉思汗再次做出骨肉相残的事情来,因此寝食难安,健康状况受到了影响。不久之后,伟大的诃额仑夫人,便"不享天年而提前死亡了"(《蒙古秘史》)。

阔阔出此次的阴谋得逞,他成功分裂了皇室。此后,他的权利得到了巩固,许多蒙古人投入到了他的部落中,其中包括成吉思汗幼弟铁木格手下的一些人,也跑到了阔阔出那里。

铁木格得知消息后，派了一个手下去找阔阔出要人，但阔阔出不但不放人，还把铁木格的手下揍了一顿。最后，他们在这个手下身上绑了一副马鞍，让他步行回去见铁木格。

铁木格见属下被如此羞辱，非常愤怒。第二天，他亲自去找阔阔出要人。但是，阔阔出的六个兄弟把他围了起来，以殴打相威胁，强迫铁木格跪下给他们赔礼道歉。

次日早上，成吉思汗还没起床，铁木格突然闯入到他的营帐中，跪在他床前，哭诉自己所受到的侮辱。而成吉思汗听后依然是沉默不语，似乎不知道该怎么办。

此时，成吉思汗的夫人孛儿帖再也忍耐不住，她对成吉思汗大声说道：

"阔阔出和他的兄弟们如此放肆，之前他们合伙殴打合撒儿，现在又强迫铁木格给他们下跪。如此放肆，成何体统？我们今后该怎么办？现在陛下健在，他们就敢殴打陛下的兄弟，日后如果陛下不在了，他们会怎么对我们家族的人？这样下去，陛下认为他们会让我们的子孙继续执掌国家吗？陛下为什么要坐视他们残害自己的弟弟而无动于衷。"

孛儿帖越说越伤心，忍不住泪水涟涟，低声哭泣。

直到此时，成吉思汗才如梦方醒，他开始意识到，阔阔出的所作所为，并不单单是针对自己的几个弟弟，整个王朝的命运正受到他的威胁。念及此处，成吉思汗对于所谓"神权"的敬畏之心顿时烟消云散。他又恢复了人们熟悉的那种敢作敢为的男子汉和果敢的政治家形象，干脆利索地对铁木格说：

"今日阔阔出出来时，任你处置。"

铁木格自然知道哥哥的意思，他点点头，转身离开。

出了成吉思汗的大帐之后，铁木格立刻找来了三个大力士，向他们暗授机宜。过了不一会儿，蒙力克、阔阔出以及阔阔出的六个弟弟前来拜见成吉思汗。

阔阔出刚一坐下，铁木格便上前一把抓住他的衣领，吼道："昨天你让我下跪求饶，今天我们较量较量。"

说完，铁木格拉着阔阔出向门口走去。在门外，阔阔出反手抓住了铁木格的衣领，二人搏斗在了一起。在搏斗的过程中，阔阔出的帽子被打掉，他父亲蒙力克上前拾起儿子的帽子，放到了怀里。这个一贯以谨慎闻名的老人蒙力克，或许已经预感到了儿子的命运，但是他只能在旁边看着。

铁木格与阔阔出搏斗之时，他事先安排好的三个大力士扑了上来，抓住阔阔出，把他拖到了远处，然后合力折断了这位通天巫的腰……

铁木格则走进成吉思汗的大帐，禀告说："我刚才想和阔阔出较量一下，但是他竟然拒绝了，还躺在地上不起来，那样子真怪。"

蒙力克听了铁木格的话，已经知道发生了什么。他当即泪流满面地说："我的大汗，我多年之前已跟随着……"

还没等蒙力克把话说完，阔阔出的六个兄弟先忍不住了，他们扑向成吉思汗，将其围在中心，甚至胆敢对成吉思汗动手动脚。

成吉思汗勃然大怒，道："滚开，门外卫士何在?!"

成吉思汗手下的弓箭手和侍卫应声而至，将六人团团围住，成吉思汗这才解了围。

接着，成吉思汗命人将阔阔出的尸体放到一个帐篷中，关好门和天窗，对外宣称："阔阔出殴打朕之胞弟，其性命和尸体已经被上天带走。"

对于蒙力克，成吉思汗则直言：

"你教子无方,导致阔阔出想和我平起平坐。他是自取其咎。根据你们的所作所为,我本该像处罚札木合一样处罚你们……"

还没等成吉思汗把话说完,蒙力克和他的六个儿子就吓得面无人色,发抖不止,但成吉思汗接着说:"我可以不生气,赦免你们。但是你们如果早知道要谨言慎行,又有谁的地位能和你们相比呢?"

蒙力克和他的儿子们终于免得一死,但是他们的权势从此被剥夺。

阔阔出死后,成吉思汗请乌孙老人担任萨满主教,此人本分可靠,并无二心,成吉思汗降旨说:

依蒙古制,一直以来都有主教这一个官职,主教高于其他所有贵人。现在乌孙老人就是主教,他乘白马,穿白衣,坐于上座,受万人敬仰!

至此,成吉思汗完全控制了蒙古帝国的所有权力。

第二次和第三次西夏战争

成吉思汗扫除了权力的威胁之后,开始酝酿第二次西夏战争。

在第一次攻打西夏的战争中,成吉思汗大获全胜,不过他也从战争中认识到一个问题——自己的军队不太善于攻打城池。

要知道,蒙古军队之前的作战对象,多是和自己一样的草原游牧民族。游牧民族都没有固定的落脚处,更不会去修建什么城堡。打起仗来,双方就在草原上拉开阵势,相互冲杀。所以缺乏攻城的经验。成吉思汗看到了蒙古军队的不足,所以在建立蒙古帝国之后,他开始刻意训练军队的攻城战术。

从这一点我们就可以看出,成吉思汗的雄心,已经超出了草原。宋朝的繁华城市、西方的君主城邦,或许已经开始吸引他了。

在第一次进攻西夏之后的1207年,成吉思汗发动了对西夏的第二次战争。从战略部署上看,这是一次试探性的进攻,或许仅仅是为了实验蒙古军队在进攻城市地区时的战法。

在这一战中,成吉思汗所采用的战术是"游击战",不主动进攻城市,而是试图在平原地区与敌军展开决战。

1207年秋天,蒙古帝国借口西夏国不缴纳贡品、钱粮,再次对西夏发动战争。成吉思汗亲率大军南下。

在突破了西夏的边境防线后,直接深入西夏统治区的中心地带。

西夏军见成吉思汗来了,坚守不出。成吉思汗想要诱敌出战,奈何对方就是不上当。没办法,只好攻城了。

蒙古大军在成吉思汗的率领下,将兀剌海城团团围困起来。

兀剌海城是一个不大的城寨,但是其中却驻扎着重兵。成吉思汗在包围了兀剌海城后,并未强攻,而是对守在城里的人说:"如敢据城为守,破城之后必屠尽城中之人。"

这是一种心理战术,历史上很多人都用过。但是事实证明,效果一般都不怎么好。这一次也是一样,兀剌海城内的西夏军民不买成吉思汗的账,自恃城坚兵众,不肯投降。

成吉思汗发动大军展开进攻,一连打了40多天,结果损失惨重,颗粒无数。

无奈之下,成吉思汗想出了一个非常有新意的破城办法。他对城内的西夏守将提出一个要求:把你们城里的燕子都抓出来给我,我就在三天之内退兵。

守将觉得很奇怪,虽然不知道他要干什么,但是对方说要退兵,这正是求之不得的事情,那就抓点燕子给他好了。

成吉思汗收到燕子后,命令手下的军士:将燕子的尾巴全部点燃,然后放掉。

屁股着火的燕子们慌乱地飞上天,向着兀剌海城飞去,那里是它们的家,无论是谁,屁股着了火,都是要回家的。

我们知道,燕子的家,是筑在房檐上的。古代的房檐都是木头制成,遇火即燃。片刻之后，城中有燕子窝的地方，都着起了大火。很快，火势就蔓延全城。

城内的守军慌了手脚，纷纷忙着灭火。蒙古军乘机发动进攻，一举攻破了城池。

攻克兀剌海城之后，成吉思汗的第二次西夏战争就结束了。总体而言，前两次蒙古对西夏的战争，战争的激烈程度都相对有限，我们可以将其视作是成吉思汗的试探性进攻。

时间到了1209年，成吉思汗再度对西夏发动了进攻。这一次的战争规模相对较大。不过，这一次西夏军队的抵抗意志也是前所未有的。

当时，蒙古军队集结了十几万人再次进攻兀剌海城。西夏5万守军出城迎战，结果遭致大败，副帅被俘虏。

蒙古军攻入兀剌海城后，又和西夏军进行了激烈的巷战，这才艰难地拿下兀剌海城。

艰难攻下兀剌海城后，蒙古军队又转攻克夷门，这里有西夏军7万多人。

克夷门的工事比较坚固，西夏守军据险固守，蒙古军队不敢擅动。双方在这一地区相持了两个月。

后来，成吉思汗临时改变战法，放弃了强攻，转而采取诱敌出战的战术。面对蒙古军的骚扰和挑衅，西夏军的统帅嵬名中计，派出大量西夏军主动进攻，结果中了埋伏，损失惨重。

1209年的时候，《三国演义》还未成书。否则，嵬名真应该向司马懿学习一下"该怎样在敌人的挑衅中调整心态，坚守不出"。

攻破克夷门之后，蒙古军直逼西夏都城中兴府（今宁夏银川）。

打到家门口了，西夏皇帝李安全退无可退，于是亲自上城督战。

西夏军凭借中兴府城坚固的城墙，将蒙古军队挡在城外一个月之久。期间，蒙古军队虽然用射石机、撞城器、喷火油器等破城武器轮番攻城，但是效果欠佳。

无奈之下，成吉思汗下令将黄河大堤修高，要引黄河水灌中兴城。李安全眼看情势危急，只好派遣使臣到金国求救。不过当时金国刚换了皇帝，新皇帝地位不稳，不敢妄动兵戈。李安全一怒之下便和金国翻脸。

翻脸不能解决实际问题，围城之困仍未解决。而且，随着时间一点点流逝，西夏的情况变得越来越糟糕。从全国各地赶来的救兵，在城外被蒙古人打得落花流水。城内也流水——来自黄河的水。坚固的中兴城被水泡了几个月之后，也摇摇欲坠。

蒙古人攻破西夏，似乎只是时间问题了。但万事总有意外，就当中兴城墙行将倒塌之际。奇迹出现了——由于蒙古人急于引水攻城，黄河堤坝发生了倒塌，蔓延的大水把蒙古军营也淹了。

蒙古人大多不会游泳，淹死不少。

由于损失惨重，成吉思汗也无法继续围城了。只得选择了与西夏和解，然后撤兵。不过，成吉思汗此行也并非一无所获。由于西夏人被蒙古人"打怕了"，再加上他们原来一直所依靠的金国也靠不住，于是便臣服于成吉思汗。

大战一触即发

成吉思汗从西夏退兵后，就开始向金国宣战。

金国在我们前面的文章中已经屡次出现。在这里，我们有必要具体说一下。

金国，是女真人建立的一个国家，1115年，女真英雄完颜阿骨打建立了这个庞大的帝国。

金国所统治的区域是十分广阔的，现在的东北和华北大部，以及除甘肃省外的整个黄河流域，都在它的统治之下。

1125年到1127年之间，金国先是联合北宋灭了辽国，然后又灭了北宋，把赵家王朝赶到了长江以南。从此，金国成为了当时华夏大地上的霸主，南宋、西夏与漠北塔塔尔、克烈等部落都臣服于它。

成吉思汗在年轻的时候，曾经受过金国的册封（与王汗一起）。所以在金国眼中，成吉思汗相当于一个"雇佣兵"头目。

随着成吉思汗的崛起，西夏、塔塔尔、克烈部都被他消灭了。金国的那些"小弟们"一个个败下阵来，它只好亲自上阵，与蒙古帝国面对面地站在了"拳击台"上。

这是两位重量级的拳手，它们争夺的不是金腰带，而是中国的统治权。奖品太过诱人，双方一定会拼个不死不休。

1209年（就是成吉思汗第二次攻打西夏的那年），金章宗完颜璟去世。金章宗是金国历史上最为强大的君主之一，在他统治时期，金国国力达到了巅峰，全国共有 45,816,079 人（《金史》记载）。

金章宗的继任者是卫绍王完颜永济。这个人是个昏君。成吉思汗根本不把他放在眼里。《宋史》中有这样一段记载：

> 初，蒙古主入贡于金，金主时为卫王，章宗使受贡于静州，蒙古主见卫王不为礼，卫王欲请兵攻之。会章宗殂，金主嗣位，有诏至蒙古，传言当拜受，蒙古主问金使曰："新君为谁？"金使曰："卫王也。"蒙古主遽南面唾曰："我谓中原皇帝乃天上人，此等庸懦，亦为之耶？何以拜为！"即乘马北去。金使还奏，金主益怒，欲俟蒙古主再入贡，就进场杀之。蒙古主知之，遂与金绝，益严兵为备。

这段话的意思是，一开始，蒙古是金国的附属国，那时候完颜永济还是卫王。有一次，成吉思汗去金国拜见金章宗，但是金章宗没有让他进都城，而是派完颜永济到静州去接待成吉思汗。成吉思汗对完颜永济非常无礼，完颜永济就怂恿金章宗攻打成吉思汗。

金章宗去世之后，完颜永济即位。金国使者告诉成吉思汗："皇帝死了，新君即位。"成吉思汗问："新君是谁？"使者回答说："完颜永济。"成吉思汗朝南吐了一口口水，说："我还以为中原皇帝是什么了不起的人物呢，原来是昏庸的懦夫而已，我不鸟他了。"

使者回到金国之后，把成吉思汗的话告诉了完颜永济，完颜永济很生气，就想着让成吉思汗来都城觐见，然后趁机杀掉他。成吉思汗知道了这件事情，就与金国断交。并且操练兵马，准备与金国战斗。

从这段话来看，成吉思汗是因为新任的金国国王昏庸，才和金国撕破脸皮，准备战斗的。但是，这或许只是其中的一个原因罢了。我们看成吉思汗之前所进行的战争，都是围绕金国打的，他一步步地剪除了金国的羽翼，如果说他这么做的真正目的不是为了有朝一日与金国决战，恐怕没人相信。

所以，我们可以得出这样一个结论——从一开始，成吉思汗就想着与金国决裂了，而金章宗去世，继任者昏庸，则更是给了成吉思汗这么做的决心和契机。

从另一件事情上，我们也可以看出成吉思汗此举是"早有预谋"的。在攻打西夏之后他就通过长城外的突厥人和畏兀儿商人摸清了金国的经济、交通和城堡、关卡等情况。频繁的间谍活动，正是战争开始的信号。

第二章 / 重量级的对决

周密的战前部署

蒙古帝国与金国的战争已经不可避免了,而这场战争何时发动,完全取决于成吉思汗的决定。他并未迅速发动攻势,而是做了周密的战前部署。

成吉思汗首先派人去联络了突厥人。这些突厥人生活在长城北侧,成吉思汗如果想要进攻金国,就可能会经过他们的领地。

金国和这些突厥人之间的关系比较友好,他们之间有契约关系,突厥人负责为金国人守卫长城。而成吉思汗与突厥人的关系也不一般,当年他攻打乃蛮人的时候,乃蛮人曾经联络突厥人一起对抗成吉思汗,突厥人非但没有答应,反而向成吉思汗通风报信。为了报答突厥人,成吉思汗在1206年举行的即位大典上封突厥人的首领为蒙古帝国的达官贵人之一。还把女儿嫁给了突厥人首领的儿子。从那时起，成吉思汗就一直与突厥人保持着紧密的联系。

在这场战争中，突厥人是第三方，他们可能会帮助战场上的任意一方，谁获得他们的帮助，谁就能在战争中赢得主动。正因如此，成吉思汗才会高瞻远瞩地在战争开始之前就去拉拢突厥人。

在获得了突厥人的帮助之后，成吉思汗不费一刀一剑，就可以把蒙古帝国的势力扩张到长城脚下，而这里，正是金国人的第一道防线。

成吉思汗就要对金国扬起战刀了。

在开战之前，成吉思汗开了一次动员大会。在这次战争中，成吉思汗把蒙金之间的战争定义为"民族战争"。他庄严地向天呼唤："呵，腾格里（上苍）！金人辱杀我叔父斡勒巴儿合黑和俺巴孩，若你许我复仇，请以臂助！"

俺巴孩，就是前蒙古帝国的最后一任君主，他是被金国人杀死的。

成吉思汗除了要替自己的祖先报仇之外，还声称要替契丹人报仇。当年，契丹人所建立的辽国，也是被金国人覆灭的。

成吉思汗之所以这么做，是因为契丹王室后裔——耶律留哥，已经和蒙古人结成了同盟，要联合起来共同对付金国人。

1211年2月，成吉思汗起兵，进攻金国。

对于这场战争的意义，我们可以把它看作是当时中国两个最强军事集团的对抗。金国从打败了北宋之后，就一直是中国的霸主，属于老牌帝国。而蒙古人则在成吉思汗的率领下迅速崛起，成为了新兴帝国。

新老交替，往往是以战争作为过渡的。

在这里，我们要提前说一句，蒙金之战，指的并不是某一场战役。而是一场持续了 23 年的持久战。其中打仗 17 年，休战 6 年。整个战争可以分为三个阶段。

第一阶段：从 1211 到 1217 年，蒙古军的总指挥是成吉思汗，主攻方向为河北。

第二阶段：从 1217 到 1223 年，蒙古军的总指挥是木华黎，主攻方向为山西和陕西。

第三阶段：从 1229 到 1234 年，蒙古军的总指挥是窝阔台，主攻河南（此时成吉思汗已经死去）。

我们先说爆发于 1211 年的第阶段战争。

河北争夺战

从 1211 年开始,成吉思汗对金国发动了第一阶段战争。这一阶段的战争,可以称作是河北争夺战。

1211 年 3 月,成吉思汗率领不到 10 万军队进攻河北。金国方面则派丞相独吉思忠率领金军主力约 30 万迎敌。同时,他们还组织了 75 万人加固边界的工事。希望可以凭借地利阻止蒙古人的铁骑。

面对强大的敌人,成吉思汗派自己的三儿子窝阔台率领军队攻打西京(今天的山西大同市),目的是牵制金军。而自己则亲率主力攻打乌沙堡(今内蒙古乌兰察布市兴和县)。

成吉思汗的战术效果明显,金国军队被两线牵制,疲于奔命,三个月之后,成吉思汗就拿下了乌沙堡。

首战告捷的蒙古军队休整一个月,然后向野狐岭(今天的张家口市张北县)进发。

乌沙堡离野狐岭其实并不远,但是这两个地方的地形特点却非常不一样。乌沙堡地势平缓,多是平原、丘陵。但是野狐岭则不然,这里地处蒙古高原与华北平原的交界处,属于山地地貌。地形的改变,给蒙古军队带来了一个非常重大的难题——他们不能骑马了。

蒙古人被誉为马背上的民族,他们的军队也几乎全部是骑兵。在平原地区,骑兵纵横驰骋,机动性非常高。相当于"二战"时期的坦克兵。如果让他们下马步战,几乎等同于让坦克兵从坦克里出来,端着步枪去打仗。

虽然不得已,但必须为之。

第一战败后,金国撤了独吉思忠的丞相职务,接替他的是完颜承裕。

完颜承裕在今天的张家口坝上地区(我们可以统称为张北地区)集结重兵,意图凭借优势兵力,与蒙古军展开决战。

战争之前,有人向完颜承裕献计说:"听说蒙军新破乌沙堡,正忙着分配战利品,战马散放在草原中,我们可以乘他们疏忽的机会,赶快派骑兵突袭。"但是完颜承裕等坚持马、步大军一起前进,才能保证"万全"。

在野狐岭一带,金蒙军队遭遇了。

成吉思汗命令木华黎率精锐部队发起进攻。出战前,木华黎向成吉思汗保证:"不破金军,不生返!"将军的视死如归,极大地鼓舞了蒙古军队的士气。凭借着高昂的斗志和锐气,他们一举击溃金军,并击杀金军指挥官完颜九斤。

在这一战中,一个名叫郭宝玉的金国将军向蒙古军队投降。他是汉族人,来头很大,是唐朝名将郭子仪的后代。他通天文、兵法,善骑射。《元史》中记载:

> 金末,封(郭宝玉)汾阳郡公,兼猛安,引军屯定州。岁庚午,童谣曰:"摇摇罟罟,至河南,拜阇氏。"既而太白经天,宝玉叹曰:"北军南,开封即降,天改姓矣。"金人以独吉思忠,仆散揆行中书省,领兵筑乌沙堡,会太师木华黎军忽至,败其兵三十余万,思忠等走,宝玉举军降。

郭宝玉投降之后,木华黎将他引荐给了成吉思汗,成吉思汗问:"朕如何才能夺取中原?"郭宝玉回答说:"中原势大,不可忽也。西南诸蕃勇悍可用，宜先取之，藉以图金，必得志焉。"又言："建国之初，宜颁新令。"意思是：中原地区金朝的势力仍很雄厚，不可轻视。应先征服西南地区的吐蕃、南诏国等，然后利用这些力量攻击金朝，必可统一中原。他还向成吉思汗献策说：建国之初，宜制定颁布新的法令。

成吉思汗听取了郭宝玉的意见，发布了五项命令，如行军作战，不得枉杀无辜；除对有重罪的囚犯可处死刑外，其他犯人可量情处以杖责，凡无益于国，有损于民的寺院道观禁止活动等。

话分两头，我们再来说一说败军之将完颜承裕，战败后，他带着数万残军逃跑到了张家口一带。当地乡绅表示愿领士兵作前锋，只要行省兵声援，就可抗击蒙军。完颜承裕畏怯不准，只打听哪里有小路可以南逃。人们嘲笑他说："溪涧中曲折的小路，我们都知道，只是你不知因地利力战，而光想逃跑，失败不可免了。"

热衷于逃跑的完颜承裕跑到浍河堡的时候，被蒙军追上，成吉思汗亲率精骑3000发起进攻，数万蒙古军随后发动总攻。此役，金军全军覆灭，完颜承裕一个人逃走了。

蒙古军队之所以能在对金朝军队的战斗中赢得如此容易，恐怕要归功于成吉思汗在多年战争中所磨炼出来的更为先进的战法。

蒙军最常使用的作战方法是在轻骑兵的掩护下，将部队排列成许多大致平行的纵队，以一条很宽的阵线向前推进，各主要部队间由传令兵传送消息。当第一纵队遇到敌人主力时，该纵队便根据情况或停止前进或稍向后退，其他部队仍旧继续前进，占领敌人侧面和背后的地区。这样往往迫使敌人后退以保护其交通线，蒙军趁机逼近敌人并使之在后退时变得一片混乱，最后将敌人完全包围并彻底歼灭。当发现非主力敌军后,附近所有的部队均以此为目标实施突击。这时,有关敌人的位置、兵力、运动方向等全部情报都被迅速送往总指挥部,然后再转给各野战分队。如果敌人不多,则由靠得最近的指挥官立即率部迎战。如果敌军规模太大,无法马上吃掉,那么蒙军主力便在骑兵掩护下迅速集结,然后高速前进,在敌人还来不及集结兵力的时候就将其各个击溃。

标准的蒙军战斗队形是由5个横队组成,每个横队都是单列的。各横队之间相隔很宽的距离。前两个横队都是重骑兵,其余为轻骑兵。在这5个横队的前面。另外还有一些轻骑兵负责侦察、掩护。

当交战双方的部队越来越靠近时,位于后面的3列轻骑兵便穿过前两列重骑兵之间的空隙向前推进,经过仔细瞄准后向敌人投射具有毁灭性力量的标枪和弩箭。接着,在仍然保持队形整齐的情况下,前两列重骑兵先向后撤退,然后轻骑兵依次退后。即使敌人的阵线再稳固,也会在这种预有准备的密集弩箭的袭击下发生动摇。有时光靠这种袭击就能使敌人溃散,不必再进行突击冲锋。命令的传送方式是白天采用信号旗和三角旗,夜晚则采用灯光或火光。

作战时,各个骑兵队靠得很紧。但是如果位于中央的部队已经跟敌人交战,那么两翼部队便向侧翼疏散开,绕向敌人的两侧和后背。在进行这种包抄运动时,常常借助烟幕、尘土来迷惑敌人,或者利用山坡或谷地的掩护。完成对敌人的包围后,各部即从四面八方发动攻击,引起敌阵大乱,最后将敌人击溃。

蒙古人在作战中善于运用计谋和策略,这一点使他们在作战时往往抢占先机，减低了自己的损失，增加了敌人的伤亡。比如，作战中蒙军常使用烟幕。他们常常派一支小分队，在草原上或牧民居住区燃起大火以迷惑敌人，掩蔽自己的作战意图或行动。蒙军首领常常先派一支先遣队攻击敌人，打一个回合便后撤，引诱敌人尾随。撤退可能会持续几天，等到敌人发觉自己落入蒙军的陷阱时，已无路可逃了。

不应该被忽视的是，周密广泛的情报系统对于蒙军取胜起着不可低估的作用。蒙军每次作战所采取的战术都是预先周密细致地计划好的。情报系统是参与制定作战方案的一个重要部门。作战方案的制定首先要对完整而又准确的情报进行仔细研究和分析。蒙军情报网遍布欧亚大陆，其机构之庞大，工作之周密超过了中世纪的所有国家。间谍一般都是披着商贾的外衣从事情报活动的。

一旦对情报作出了分析估计，整个战役的进程便被确定下来，并指定各骑兵纵队的路线和作战目标，下级指挥官在不违背整体作战方案的前提下有一定的指挥权。命令的传递和战斗情报的交换通过传令兵迅速敏捷地往来于作战总部和下属部队之间，这就确保了各级指挥机构的直辖统一，使成吉思汗始终能亲自指挥最大范围内的作战行动，直至战争的最后胜利。

成吉思汗最大的功绩就是建立起了一支以弓箭、长枪为主要武器，以骑兵为主体的蒙古军队。这是一支经过严格军事训练，有着良好纪律养成以及绝妙无双的军事体制的军队。他们懂得并充分运用突然袭击和灵活机动的作战原则，同时采取高效的战术手段。战争的实践证明，这的确是一支令人生畏的所向无敌的旋风部队。

在这样一支蒙古军队面前，能够战胜他们的人少之又少。但是，在经过对金国作战一连串的胜利之后，蒙古军队还是遇到了一个重大的难题——无法攻克长城。

作为世界上最为著名、工程量最大的防御工事，长城数千年来一直是中国北方的一道屏障。缺乏攻城经验的蒙古军队要想通过这道屏障，并不是一件容易的事情。所以从1211到1212年整整两年的时间，蒙古军队都对长城无可奈何。

除了长城这个障碍之外，成吉思汗还担心另一件事情——东北的军情。当时的东北地区，还在金国的控制之下，如果东北的金国军队趁着蒙古军进攻北京，入关勤王的话，那么成吉思汗就要面临腹背受敌的危险。

正当蒙古大军在金国边境停滞不前之时，1212年春天，一件意想不到的事情让成吉思汗停滞的攻势发生了转机。

原来，在金国占领北京以前的两个世纪，北京被另一个少数民族契丹人占领着。契丹人全盛时设有五京，分别是东京辽阳府（今辽宁辽阳）、上京临潢府（今内蒙古巴林左旗南）、中京大定府（今内蒙古宁城西大名城）、西京大同府（今山西大同）、南京析津府（今北京）。契丹人统治北京达两个世纪。后来，金国人的祖先从他们手中夺取了北京。

契丹人虽然失去了北京的统治权，但3个世纪以来他们一直住在中原土地上。虽然他们几乎已完全被汉化了，但他们也怀念昔日的光荣历史，一直想向战胜他们的金国复仇。果然，1212年春，契丹人的亲王之一耶律留哥带头发起暴乱，叛离金国，集合手下的契丹人，前来投靠蒙古人。成吉思汗不失时机地利用刚发生的这一事件，派大将哲别率领一支军队去攻辽阳。但辽阳城防坚固，哲别首战失利。于是，哲别佯装败退，且战且退，同时设埋伏于辽阳城附近。退了一段路程以后，哲别突然回转马头，挥军反击，奇袭并占领了辽阳城。这样，耶律留哥就在蒙古人的支持下宣布称契丹王（辽王），年号元统，成为了成吉思汗的附庸。

如此一来，成吉思汗对于东北方面的担心就不存在了。他可以集中兵力去攻打长城。

1213年，成吉思汗进攻长城的战争终于获得了胜利，这一年7月，成吉思汗攻破了宣化城。

宣化城今天还叫宣化，位于张家口南部，北京西部，号称北京的西大门。攻破了这座城市，就等于打开了通往北京的大门。

在攻下宣化之后，成吉思汗派四儿子拖雷去攻打保安，在这一战中，拖雷身先士卒，带头登上云梯，拿下了保安。此时，蒙军离北京只有180里了。

接下来，成吉思汗又去攻打怀来（今天仍旧叫怀来），此战中，蒙古人大获全胜，金国军队损失惨重。

怀来的西南部便是长城的重要关隘——居庸关。早在春秋战国时代，燕国就要扼控此口。汉朝时，居庸关城已颇具规模。南北朝时，关城建筑又与长城连在一起。此后历唐、辽、金等数朝，居庸峡谷都有关城之设。居庸关离北京非常近，如果按今天的地理区划说的话，它其实就属于北京，位于离市区50余公里外的昌平区境内。

居庸关地势险要，自古为兵家必争之地。它有南北两个关口，南名"南口"，北称"居庸关"。居庸关两旁，山势雄奇，中间有长达18公里的溪谷，俗称"关沟"。这里清流萦绕，翠峰重叠，花木郁茂，山鸟争鸣，是著名的风景名胜，有"居庸叠翠"之称。

金国人当时在居庸关设有重兵，而成吉思汗则派自己的爱将哲别来攻打这一关隘。

哲别率先锋部队来到居庸关下后，先是派兵猛攻，随后便故伎重施，假意撤退。金国军队再次上当，猛追不舍。此时，哲别突然猛地回头，挥兵掩杀，金军猝不及防，难以招架。就在此时，成吉思汗也率领大军赶到了战场之上，金军全军覆灭。成吉思汗拿下了居庸关。

居庸关失陷后，震动了北京军民。城内外居民慌乱奔走。金朝皇帝不得不下令戒严，不准男子出城。朝廷上议论着对策。谏议俞世昌等主张弃城逃跑。高耆年等反驳说："事已如此，惟有死守。万一逃离京城，敌人随后赶到，岂容我们有驻足之地。"当时的北京城，修建四座各有三里的外城。各城都建有楼橹城堑，如同边城。各外城有复道与内城相通。中都驻有重兵，又有坚固的城垒，是有死守的条件的。所以金国皇帝采纳主战死守的建策。

入侵狂潮

事实上，在成吉思汗攻破居庸关的同时。还有两支军队在不同的地方针对金国发动了攻势。分别是：

术赤、察合台、窝阔台率领的右路军，主要活动在山西。

合撒儿、铁木格等人率领的左路军，则沿着海岸线向东进发，骚扰蓟州、辽西等地。

这两支军队均取得了一定的胜利。攻克了云内、东胜、武、朔等州，从西和西南方面威胁金朝的西京。

现在，呈现在成吉思汗面前的是一望无际的华北大平原了。这片广阔的平原从北京一直伸展到南京，平原上良田广布、人口众多。数千年来，这里一直是中国最为繁华的地方。从风沙弥漫中走出来的成吉思汗，已经看见了北京城的宫殿、城楼，那些华丽的建筑吸引着他，也激发了他的征服欲。

成吉思汗的手下比成吉思汗还要心急，但他们傲气太盛，在成吉思汗的大军还没赶到的时候，就对北京发动了进攻。

金军大将完颜天骥利用蒙古人过分轻敌的弱点，事先在北京城内设下埋伏，然后派小部分人出城迎战，诈败将蒙古骑兵引诱进城。

蒙古军进了北京城，才发现自己中了埋伏。金军把他们逼到小巷中围杀，蒙古军损失惨重，被迫撤退。但是在这一战中，他们击杀了完颜天骥。这位在蒙金战争中金国少有的名将，就这样出师未捷身先死了。

完颜天骥战死后，由完颜律明领兵守卫北京。蒙古兵攻内城，金军在城上射箭迎敌，坚守不出，蒙古军败退。完颜律明又命金兵自城上发檑木攻打来犯的蒙军。蒙军无法攻破城池，只得在城外驻扎。而完颜律明则组织精锐部队夜袭蒙军大营，再次破敌。蒙古军遭此大败，损失不小，只好撤退。

蒙军前锋撤回到宣化之后，成吉思汗也率领大军赶到了。闻听先锋大败，成吉思汗很生气。并于次年（1213年）亲自率大军进攻北京。

但是成吉思汗到了北京城下后，发现这座城市守卫森严，墙高壁厚，没有必胜的把握，只好选择放弃。转而与窝阔台的右路军进攻大同。

在大同，蒙古军队遇到了突厥人中的一位亲王。原来他们的部落中发生了叛乱，本部的反蒙派（反对和蒙古人过分亲密的一个派系）策划暗杀活动，部落首领被他们杀害，首领的遗孀只好带着几个儿子到大同逃难。蒙古人把他们送到了成吉思汗那里，成吉思汗盛情地接待了几位故人，并且把自己的女儿和亲孙女许配给了突厥人的两个王子。成吉思汗是个有恩必报的人，这一点已经在以往的故事中被多次证明。

在攻打大同的战役中，双方军队相持下来。后来，成吉思汗在作战中身中流矢，蒙古军被迫撤退。金军自己损失也不小，无力追赶，只能眼睁睁看着蒙古人退回阴山。

蒙古人刚退兵，金国的统治阶级内部就发生了政变，那个屡战屡败的将军完颜胡沙虎居然杀死了完颜永济，自己当上了皇帝，他就是金宣宗。

对于金国朝廷所发生的一切，成吉思汗了如指掌，他认为此时是再次发动进攻的大好时机，于是召集蒙古勇士，卷土重来。

这一次成吉思汗依旧把军队分为三路，他自己与四儿子拖雷率领中路军，主要的攻击目标是华北平原。

在蒙古军队第二次入侵金国之后，成吉思汗手下的将领们纷纷建议成吉思汗进攻北京城。但是成吉思汗不同意，他认为北京城防坚固，蒙古军队肯定无法短时间攻克城池。如果在自己全力进攻北京的时候，其他地方的金朝军队从背后袭击自己，就会造成腹背受敌的不利局面。所以成吉思汗决定只派一些军队围住北京城，而大部队则继续南进，剪除金国的羽翼。

在率军南进的过程中，一生游牧的成吉思汗见到了另一种生活方式，或者可以说是另一种文明——农耕文明。

在这里，几千年来农民们生活在自己的土地上。他们在田地里精耕细作，每一寸土地都得到了充分的利用。农场与农场相接，村庄与村庄相邻，处处是丰收景象。这里的人们过着与自己完全不同的生活，他们的行为方式和世界观也与蒙古人有很大不同。这可能会让成吉思汗觉得新奇。

蒙古人的到来，给中原地区的人们造成了很大的损失。这些蒙古兵在草原上策马纵横习惯了，来到中原也是如此，全然不管中原的土地里生长的是粮食，而不是野草。蒙古人所到之处，农场成为荒野、村庄变为废墟……

这就是农耕文明和游牧文明之间的冲突。

在人类历史上，从新石器时期末叶一直到15、16世纪的漫长历史过程中，这两种文明长期存在着，也对立着。而我们今天的世界，就是这两种文明旷日持久冲突与融合的结果。

两种文明产生了不同性格的人，游牧民族骁勇强悍，战斗力强，喜好马背上的营生而不耐耕作之苦。但是也因此造成了物质缺乏的后果。

相形之下,农耕民族则要显得文静柔弱得多,其生活方式也较为稳定和有规律性,"日出而作,日入而息,凿井而饮,耕田而食"(《帝王世纪·击壤之歌》)。农耕民族长期维持着一种以农为本、自给自足的自然经济,安土重迁,彼此隔绝,具有极其狭隘的地方性特点。但是因为物质上更加丰富,所以一部分社会成员有可能从基本的生存劳作中解脱出来,去从事冶炼、建筑、水利灌溉、商业贸易、社会管理、宗教祭祀以及其他各种文化活动。

游牧民族能打,但是物质匮乏,农耕民族物质丰富,但是不能打。这种局势造就了一个历史的必然,那就是游牧民族会经常入侵农耕文明。这是不可避免的,纵观世界,莫不如此。

从世界历史来看,游牧世界对农耕世界的大规模的武力冲击共有三次。第一次开始于公元前2000年左右,入侵者主要是印欧语系(雅利安语系)的诸游牧民族。这些来自欧洲的游牧民族,从公元前2000年左右(甚至更早)开始向欧亚大陆南部的农耕地区扩张。巴比伦王国、古代印度,在这些人的侵略之下覆灭,他们在此建立了新的王朝,如波斯帝国。

游牧世界对农耕世界第二次大冲击的主力军是游牧于中国西北边境的匈奴人。这次入侵对中国历史造成了重大影响。华夏苗裔早在商周之时,即已与匈奴发生联系。

到了汉朝时,汉武帝抗击匈奴,并取得了重大胜利。匈奴人的矛头因为转向中亚以及欧洲。在匈奴人的入侵之下,"黄金时代"的印度文明遭到毁灭,并间接导致了西罗马帝国的灭亡和古典文明的终结。

而中国,汉朝在抵御匈奴人的艰难而漫长的过程中虽然获得了暂时性的胜利，但其精力也逐渐消耗殆尽，曾经不可一世的汉帝国终于毁灭于战乱，而一度臣服于汉朝的南匈奴和其他游牧民族也乘机再度崛起。316年，匈奴首领刘曜夺取长安，晋朝遂告灭亡。此后羯人、鲜卑人、氐人、羌人纷纷入主中原，建立胡人政权，形成"五胡乱华"的混乱局面，导致了中国历史上南北朝时期的来临。

而成吉思汗以及蒙古人的崛起，则掀起了人类历史上的第三次游牧民族对农耕民族的入侵潮。他们针对中原地区的入侵只不过是一个开始，未来，这种浪潮将席卷整个世界。

攻陷北京

在蒙古军队入侵中原的过程中,河北大部分城市被他们洗劫一空。但是,成吉思汗的入侵并不仅限于河北境内,他还向山东发起了攻击,并最终攻克了山东最重要的城市——济南。

济南是当时中国最繁华的城市之一,成吉思汗来到济南城中,可算是大开眼界:雕栏画栋、楼阁耸立的建筑;景色优美、湖光山色的城中公园;还有精美的丝绸、雕像等,都给他留下了深刻的印象。当然,他也不会空手离开这里,在蒙古大军退却之时,济南城也遭到了洗劫。

在成吉思汗率领中路大军入侵华北的同时,术赤、察合台、窝阔台率领的右路军则在太行山一带活动。

三位王子攻克了平阳、汾州、忻州等地。他们甚至还攻占了太原。太原城墙高而坚固,护城河水深而宽。蒙古军队以往从未有机会踏足这里,这一次他们终于如愿以偿了。

在拿下太原之后,右路军开始撤退,他们已经抢到了足够多的战利品。

由成吉思汗的两个弟弟合撒儿和铁木格所率领的左路军,则沿着海岸线,向东北方向进攻。他们拿下了涿鹿、山海关,接着征服了金国人"发家"的地方——松花江、嫩江、黑龙江一带。

1214年，成吉思汗的三路大军从各自的战场上撤回，会师于北京城下。

在各地获得胜利的将领们，再次提议进攻北京，而成吉思汗则再次拒绝，他认为采取遣使逼降的办法更好。

作为蒙古军的最高统帅，成吉思汗的意见是无可辩驳的。于是，蒙古人派出特使，向金宣宗传达了成吉思汗的口信"汝山东、河北郡县悉为我有，汝所守惟燕京耳。天既弱汝，我复迫汝于险，天其谓我何。我今还军，汝不能犒师以弭我诸将之怒耶？"

你的地盘大部分都被我占领了，现在只剩下个北京，老天都帮我，你是失败定了，所以赶紧投降吧，只有那样才能平息我手下将领们的怒火。

这番言辞，处处透着轻蔑的态度。

刚当上皇帝的金宣宗，继承了他作为一个将领时的软弱和无能，向成吉思汗投降了。

1214年3月，金宣宗纳贡求和，把前任皇帝完颜永济的女儿歧国公主嫁给了成吉思汗，并献金帛、童男童女500人、马3000匹。丞相完颜福兴还陪着成吉思汗出了居庸关。

出关之后，成吉思汗驻扎在夏于鱼儿泺（今达里湖）。

成吉思汗虽然选择了撤兵，不过他并没有放弃对中原的野心。此次中原之行，成吉思汗深刻地感受到了这一地区的富庶和繁华，这也坚定了他入主中原的决心。

对于成吉思汗的野心，金国统治者自然也是知道的。他们意识到：迟早有一天，成吉思汗会挥师重来。为了远离这个可怕的对手，1214年6月，金国迁都于河南开封。

金国迁都这一举措，引起了许多臣民的不满，也让金国人失去了对抗蒙古的勇气。因此，在迁都路上，金国一部分军队叛变，返身向北，投靠蒙古去了。

对于金国所发生的一切，成吉思汗都看在眼里。他认为，这是拿下北京城的好机会。

1214年，成吉思汗派主卜罕去南宋，目的是联合南宋一起来对抗金国。但是主卜罕中途被金国扣留。

同年6月，成吉思汗遣伊里值为使，去责问金宣宗："既和而迁，是有疑心而不释憾也。"这么说，就是针对金国扣留蒙古使者这件事的。

1215年，成吉思汗命令木华黎率领军队围攻北京。

金宣宗得知成吉思汗再度进攻北京的消息之后，派元帅右监军永锡、元帅左监军庆寿共率军3.9万人，增援北京。由于出发仓促，所以每个士兵只携带了3升米。随后，金国又派御史中丞李英，率数万"义军"运送军粮，去补充。

结果，运粮队伍走到一半，遭到蒙古军袭击，粮食全都被抢跑了。

北京援绝粮尽，眼看就要坚持不住了。完颜福兴绝望之下只好服毒自杀。在此情况下，蒙古军队马上展开进攻，并很快打到了北京城中。

当时的北京城，已经是世界上最大的城市之一。城墙的周长达到了45公里，有12个城门，城内还分4个小城。蒙古军入城之后，不得不一个一个地攻占4个小城。

在蒙古军队完全占领了北京城之后，开始在城内纵火。这座城市陷入到了一片火海之中，大火整整烧了一个多月，一座繁华的城市面目全非。

拿下北京之后，远在桓州（多伦一带）的成吉思汗派失吉忽都忽、翁古儿宝儿赤、阿儿孩哈撒儿三人到北京做清点仓库等事宜。负责管理国库和官产的金朝官员哈答向他们三个人献纳织金服装和珍宝，翁古儿宝儿赤、阿儿孩哈撒儿收下了礼物，但失吉忽都忽却没有这么做，他质问哈答道："从前，北京城内的财物属于金朝国王，现在已经为成吉思汗所拥有。你有什么资格支配属于成吉思汗的东西？"

失吉忽都忽等三人回到成吉思汗处交差，成吉思汗问他们："哈答给了你们什么礼物啊？"三人如实地禀报了情况之后，成吉思汗严厉地责备了翁古儿宝儿赤、阿儿孩哈撒儿两人，同时极力赞扬失吉忽都忽："汝识大体，慎职守，乃朕之忠臣也！"

成吉思汗在攻下北京城之后，下令突袭金国的新都开封。

开封位于黄河以南，蒙古骑兵无法渡河，只得采取迂回战术，从陕西一侧攻打河南。1216年到1217年冬，蒙古将领三木合拔都攻破了西安。又从西安出发，挥兵南下进攻潼关。

在潼关，三木合拔都遭遇到了激烈的抵抗，久攻不下。于是他便绕开潼关，直逼开封。

开封一战，金国投入了大量的兵力，蒙古军难以攻克，只好撤退。

虽然未能拿下开封，但是成吉思汗也已心满意足了，他已经达到了打击金国的目的，开始把更多的精力用到攻打西辽国之上。那些在中原征战的蒙古军队开始撤军，除了北京之外，所有被攻克的城市都被放弃了，又落入到了金国人的手中。

蒙古人还不懂得城市的生活方式，对于他们来讲，城市并不适合自己生存，他们只是把这里当作了一个固定的"宝箱"，隔一段时间，蒙古军队便来城市中洗劫一番。这种状况持续了很多年。直到1218年，成吉思汗任命木华黎负责在中原的战事，并授予木华黎"国王"的称号，赐金印，又赐象征大汗的白色大纛旗一面，并告谕诸将："木华黎建此旗以出号令，如朕亲临也。"

木华黎上任之后，开始对金国人的老家——东北，发动新的攻势。他一路上过关斩将，10月的时候就到达了高州（今喀喇沁右旗）。金将卢琮和金朴投降。

蒙古军攻下成州（今辽宁义县北）的时候，锦州兵马提控张鲸杀死了金国委派的当地节度使，自称辽海王，并归顺蒙古。

1215年2月，木华黎攻下大定府（金国时候的"北京"），金国元帅寅答虎、乌古伦投降。

同一个月，金兴中府（今辽宁朝阳市）发生了暴动，军民将兴中府同知（一个城市的最高长官）兀里卜杀死，并推举石天应为帅，降服于木华黎。木华黎命石天应为中兴府尹。

一路走、一路降，之所以会出现这种状况，一方面是因为木华黎的"名将效应"，敌人都知道打不过木华黎，所以只好投降。另一方面是因为蒙古军队把那些敢于反抗的城市都屠城了，造成了极大的心理震慑。

同年，耶律留哥觐见成吉思汗，并且献上金币90车、金银牌500面。

7月，成吉思汗派出使者，通牒金宣宗：献出河北、山东未下诸城，取消帝号，改为"河南王"。金宣宗不从，成吉思汗则命金朝降将史天倪南征，授予右副都元帅官职。

靠谋反当上皇帝的金宣宗，皇帝做了没几年，就被赶出了原来的都城，现在成吉思汗又想把皇帝变成"河南王"！这是他万万不能接受的，所以金国虽然节节败退，但还拒绝了蒙古人的"和谈条件"。

雪上加霜的事情发生了，金都督蒲鲜万奴在开元自称天王，立国号大真，改元天泰。并且在 1216 年投降蒙古，为了表示忠诚，还让自己的儿子铁哥去成吉思汗身边当侍臣。

金国可谓是众叛亲离。但是成吉思汗却在此时放弃了进攻。因为他有更重要的事情要做。

到此为止，蒙古对金国第一阶段的战争结束了。

在这个阶段里，蒙古军在短短的 6 年间，连克河北、山西、东北。几乎拿下了半个金朝！这对一向以霸主自居的女真人来说，无疑是一个巨大的讽刺。金军在河北在东北不是没有抵抗，金军的战斗力也不是很差，而且金军也是骑兵部队。可以说，金军没有理由会输给蒙古人。虽然金朝腐败，但两个国家巨大的差距摆在那里。从某种意义上讲，我们只能说金军还是那个金军。可蒙古人已经不是当年的蒙古了。他们有一个伟大的领袖成吉思汗！可以毫不夸张地说，如果没有成吉思汗，这个奇迹是不可能实现的。

耶律楚材带来的新思路

在成吉思汗的军队攻破北京城之后，俘虏了一位贵族，名叫耶律楚材。

耶律楚材，字晋卿，号玉泉老人，法号湛然居士。蒙古名为吾图撒合里，意思是"长髯人"。出身于契丹贵族家庭，是辽太祖耶律阿保机的九世孙。生于北京，3岁丧父，随母杨氏定居义州弘政（今锦州义县），12岁入闾山显州书院。

耶律楚材是辽国"朝东丹王"耶律突欲的八世孙。耶律突欲是契丹皇族中最早接受汉文化的人之一，他治理东丹，一概采用汉法。他对中原文化十分推崇，有很厚的汉学功底，契丹贵族内部动乱时他逃到中原度过了其后半生。他的后代有一段时间也是在中原生活的，后来才辗转回到辽国并成为金朝的贵族。汉学的影响一直在这个家族延续下去。自耶律楚材的祖父起他们家世代为金朝的达官贵族，常居燕京。当时燕京是北方封建社会的经济文化中心，这里有深厚的汉文化的基础。这使得耶律氏世代受到汉文化熏陶，形成了读书知礼的家风。耶律楚材从小就受到了儒家思想的熏陶，他的理想是按照儒家的学说来治理天下。

耶律楚材秉承家族传统，自幼学习汉籍，精通汉文，年纪轻轻就已"博及群书，旁通天文、地理、律历、术数及释老医卜之说，下笔为文，若宿构著"了。初仕金，为开州同知、左右司员外郎。

据格鲁塞《草原帝国》记载："(成吉思汗)占领北京后，在愿意支持蒙古统治的俘虏中，成吉思汗选中一位契丹族王子耶律楚材，他以'身长八尺，美髯宏声'博得成吉思汗的喜爱，被任命为辅臣。这是幸运的选择，因为耶律楚材融中国高度文化和政治家气质于一身。像回鹘大臣塔塔统阿一样，他是辅佐亚洲新君主的最合适的人。"

在第一次与耶律楚材见面的时候，成吉思汗对他说："契丹王族与金王族是仇人，我如今已经替你报仇了。"

成吉思汗这样说，很明显是想要拉拢耶律楚材。但是耶律楚材似乎并不买账，回答道："我的祖父、家父和我，已经为金王族服务多年，是他们的臣子。如果我对他们怀有敌意，就是欺君之罪了。"

成吉思汗听了耶律楚材的话，非但没有生气，反而很高兴。他认为此人是一个忠义之人，可以大用。从此以后，他们二人便常在一起。成吉思汗每次出征之前，都要请耶律楚材占卜。蒙古人在占卜时，是把一块羊骨头放到火里烧，然后观察烧出的裂纹，以此预测吉凶。

当然，耶律楚材并不仅仅是一个预言家，他更为杰出的能力是治理国家，而且，他还是一个充满人道主义的学者。

蒙古军队在战争中非常残暴，劫掠和屠杀是他们所惯用的手段。耶律楚材规劝成吉思汗尽量减少杀戮，挽救了许多无辜者的性命。他对成吉思汗说："我们不应该屠杀农民，而是应该尽量保护他们，然后向他们收税，这比摧毁耕地、屠杀农民更有利。也不应该毁灭城市，更聪明的做法是保护城市，让它们成为财富的来源。"对于一生游牧的成吉思汗而言，耶律楚材为他带来了一种新的思路，让他认识了一种更新、更先进的文明。

宋朝和金朝

金朝为什么在蒙古人面前显得不堪一击？这恐怕就不得不提到宋朝与金朝之间的恶劣关系了。

我们之前说过，完颜阿骨打开国之时，仅有一万名左右的骑兵，只花了8年工夫，便连胜辽朝，取得黄龙、上京、中京、燕京、平州。他的弟弟完颜吴乞买（太宗）继位，也只用了一年半的工夫，便把辽朝灭掉。

次年，1126年，占领开封，受宋钦宗之降。也就是说，金国人的土地是从宋朝人的手中抢过来的。

在宋钦宗与钦宗的父亲宋徽宗的时候，对金的政策始终摇摆不定。金之所以能够灭辽，很得力于宋的帮助，却也未尝不知道以胜利的果实让宋分享，曾经在1123年将燕京与涿州易州等六个州的土地交给宋。不过，这七处的人民与财物，全被金搬了走。

宋徽宗及其大臣蔡京、童贯等人很愤怒，以为上了金的当，便贸然接纳金的叛臣、南京（平州）留守张谷的来归。这给了金太宗以借口，于是开封在1126年被包围、占领。

宋钦宗允许以中山、太原、河间三个镇，割让给金，却又在金兵退出开封以后命令这三镇的守将拒绝移交。金当然是卷土重来。

金兵再来之时，钦宗听信唐恪的话，不让各地勤王的兵来救，于是开封再度被金兵占领。钦宗与太上皇徽宗均做了俘虏。宋高宗另建朝廷于南京（归德），本可有所作为，却天性怕死，一再向南迁都，迁到扬州，又迁到临安（杭州），在金帅兀术快追到临安之时，他又迁到温州。兀术在北归途中被韩世忠打得很惨，高宗才敢回临安做太平天子。岳飞连胜金兵，几乎恢复了中原，高宗听信秦桧的话，就狠心把岳飞杀了，甘心向金朝皇帝称臣纳贡，受金朝的册封，每年进献"岁贡"银25万两，绢25万匹，割让淮河以北及唐州、邓州、商州、秦州。这是宋绍兴十一年（1141）十一月的和约。

和平维持了二十年，被金主亮破坏。金主亮本名迪古乃，是金太宗的侄孙，金太宗的儿子宗干的儿子、金熙宗亶的同曾祖兄弟。金主亮带兵在宋绍兴三十一年（1161）十一月攻到采石矶长江江岸，被虞允文击败，不久便死在扬州，死于自己的军官之手。那时候，金世宗乌禄（雍）已经在辽阳自立为帝。

金世宗在金主亮死后，一度向宋朝表示愿和。宋朝此时（宋绍兴三十二年）高宗禅位于孝宗。孝宗重用主战的张浚。要等到张浚于次年（宋隆兴元年，1163年）五月在（安徽）符离集被金军击败，孝宗恢复中原的念头才开始动摇；要等到宋隆兴二年（1164）十一月金军占领楚州（淮安），孝宗才又决心讲和。

这一次和约，订立于宋隆兴二年（1164）十二月，规定宋朝的皇帝对金朝皇帝不再称臣，而要自称为"侄大宋皇帝"，称金朝皇帝为"叔父大金皇帝"，"侄皇帝"三个字虽不太好听，比起石敬瑭对契丹所称的"儿皇帝"，却也略高一等。岁贡改称岁币，数量从银25万两减为15万两。绢也减为15万匹。疆土方面，割让海泗唐邓四州。

于是，金宋之间又有了40年的和平，直至被韩侂胄北伐打破。

韩侂胄在宋开禧二年（1206）五月，请宋宁宗下诏伐金；不到一年，他派出去攻打金朝边城的诸将全都败退。金军而且在西方取得大散关，在东方取得扬州。宋开禧三年（1207）十一月，韩侂胄被史弥远杀死，他的头被送去金章宗那里，以表示宋朝求和的诚意。次年九月，和平恢复：疆界仍旧，岁币增加为银30万两，绢为30万匹。宋朝皇帝仍自称为侄，对金朝皇帝，则不再称叔父，而改称"伯父"。

这一次的和平，仅仅维持了10年，便被金宣宗破坏。

金宣宗之所以要在金兴定元年（1217）伐宋，是为了催逼岁币。宋朝政府有好几年不曾依照约定送30万两银子与30万匹绢给金，而金正苦于蒙古之连年来伐，需款甚急。

金宣宗以为只有以武力对付宋，宋才肯送岁币来；他又以为金虽则打不过蒙古，打宋却绝对能胜。

然而，金这一次打宋，打了7年之久，并不曾能胜。这7年，也正是木华黎奉了成吉思可汗之命、全权征讨金朝的7年。

金在这7年之中，起先是攻枣阳，攻了几次，最后在金兴定三年（1219）六月大败而回。守枣阳的先后为赵观与孟宗政，他们的长官是京湖制置使兼知襄阳府事赵方。金军又攻随州，攻了几次，攻不下。赵方派孟宗政与扈再兴、许国等人还击，攻唐州邓州，也得不了手。金宋双方，就这样在今日的河南湖北僵持了7年。在江苏山东方面，宋方颇占优势，因为李全与张林先后叛金归宋。同时，蒙古也先后取得了济南与东平。

金宣宗在金元光二年（1223）十二月去世。他的儿子金哀宗在金正大元年（1224）二月派使臣李唐英到滁州求和，滁州的宋朝官吏推说要向京城请示，结果使李唐英扑了空。4个月以后，金哀宗片面宣布战事停止，"遣枢密判官移剌蒲阿率兵至光州，榜谕宋界军民更不南伐。"虽然宋朝暂时也不北伐了，但毕竟在金朝最危难的时候，捅了金朝一刀。而且，在未来的战争中，宋朝将会接着站在金朝的对立面，将金朝送进历史的尘埃中。

第三章 ／ 在征服者眼中，没有限制

屈出律东山再起与覆灭

成吉思汗之所以在眼看就要拿下金国的时候，放弃了对金国的第一次战争。一方面是因为他觉得金国已经是奄奄一息，没有必要再为此大动干戈。另一方面，是因为后院起火了。

我们应该还记得，成吉思汗在攻打乃蛮部的时候，乃蛮部首领的儿子屈出律在战乱中跑掉了。

这个屈出律跑到了叔父不亦鲁黑那里，不亦鲁黑被成吉思汗杀掉；又跑到蔑尔乞惕部那里，蔑尔乞惕部首领也被成吉思汗杀掉。

这么多人都被成吉思汗杀掉了，屈出律还是没死，又跑掉了。这一次他逃到西辽国的大山里，在那里当上了流浪汉。

如果不出意外的话，屈出律的"逃亡游戏"应该结束了。但是上天注定要让他的人生精彩一些。

西辽军队发现了流亡的屈出律，把他带到了西辽的都城，在这里屈出律将迎来人生的"第二春"。

我们先来介绍一下西辽国。

西辽的创建者叫耶律大石，是辽太祖耶律阿保机的八代孙，生于1087年。他幼年时受过很好的契丹族的传统骑射训练和文化教育，又接受过汉族的文化教育。1115年考中进士，取得殿试第一名，授翰林院编修一职。不久，他又迁升翰林承旨。契丹语把翰林称为林牙，所以人们称他为大石林牙，或林牙大石。

耶律大石踏上仕途之时，正是辽国开始衰亡的时候，统治集团内部因皇位继承问题，党争不已；1114年女真族首领完颜阿骨打（就是金国的创立者）起兵反辽。1116年金军占领辽东京，耶律大石出任泰州刺史，后又调任祥州刺史；1120年辽失上京，中京陷入危机，北宋也想趁机收复燕云十六州，耶律大石调任辽兴军节度使，守卫南京道。

在随后的战争中，辽国被金国所击败。耶律大石率领军队逃到了漠北，建立了西辽国。后来，他又率部西征，先后降服高昌、回鹘王国、东西两部喀喇汗王朝、花剌子模，建立起强大的西辽。

从耶律大石开始，西辽国称雄西域50多年，但是到了直鲁古这里，他专事娱乐游猎，不问国政，致使政治腐败。

在得知自己的部下擒拿住了乃蛮王子后，西辽皇帝直鲁古提出要接见屈出律，但屈出律生怕对方会对自己不利，就让一名亲随冒用自己的名义去和皇帝见面，自己却冒充马夫站在宫门外静候。

当西辽王后经过宫门的时候，看到了这个冒牌马夫。屈出律的形象非常不错，形虽落魄却面露不凡之色。于是便盘问起了他的身份，屈出律见对方没有恶意，便以实情相告。

西辽皇后对屈出律的印象非常不错，便让他当了皇帝的贴身近侍。

我们不得不说，屈出律这个人是非常有能力的。因为在当近侍期间，他博得了直鲁古的好感。

屈出律对直鲁古说："只要借助西辽国的名义，自己就能召回散居天山以北的部众，如此一来，便可以帮助您守卫国家，防止成吉思汗的入侵。"他甚至信誓旦旦地说："我决不背离古尔汗指定的方向，哪怕竭尽全力也要完成他的任何命令。"

屈出律的这番话，打动了西辽皇帝，将他封为亲王，并把西辽公主浑忽嫁给了他，屈出律一跃成为了西辽驸马。

屈出律获得西辽的支持之后，便开始召集旧部。但是他这么做的目的，可不仅仅是帮助岳父守卫国土这么简单。他还利用自己的有利地位，拉拢了西辽的许多重臣与将领。

时机成熟之后，他便发动了叛乱，要抢岳父的皇位。当时，西辽的附庸国撒马尔罕与花剌子模也联合屈出律起兵造反。

屈出律的岳父直鲁古穷途末路，提出要向屈出律纳降称臣。这时候，屈出律显示出了自己精明的一面，他虚情假意故作不敢当，反而尊直鲁古为太上皇、古尔别速为皇太后，同时宣布不改动西辽国号与旧制。

从这一点我们可以看出，这个屈出律是个非常现实的人。什么国号、地位、在他眼中都是假的，只要有权力和军队，国家叫什么，太上皇是谁，都无所谓。

在架空了岳父之后，屈出律事实上成了西辽王朝的最高统治者。

此后两三年内，屈出律的骑兵队攻打了喀什噶尔，直到饥荒迫使喀什居民们接受了他的统治。降民们接着遭到了野蛮的迫害。

把喀喇汗王朝折腾覆灭之后，屈出律又杀死了阿力麻里王——布札儿。把这个部落摧毁得支离破碎。

我们不得不说，屈出律是个颠覆国家的天才。他"白手起家"，短短数年，就颠覆了三个"国家"。而且，我们有理由相信，屈出律的颠覆行动有更深层的目的——对付成吉思汗。要知道，他所颠覆的国家，全都可以算作是成吉思汗的属国。

在得知了屈出律的种种恶行之后，成吉思汗愤怒了。你消灭了一个敌人，然后转身去对付其他人了。过了一会儿，你突然觉得有些不对劲，转头一看，原来那个被消灭的人又复活了，并且在你背后捅刀子。

这就是当时成吉思汗的感受。因此，他决不能容忍屈出律继续做西辽君主。

成吉思汗停止了对金朝的作战，转而开始准备攻打屈出律。

不过，成吉思汗并没有马上去打西辽，而是先腾出手来再次进攻了西夏，这就是成吉思汗对西夏国的第四次战争。

为什么这么做？

西辽位于西夏的西部，要想从蒙古草原进攻西辽，就必须先攻西夏。

蒙古在以往的战争中，虽然取得巨大的胜利，但是本身的损失也是不小的。由于物质紧缺，蒙古曾经多次向西夏人伸手要钱、要人。而西夏人被蒙古人无休止的征兵、收贡搅得烦躁不堪。最后不得不翻脸，按照史书上的说法就是"不堪奔命，礼意渐疏"。这引起了成吉思汗的不满，为了挫挫西夏的锐气，成吉思汗决定亲自率军进攻西夏！

1217年12月，成吉思汗率蒙古军渡过黄河，进攻西夏。而留在中原地区与金国军队作战的木华黎，也暂缓了与金军的战争，积极配合成吉思汗。

成吉思汗从北往南打，木华黎从东往西打，西夏腹背受敌。没用多长时间，成吉思汗与木华黎就会师中兴府地区，并包围这里。

此时，西夏前任国王李安全已经去世，新皇帝李遵顼比他的前任更窝囊。好歹李安全还敢登上城楼向蒙古军宣战。而这个李遵顼，在看见城下磨刀霍霍的蒙古军之后，就把太子李德任留在中兴城，自己则逃到了西平府。

连皇帝都跑了，西夏军的士气怎么能提得起来。他们作势抵抗了一番之后，就顺水推舟投降了。

成吉思汗见对方投降了，便撤回了军队。他接着去准备攻打屈出律，木华黎则继续和金军作战。

时间到了1218年，成吉思汗对屈出律发动进攻。在出征之前，成吉思汗问手下的汉族大将郭宝玉："我将攻打西域，但是那里的地形太过险要，你说可以打得赢吗？"

郭宝玉说："使其城在天上，则不可取，如不在天上，至则取矣。"意思是，除非是天上的城市，否则没有攻不下的。

成吉思汗闻言大笑，说："真是好汉子。"

他命令哲别统率2万人进攻西辽。在这次战争中，哲别约束军队，不让他们烧杀抢掠。由于秋毫无犯，再加上这些地方的人原本都是成吉思汗的属民，所以蒙古军队受到了人们的欢迎。

仅仅用了几个星期的时间，哲别就把西辽军队打得落花流水。郭宝玉也和木华黎一起参与了这次战争，在一次战斗中，宝玉胸中流矢，危在旦夕。成吉思汗命令属下剖开了一头牛的肚子，把郭宝玉放置其中。历史上记载说："少顷，乃苏。寻复战。"

后来，郭宝玉与敌人列阵厮杀，双方正在激战，郭宝玉突然大声说："他们的西路军要逃跑了！"结果正如他所说，敌人的西路军开始撤退。而蒙古军队早有准备，立刻去追杀，将敌人打败。

蒙古人有了这样的将领，西辽焉能不败？辽军失败之后，国王直鲁古落荒而逃。哲别派出军队追击。

直鲁古一直跑到了喜马拉雅一带，但是善于追踪的蒙古军队一直紧随其后，并终于在海拔3000米的山谷中追上了直鲁古，当即砍杀。

至于屈出律，此人颠覆国家的本事一流，打仗的本事却很一般。他的军队也很快就被蒙古军队打垮，于是他再次发挥了自己的特长——逃跑。

屈出律虽然再次成功逃离了战争，但是他在这段时间犯下的罪行，给自己埋下了祸患。在撒里豁勒河附近，屈出律被当地人杀死。

在彻底铲除了屈出律之后，蒙古草原西面，也就是现在的新疆地区，都成了蒙古人的领地。

哲别在征服了西辽之后，在当地征收了1000匹白色战马，送给了成吉思汗。当年他曾经在战场上射伤过成吉思汗的一匹白色战马，如今算是一种补偿吧。

这位百战百胜的勇士，不顾生死、浴血奋战，不是为了夺取属地，而是为了报答成吉思汗当年的不杀之恩和知遇之恩。成吉思汗当初的举动，为自己换来了一位忠诚、勇敢并极富谋略的大将，可谓明智。

狼狈逃窜的摩诃末

以上是对我们之前内容的简要回顾，现在，我们再来说一说蒙古西征后期发生的那些故事。

摩诃末为自己的傲慢和无知付出了代价，他的帝国在蒙古人的进攻之下，轰然倒地。此时的摩诃末，已经失去了作为一个君主的尊严，他放弃了自己的国家，开始向南方逃窜，最终经由班勒纥城跑到了呼罗珊地区（西南亚古地区名。大部分在今伊朗境内）。

成吉思汗对摩诃末恨之入骨，他对手下人说："不管他逃到什么地方，我都一定要追上他。他跑到哪个城市，我就把那个城市夷为平地。"

成吉思汗派哲别和速不台率领两万蒙古骑兵去追杀摩诃末，惊心动魄的追击战就此开始。

哲别和速不台率军来到了阿姆河（今日土库曼斯坦境内）的北岸，在这里，他们被河水阻挡了去路，只好下令制造船只，然后渡河。

渡过阿姆河之后，哲别和速不台就来到了班勒纥城。这里的乡绅士族们派出了一个代表团，带着礼物来迎接他们。根据成吉思汗的命令，哲别和速不台必须马不停蹄地执行追踪任务，所以他们并未在此多做停留。

过了班勒纥，蒙古军队就来到了呼罗珊地区，在这里，他们发现了摩诃末的踪迹。他们在几天之内就率兵进军了700多公里的路程，来到了尼沙布尔城下。哲别向尼沙布尔的管理者们递交了一份成吉思汗的公告，公告中写道：

  各地守将、领主和百姓，上天已经派我掌管你们的帝国。凡是臣服于我的人，可以幸免于难。凡是胆敢抵抗我军队的人，连同其妻儿家小及全体属民，都将成为刀下之鬼。

  递交了这份公告之后，哲别并未攻城或招降，而是率领军队继续追击。他听说摩诃末可能跑到了刺夷城，于是便率兵追到了这里。

  蒙古军队突然出现在了刺夷城，并且在郊区挥刀杀人，城内的法官极力与之交涉，但是也未能阻止蒙古人洗劫城市。

  在刺夷城中，哲别并未找到摩诃末，但他得知：摩诃末已经跑到了雷什特城（位于今日伊朗境内），于是便马上向雷什特城进发。

  摩诃末确实躲在雷什特城，这里的领主向他表示：可以提供10万军队。但是这位君主此时已经完全失去了抵抗的意志，谈起蒙古人的时候，就不禁面如土色，六神无主。他的一些手下见他如此怯弱，便愤然弃他而去了。而摩诃末，则再次失魂落魄地跑到了可疾云。在那里，他的一个儿子为他提供了3万人的军队。如果摩诃末指挥这3万人进行反击，完全有可能击败追击他的蒙古军队，因为蒙古人的战线太长，部队分散，非常容易被各个击破。但是摩诃末再次放弃了反击，继续逃亡。

  在之后的逃亡过程中，摩诃末几次被蒙古人追上，但是都侥幸逃脱。这位曾经的王者，在不断的流窜中度过了自己的余生。1221年1月，绝望颓废、惊悸成疾的摩诃末死在了一座孤岛之上。

哲别和速不台虽然未能活捉摩诃末，但是既然对方已经死去，他们也算是完成了任务。在短短数月之内，两位名将带领军队驱驰4000里，终于将敌人逼得走投无路，他们有猎鹰一样的眼睛，猎豹一样的速度，是最出色的追逐者。

在得知摩诃末的死讯之后，成吉思汗命令哲别和速不台继续前进，对俄罗斯地区进行大规模的侦察性袭击。两位将军又踏上了新的征程……

蒙古风暴席卷西亚

摩诃末死后，成吉思汗率领军队来到阿姆河畔。他接下来的目标是征服阿富汗地区。

从古到今，从欧洲人到亚洲人，都将阿富汗视为战略要地。成吉思汗也敏锐地意识到，如果想要征服更多的土地，就必须牢牢控制这一地区。

哲别和速不台在追捕摩诃末的时候，曾经从这里路过，当时这一地区的许多城市都从形式上表达了愿意服从蒙古人统治的意愿。成吉思汗来的时候，城市里的头面人物便纷纷前来向他致意。但是，成吉思汗担心这里的城市将会被敌人用来作为抵抗的中心，遂借口检点人口，将所有居民驱逐到城外，不分男女老幼，全部杀戮。而那些敢于抵抗的城市，则逐个被蒙古军队攻破，破城后杀戮不止。最终，成吉思汗用最残忍的方式占领了这一地区。

紧接着，成吉思汗又派儿子拖雷去征服呼罗珊地区。

呼罗珊在波斯语中的意思是"东方"，这里是广阔的草原，草原上遍布河流，河流在滋养了草地之后，流入沙漠中消失不见。经过数个世纪的耕耘，呼罗珊地区已经相当富庶。但是蒙古军队的到来，却让如此美丽富庶之地，变成了死亡之地。

首先被摧毁的城市是奈撒（今土库曼斯坦阿什哈巴德东），拖雷分兵1万给成吉思汗的女婿脱忽察儿，让他去进攻奈撒城。此时的蒙古军队，已经极富攻城经验。脱忽察儿让俘虏和奴隶们冒着飞箭流矢去撞击城墙，胆敢后退者斩。15天后，坚固的城墙被撞出了一个缺口。蒙古军一拥而入，控制了整座城市。

接着，脱忽察儿又去攻打尼沙布尔，这里曾经是古代伊朗的首都，城防比较严密。

在这次战役持续到第三天之后，城上突然飞来一支箭，射到了脱忽察儿的身上，他当即死亡。脱忽察儿的继任者知道已经无法攻破此城。便将部队分为两部分，去攻打周围的小城市。这两支小部队连下数城，杀人无数。尼沙布尔周边成了人间地狱。

拖雷本人在第二年初才开始行动，他的第一个攻击对象是马鲁城。他带着7万蒙古军队兵临马鲁城下，将这座城市包围。马鲁军队试图突围，未能成功。

最后，在1221年2月25日，马鲁守军表示愿意投降。拖雷命令居民们携带最珍贵的财物出城，他在城外的平原上放一把黄金座椅，端坐其上。

马鲁军民来到拖雷面前之后，拖雷首先命令手下杀死了所有的马鲁军人。接着，他又将市民中男人、女人、儿童分开。这些不幸的人，被分置到了各个军营。大部分被杀死，只有400名工匠及一些童男童女得以幸免。

最后，蒙古军队还挖开河道，用水淹了这座城市。

摧毁马鲁之后，拖雷开始进军尼沙布尔，他要为姐夫报仇。

12天之后，蒙古大军就出现在了尼沙布尔城下。这里的军民知道蒙古人一定不会放过自己，所以加固了城墙，准备拼死抵抗。但在战争开始之后，迫于蒙古军队强大的攻势，他们又开始动摇，幻想可以通过投降免得一死。

拖雷拒绝了尼沙布尔人的投降，继续攻城，1221年4月10日，蒙古军队占领了尼沙布尔。脱忽察儿的遗孀、成吉思汗的女儿带着1万军队进入城中，逢人便杀，鸡犬不留。

离开尼沙布尔之后，拖雷挥军南进。去围攻也里城（今日赫拉特市）。拖雷来到也里后，勒令城主投降。但城主杀死了拖雷的使者，率领军队与蒙古人作战。

8日后，城主作战身亡，城中居民投降。拖雷将12000名士兵尽数杀死，并未屠杀城内居民。后引兵而去，与成吉思汗会师。

此时，成吉思汗正在攻打巴米安城。

成吉思汗攻打巴米安，付出了巨大的代价，他最疼爱的孙子、察合台的儿子，在这一战中死去了。为了给爱孙报仇，成吉思汗亲自来到了战场之上，他没有戴头盔，不避箭矢，参加战斗。在他的感染下，蒙古将士奋勇攻城，一日之内便攻破城池。

愤怒的成吉思汗在拿下巴米安之后，下达了一道命令——杀光城内所有生命的东西。数日之后，这座城市已经毫无生气了。

蒙古大军临走的时候，没有从这座城市拿走任何战利品——因为这座城市中所有的东西都被摧毁了。成吉思汗还下令：今后不许任何人住在这座"该死的城市"。多年以后，有学者来到了当年战争爆发的地方，记载道："自从发生那起悲剧性的事件以后至今，在这个荒凉的死气沉沉的山上，一切仍是原样，破败的景象没有任何改观。我顺着一条小道艰难地攀登着，费了九牛二虎之力才爬上山顶。举目四望，所见无非废墟。在这一片废墟中，城堡主塔还立在那里，算是这个城堡的最高遗迹。这个地区气候十分恶劣，但

7个世纪以来，恶劣的气候变化，剥蚀一切的凄风苦雨，都没有损坏这几堵普通的泥墙。狼藉的破砖碎瓦，简陋的陶器碎片，当年建筑用的卵石和彩釉陶瓷碎片彼此混杂在一起。在这片阴森可怖的混乱中，只有那彩釉陶瓷碎片还在闪烁着光彩，显示着当年波斯陶瓷的装饰图案和颜色。"

巴米安被摧毁之后，察合台来了。成吉思汗命令部下不许向他透露儿子战死的消息。每当察合台问起儿子的去向时，成吉思汗及手下人总是编造一些谎话来瞒察合台，说蔑忒干另有任务。

几天后，成吉思汗同三个儿子（察合台、窝阔台和拖雷）同桌进餐。成吉思汗突然变得异常愤怒，指责几个儿子现在都不听自己的话了，他一边骂一边用目光紧盯着察合台。察合台顿时诚惶诚恐，当即"扑通"一声跪下，发誓说他死也不会违抗父汗之命。成吉思汗又向他重复了几遍上述斥责之词，最后他问察合台道："你真的能做到吗？"

察合台回答说："如果做不到，甘愿受死！"

成吉思汗这才说："蔑忒干已被敌人射杀。汝不得哭泣悲伤。"

由于有了之前的许诺，察合台即便伤心欲绝，也不敢哭泣，竭力忍住了泪水。但是，饭后，他找借口跑出营帐，躲在一处痛哭了一场，借泪水安抚他那颗破碎的心。

不知道成吉思汗和察合台在为失去亲人而感到痛心的时候，有没有想过那些被他们所屠杀的人，他们的亲人该是怎样的感受。或许，由于蒙古人杀的太多，那些住在城市里的人连为他们哭泣的亲人也没有了。

蒙古军队的入侵，给中亚西部地区造成了难以恢复的重大破坏。许多文物被毁掉，大部分城市成为了炼狱，就连农田也被破坏。

蒙古军队为什么这么做？仅仅是因为杀红了眼吗？恐怕不是。对于蒙古军队屠城背后的政治目的，我们可以借用美国历史学家托马斯·巴菲尔德的一段话来说明："蒙古人完全明白其人力和兵力上的不足，因此把'恐怖'作为战争工具，动摇抵抗者的战斗力。投降而后又反叛的城市，比如赫拉特（阿富汗西部城市），是蒙古军队祭刀的对象。蒙古人无法派重兵驻守被攻陷的城池，因此，他们会将可能制造麻烦的地区夷为平地。农耕国家的历史学家无法理解这种行为，因为农耕国家发动入侵战争的目的，是获得敌国的生产人口，即能创造财富的劳动力。"

我们可以将这段话归纳成两个重点：

一是制造恐怖氛围，瓦解敌人的抵抗意志。

二是蒙古人没有足够的兵力守城，但是又怕这些占领过的城市发动叛乱，从背后袭击自己。所以他们刻意将这些城市变成无人区。

这或许才是蒙古军队屠城的根本原因，但无论如何，那些死去的生命，九泉之下一定难以原谅他们的暴行。

第四章／被彻底覆灭的花剌子模

最后的名将

在成吉思汗攻打巴米安之时，有一个人正在离他 300 里远的地方，策划着对蒙古军队的反攻。此人就是摩诃末的儿子——札兰丁。

札兰丁虽然贵为王子，但是因为其母亲出身低微，所以在花剌子模国他的地位得不到认可。

札兰丁的母亲是土库曼人，而花剌子模的当权派包括摩诃末的母亲在内，大多数是康里人，所以摩诃末在立太子的时候，选择了札兰丁的弟弟，而非更有能力的长子札兰丁。

弟弟当上太子后，札兰丁的母亲劝札兰丁远离中央，所以他就去了比较偏远的哥疾宁城（今加兹尼，在阿富汗南部）。在摩诃末兵败之后，札兰丁就回到了父亲身边，跟着父亲一起逃亡。

摩诃末临终前将王位继承权交付于他。札兰丁遵循其父旨意,在乌尔根奇继位,但受到部分大臣的反对,并图谋害他。所以,在蒙古军围攻乌尔根奇之前,他已逃往巴里黑、塔里寒一带,后来札兰丁又冲破了蒙古人的封锁,回到了哥疾宁城。在此过程中,札兰丁的两个弟弟额思剌黑沙与阿黑沙被蒙古人杀死。

札兰丁历经风险,抵达哥疾宁城后,城中诸将大喜,那些原来反对札兰丁的当权派们,迫于形势,也纷纷前来投靠他。额明灭里率所部突厥康里人来到哥疾宁,札兰丁把自己的儿女嫁给了他。阿格剌黑灭里、阿匝木灭里(灭里是花剌子模的一个官职名)等人也来投奔。得到了将领们的支持后,札兰丁组织起了一支7万人的骑兵队伍,开始与蒙古人作战。当一支蒙古军队围攻哥疾宁附近的一个小城堡时,竟然被札兰丁的军队击败,损失了1000人。

成吉思汗听说札兰丁又出现了,就派义弟失吉忽都忽领兵5万去作侦察性的进攻。

失吉忽都忽的军队与札兰丁的人马在巴鲁湾城相遇,随即展开激烈厮杀,战斗持续了整整一天,不分胜负。

夜晚,双方鸣金收兵。回到大营里,失吉忽都忽突然想到了一条计策:他命令所有的士兵每人用毡子做一个假人,放到备用的马匹之上(蒙古人出征时每个士兵会带多匹战马),用以迷惑札兰丁。

第二天在交战时,花剌子模军发现蒙古军队的人数多了一倍,以为是有人来增援失吉忽都忽。大部分人都劝札兰丁赶紧撤退,但是札兰丁坚持迎战。

战争再度爆发,蒙古骑兵猛冲过来,札兰丁命令军队用弓箭齐射。当时箭如雨下,蒙古军队不得不后退,重新组织进攻。

蒙古军队第二次冲过来的时候,札兰丁的军队突然飞身上马,对着蒙军队开始反冲锋。双方迅速缠斗在一起。

仗着数量上的优势，札兰丁的军队逐渐占据了上风，失吉忽都忽见状，赶紧指挥军队突围，但是最终失败，蒙古军队损失惨重，失吉忽都忽带着一小部分人突围逃走了。

得知失吉忽都忽战败的消息后，成吉思汗虽然非常愤怒，但是他仍然和颜悦色地对败军之将失吉忽都忽说："你百战百胜，没有遭受过什么挫折，如今失败，要引以为戒。"

随即，成吉思汗亲自率领兵马，去寻找札兰丁决战。在路过失吉忽都忽与札兰丁对阵的战场时，成吉思汗命令失吉忽都忽解说对阵时的情形，失吉忽都忽如实相告。成吉思汗听完，责备他指挥不当，并指出这次失败应该由失吉忽都忽负责。

不日，成吉思汗便兵临哥疾宁，但此时札兰丁已经离开了这里。

札兰丁之所以在大胜之后离开大本营，是因为他在巴鲁湾会战中给蒙古军以重创后，被一时的胜利冲昏头脑，整天寻欢作乐。札兰丁得意忘形，使部将为之失望。而其部将额明灭里和阿格剌黑灭里为争夺一匹战马发生争执。阿格剌黑灭里所部4万兵马，连夜出走，札兰丁兵力锐减。札兰丁知道靠自己的力量无法守住哥疾宁，所以带领着军队向南逃窜。

成吉思汗领兵追赶札兰丁，并于深夜赶到了申河（一作"辛河"，即印度河，今巴基斯坦境内）。

此时，札兰丁的军队也驻扎在申河岸边，准备天亮了就过河，却没有想到蒙古人来得这么快。

发现敌人之后，成吉思汗以迅雷不及掩耳之势，一举包围札兰丁，札兰丁仓卒转入防御。蒙古军首先进攻额明灭里的军队，歼灭大半，额明灭里败退逃走，被蒙古军所追杀。

之后，蒙古军又进攻札兰丁的左翼部队，将其全歼。此时，札兰丁中军仅余700人，几次伺机突围，均被击退；而且蒙古军步步紧逼，缩小包围圈。

就在札兰丁走投无路之时，突然发现，蒙古人的攻势开始减弱，连箭也不放了。原来，成吉思汗想要活捉札兰丁，促其投降，以便不战而平各地叛乱，下令不准射箭，不准刀砍。

战斗一直持续到中午，札兰丁看突围无望，便发动了一次佯攻，蒙古军怕乱军中杀了他，开始后退。此时，札兰丁猛地调转马头，从20尺高崖之上跃身而下，跳到了河里。

对于此人宁死不屈的勇气，成吉思汗非常赞扬，史书上记载："成吉思汗进至河畔见之，指示诸子，言此人可供诸子效法，止将卒之欲泳水往追者。"意思是成吉思汗见札兰丁跳入河中，对几个儿子说，你们都应该向这个人学习。还命令那些会水的、想要去追击札兰丁的人放他一条生路。

札兰丁的部下和亲人们就没有那么好的运气了，"蒙古兵发矢射从渡之花剌子模兵，死者甚多。尽歼岸上残兵，虏札兰丁眷属，杀其诸子。"

关于札兰丁的故事，还未结束。

在申河战役中，札兰丁逃得一死，跑到了印度。当时印度的统治者伊勒特迷失非常欢迎这位流亡者，并把女儿嫁给了他。但是札兰丁却恩将仇报，阴谋造反，最后被识破，遭到驱逐。

1224年，当时成吉思汗已经在西征中达成了自己的战略目的，班师回朝，蒙古帝国的第一次西征也行将结束。札兰丁趁机悄悄地返回花剌子模。他作为蒙古人刀下唯一幸存的合法继承人，顺利地得到了国内势力的支持，成为了继摩诃末之后的又一位花剌子模国王。

此时的花剌子模，已经不是当年的花剌子模，许多贵族在归附了蒙古帝国之后，建立起了自己的国家。札兰丁为了统一国家，开始四处征战，吞并那些小国家。

在吞并了数个小国家之后，原花剌子模国部分地得到了恢复，只是稍微向西偏了一点。然而，这位卓越的将领特别缺乏政治意识，他不善于治理国家，与周边各国冲突不断。1230年8月，札兰丁的军队被周边国家击败。正在这个时候，蒙古人发动了第二次西征战争。

窝阔台派出手下将领带3万蒙军进入札兰丁的疆域，1230年至1231年冬，在札兰丁还来不及集合军队之前，蒙古人以闪电般的速度经呼罗珊抵达花剌子模，并直奔札兰丁的常驻地阿哲儿拜占。消息传来，这位杰出的武士惊慌失措，开始逃亡。像其父当年一样，他始终受到蒙古轻骑兵的追赶。最后，他于1231年8月15日在迪亚巴克尔山中遭到当地人围攻，不明不白地死去。

长生之道

与札兰丁一战后，成吉思汗又回过头去对呼罗珊地区展开了进攻。因为在札兰丁与蒙古军队作战之时，这些本来已经被征服的城市，不同程度地支持了札兰丁的反扑企图。

1222年春天，窝阔台率军去攻打哥疾宁，破城之后，他屠杀了这里的居民。

此后，他又先后洗劫和摧毁了也里、马鲁等城市，尽管这些城市已经被拖雷攻占过一次了，但是为了报复，蒙古人还是毫不留情地再次予以打击。使得这一地区变为焦土，数百年之后都难以重现往日的繁华。

到此为止，成吉思汗的西征任务已近乎完成。现在，他统治的疆域更加广阔了，亚洲大部分地区都在他的管辖之下。从1219年到1224年，时间又过去了3年。虽然在这3年中，成吉思汗拥有了更大的权威，但同时他也失去了一样东西——时间。成吉思汗已经60岁了，他虽然拥有广阔无比的领土和至高无上的权威，但是这一切，都将随着他的衰老而变得失去了意义。对于成吉思汗来讲，唯一能战胜他的就是时间。这或许让他感到恐慌与失望，于是，他便有了长生不老的愿望。

在中原战场上时，成吉思汗听说有一种可以让人长生不老的药，人吃了这种药就可以永远不死。为了得到这种药，成吉思汗在1220年的时候，就向道教首领丘处机发出邀请，希望可以将此人招至麾下，将长生之道教授给自己。

成吉思汗或许把丘处机当成了阔阔出那样的"巫师"，但实际上，此人是一位思想家兼诗人。道家是一种哲学体系，讲求修身养性之道，可以参悟世间万物的规律。

在接到成吉思汗的邀请之后，丘处机决定去见一见这位蒙古帝国的创造者。他对这位传奇人物的过往早有了解，知道成吉思汗是古往今来少有的英雄人物，但是同时也明白此人杀戮太重，如果能化解他的杀心，那么将拯救千万人的性命。

1221年，丘处机从北京出发，途经蒙古草原、沙漠、新疆，一路来到了阿富汗地区。一路上，已经72岁高龄的丘处机跋山涉水，辛苦异常。终于在1222年5月15日抵达成吉思汗的大营。

成吉思汗极为热情地欢迎丘处机的到来，因为，这位老人为了传授给他至理名言，千里迢迢，受尽了辛苦。还有另一个原因就是，丘处机在中原时曾经拒绝了金国皇帝和南宋皇帝的诏书，只有成吉思汗邀请他时，他才应约而往。成吉思汗说："其他国家邀请，你都不去。如今走了这么远来我这里，我很高兴。"

丘处机回答说："山野之人（道家人自称山野）来见陛下，是上天的意愿。"

成吉思汗听了很高兴，等丘处机入座后，迫不及待地问："真人远道而来，有长生药给我吗？"

丘处机道："这世界上有延年益寿的方法，却没有长生不老的药方。"

成吉思汗听了非常失望，他必须要接受自己"总有一天会死"这个事实。

不过，尽管很失望，成吉思汗也没有表现出不满。他还赞扬了丘处机的坦率和诚实。

在之后的几天里，成吉思汗经常与丘处机深谈。虽然他已经知道丘处机并不是能够让人长生的神仙人物，但依旧被其学识和修养所折服，对丘处机非常尊重，历史上记载：不唤其姓名，只称呼"神仙"。

之后，丘处机与这位大汗朝夕相处数月，多次与之论道，具体内容见于耶律楚材所编的《玄庆风云录》一书中。从该书的记载看，丘处机对成吉思汗的影响主要体现在以下两个方面：

一是宣传"去暴止杀"，在一定程度上减轻了蒙元统治者对所征服地区人民所推行的残酷杀戮政策。丘处机针对成吉思汗希冀长生之心理，要他将追求"成仙"与行善结合起来，劝告成吉思汗，养生之道重在"内固精神，外修阴德"。内固精神就是不要四处征伐，外修阴德就是要去暴止杀。丘处机首先赞扬了成吉思汗起兵灭西夏和金是符合天意民心的，迎合了这位大汗的心理，然后劝其务须禁止残暴杀戮，才能使事业最后成功。成吉思汗后期统治中原的政策有所和缓，在山东为官的木华黎及其继任者对各地反抗大都采用招安措施，固然是由多种因素推动的，但丘处机雪山论道无疑产生了重要影响。此后，丘处机仍然不断劝告蒙元将帅，减少对人民的屠杀，"凡将帅来谒，必方便劝以不杀，人有急必周之，士有俘于人者必援而出之，士马所至以师与之名，脱却兵之祸者甚众"。后人对此有很高的评价，认为他"救生灵于鼎镬之中，夺性命于刀锯之下"。"一言止杀，始知济世有奇功"。

二是宣传济世安民思想，为恢复和发展中原地区社会经济、救济贫困百姓、安定社会秩序做出了贡献。长期以来，丘处机盼望出现一个好皇帝，以便让人民过上安居乐业的生活。金世宗统治时期，一度政治比较清明，因此，获得丘处机的拥戴和高度评价。然而好景不长。随着元军进入中原，与金战争不断，造成山河破碎，人民流离失所。目睹人民痛苦，生灵涂炭，丘处机写下了"天苍苍兮临下土，胡为不救万灵苦？万灵日夜相凌迟，忍气吞声死无语。仰天大叫天不应，一物细琐徒劳形"等满怀悲愤的感人诗句。他把西行面见成吉思汗当作一个实现自己济世安民理想的良好契机，并在西行途中，用诗句来表达自己的这一夙愿："十年兵火万民愁，千万中无一二留。去岁幸逢慈诏下，今春须合冒寒游。不辞岭北三千里，仍念山东二百州。穷急漏诛残喘在，早教身命得消忧。"他不顾年迈，跨戈壁，过草原，心中念的是"山东二百州"人民。这首诗正是表达了他不辞劳苦万里西行欲救民于水火的心情。

在成吉思汗大营，丘处机反复向其灌输爱民的道理。《元史·丘处机传》云："（太祖）问为治之方，则对以敬天爱民为本。"丘处机还巧妙地借用雷震等自然现象，劝告成吉思汗及蒙古人要有行孝之心。他说："尝闻三千之罪，莫大于不孝者，天故以是警之。今闻国俗不孝父母，帝秉威德，可戒其众。"丘处机特别向成吉思汗论述了治理好中原地区的重要性："普天之下，所有国土不啻亿兆，奇珍异宝比比出之，皆不如中原天垂经教，治国之术为之大备。山东、河北天下美地，多出良禾、美蔬、鱼、盐、丝、蛋，以给四方之用，自古得之者为大国，历代有国家者，唯争此地耳。"他强调蒙元政权如要治理好中原，首先要让百姓"获苏息之安"，减免中原地区百姓赋税，真正做到"恤民保众，使天下怀安"。

由于丘处机循循善诱的说教，对成吉思汗思想多有触动，认为："神仙是言，正合朕心。"他还召集太子和其他蒙古贵族，要他们按丘处机的话去做，又派人将仁爱孝道主张遍谕各地。

一方面杀戮无休，一方面尊重仁道，成吉思汗看似是个矛盾的人。或许在成吉思汗心中，仁道与王道是两码事。仁道可以让一个人品德高洁，令人尊敬。王道则能满足一个人的抱负与野心。如果一个人的目标是修行自身，那么仁道可以带来安宁与长乐。如果一个人想要征服天下，那么王道则会指导你在不断进取中赢得成功。

当人选择了一个目标的时候，就等于选择了一种人生。

成吉思汗与丘处机

成吉思汗北回途中,丘处机也随驾而行。行军途中,成吉思汗多次命人给丘处机送去瓜果。

10月21日,成吉思汗走到了撒马尔罕。他命人布置场所,请丘处机讲道。听完后,成吉思汗很受启发。

4日后,丘处机再次讲道。这一次,成吉思汗命令手下的人将丘处机的话记录下来。

丘处机给成吉思汗介绍了两位道家的传奇人物——老子和庄子。并提到了老子《道德经》中的一段话:"大白若辱,大方无隅,大器晚成,大音希声,大象无形。"

丘处机还向成吉思汗传授了《列子》(一本道家著作)的禁欲主义:"心凝形释,骨肉者融;不觉形之所倚,足之所履,心之所念,言之所藏。如斯而已。则理无所隐矣。"

丘处机的话,给成吉思汗留下了深刻的印象。作为一个很少接受过中原文化的蒙古人,成吉思汗对这些高深的道教思想未必能够全部领悟,但是对于一个颇有智慧的人而言,一定能够从中吸取一些经验。

11月10日,丘处机找到成吉思汗,说:"山野学道很多年了,喜欢静一些的地方。住在行军阵前,感觉精神不爽,希望陛下可以准许我归山。"成吉思汗答应了丘处机的要求。

丘处机把成吉思汗赐给他的东西全部散给了撒马尔罕的穷人,准备回中原。但是当时天已经开始下雪,在这种季节想要翻过天山是非常困难的。成吉思汗利用这一点友好地邀请丘处机推迟行期,他说:"我也准备向东走,一起走可以吗?最多三五天,我的儿子们就都来了,到时候我还有需要请教真人的地方。"

丘处机答应了成吉思汗的要求,在蒙古大营内多住了一个冬天。

1223年的3月10日,成吉思汗在山上打猎,在追逐一头受伤的熊时,不小心从马上跌落到了熊的身边,险些被熊所伤。丘处机知道后,劝谏成吉思汗道:"此次落马,天戒也。"意思是说:这次从马上掉下来,是上天告诉你,以后不要参加这么危险的活动了。

成吉思汗回答说:"我知道了,神仙说的很对,但我们蒙古人一生打猎,我已经习惯了。"他没有把丘处机的话放在心上,谁知道丘处机一语成谶,成吉思汗后来果然死于围猎。这是后话了。

1223年,丘处机告别成吉思汗,踏上了返回中原的路。

1223年7月,丘处机抵达山西省。回到中原后,丘处机继续履行着自己教化众生的职责。《元史·丘处机传》称:"处机还燕,使其徒持牒招求于战伐之余,由是为人奴者得复为良,与滨死而得更生者,毋虑二三万人,中州至今称道之。"此举在当时影响巨大,以致各阶层人士纷纷涌入全真教门下,文人、官吏以与全真教相交为荣,道教其他派别甚至佛教寺庙也挂起全真旗号。丘处机在北京建长春宫(今白云观),作为全真教大本营,又在各地建立道观向全国推广。在元政府支持下,一时间全真教达到"古往今来未有如此之盛"的兴旺局面。

1227年，长春真人丘处机去世。丘处机死后，长春宫（原名天长观）瑞香氤氲整个北京城三日，世人称奇。天下百姓为纪念"邱神仙"的无量功德，遂定其生辰正月十九为燕九节，岁岁庆祝至今，是京津地区的著名风俗之一。

丘处机是一个具有划时代意义的人物。成吉思汗在西征之时，率领蒙古骑兵每攻占一个城市、一个国家，轻者大肆劫掠、抓战俘和女人为奴隶，重者屠城，满城人口尽数屠杀。可是后来当成吉思汗的子孙灭宋之时却少有屠城，也使得中国多少年来的文化、建筑等等诸多方面没有遭到毁灭性打击，这中间丘处机所起作用不可估量。丘处机以中原文化，诸如孔孟之道引导成吉思汗，才使成吉思汗放弃了攻进中原后大肆屠城掠夺的打算，并且让其子女学习中原文化，以礼御兵。

丘处机对成吉思汗的劝说，减少了蒙古军进攻中原时的杀戮和破坏，使他在当时已得到大众的高度评价，亦使全真教成为当时最兴盛的宗教。后世不少评价，都盛赞丘处机拯救生灵的功德，甚至超越他在宗教上的贡献，例如全真教道士撰写的《金莲正宗记》便收录了一个故事，记载三个人在讨论丘处机的贡献，首两个人分别称许他的修炼精湛和弘道有功，而最后一人则批评两者"见其小不见其大"，赞扬丘处机的最大贡献是使"四百州半获安生"，幸免于难的百姓"不啻乎百千万亿"；又清高宗撰写一副对联，谓"万古长生，不用餐霞求秘诀；一言止杀，始知济世有奇功"，都表达了同类的看法，其中"一言止杀"四字成为简括丘处机贡献的常用词。

所以，丘处机应邀赴中亚成吉思汗行营与其论道这件事，在道教史上是一个划时代的重大事件，也是丘处机得以实现自己理想与抱负的重大举措，意义极为深远。在此之前，丘处机看到金朝国势衰败，乃隐居于家乡栖霞传道授徒，并先后谢绝了金朝与南宋统治者欲请其辅政的邀请。然而他却毅然接受了成吉思汗之邀，不辞数万里艰苦跋涉，西行至雪山（今阿富汗境内兴都库什山）行营，面见蒙古大汗，充分表现出这位道教领袖在政治上高瞻远瞩的洞察力。

一方面，他深明天下大势，看到了结束战乱使国家统一的重任已历史性地落到成吉思汗及蒙元政权身上，为全真教日后的发展和实现自己的夙愿，必须要得到即将出现的新的封建王朝的支持。另一方面，丘处机也从成吉思汗向其下达的诏书中看到了希望，受到了鼓舞。成吉思汗的邀请书表面上请丘处机为己讲养生之道，实际上则是询问治国安邦大计。成吉思汗为治理国家求贤若渴的心境跃然纸上，其深情打动了丘处机，使他把实现理想和抱负的希望寄托在成吉思汗身上，所以能不顾72岁高龄，历尽艰辛，万里西行，开始又一次"外修真功"的重大实践。

丘处机不仅在政治上有远见卓识和济世安民的抱负，而且有渊博的文化知识，在弘扬中国传统文化和对外文化交流中也做出了贡献。

丘处机诗词也有较高的文学造诣，从保留下来的近500首诗和150首词看，丘处机继承了唐诗宋词之长，不追求辞藻之华丽，自有朴实、流畅、明快之风格。他把写诗填词作为宣传道教理论、谈机锋、唱玄的一种方式，许多与文人学士唱和的诗词中都表现出共同研讨中国传统文化的内容。还有部分诗词直接反映社会状况和人民生活，具有强烈的现实主义精神。如《悯物》、《因旱作》等诗将社会动乱、万民涂炭、百姓的痛苦生活和自己悲愤的心境描写得淋漓尽致。

丘处机对道教传统文化的汇集尤为重视,"尝视道经泯灭,宜为修复之事",晚年组织了重新修撰《道藏》的工作。他委托其弟子宋德芳,在元朝政府支持下,历时八年,完成重印《道藏》120卷。《道藏》的重修印行,不仅保存了完整的道教典籍,同时也弘扬了中国古老的传统文化。

丘处机西行面晤成吉思汗,也是元初中西文化交流史上的一个缩影。丘处机西行途中遍及今蒙古、吉尔吉斯斯坦、哈萨克斯坦、乌兹别克斯坦、阿富汗等国,在所经过的城镇,宣讲道教等中国传统文化,让当地人民了解中国和中国的传统文化,起到了宣传推动作用。

在今蒙古西部科布多,他还让弟子宋道安、李志常等留住于此,建立起全真教的栖霞观,在当地各民族中招徒授道,宣传中国传统文化,并仿效山东等地全真教组织法在当地建立了全真教组织。在中亚的撒马尔罕等地,除了宣传道教文化外,还利用成吉思汗赐予的粮食赈济灾民,颇得当地人民拥戴,从而扩大了丘处机和全真教在中亚人民中的影响。丘处机一行所到之处,受到各国统治者和人民的热烈欢迎。在蒙古境内大石林牙(今吉尔吉斯斯坦伏龙芝)、塔什干、邪米思干等地,当地人民均献出美酒佳肴,甚至出现"以彩幡、华盖、香花前导"的盛大歌舞欢迎场面。李志常在《长春真人西游记》中,多处记载了丘处机一行受到中亚各国、各族人民欢迎的实况。可以认为,丘处机西行过程也是一次增进中国与中亚人民友谊,传播中华文化,促进中西文化交流的过程。

综观丘处机一生,他的三教合一的理论,他的济世救民的思想与实践,以及他在弘扬中国传统文化和对外文化交流等方面所做的贡献,都对当时和后世产生了重大的影响。与同时代宗教界、思想界代表人物相比较,可以说无出其右者。

第四篇／大哉乾元

第一章 / 成吉思汗之死

入侵俄罗斯

当成吉思汗已经基本征服了花剌子模帝国，开始征战呼罗珊地区的时候，他的两员大将——哲别和速不台已经打到了俄罗斯。我们前面说过，最初，他们奉成吉思汗的命令，带着2.5万骑兵部队追击花剌子模帝国国王摩诃末。摩诃末死后，他们则继续向西推进，

1220年春，成吉思汗命哲别和速不台追击花剌子模的摩诃末时，曾经对他们说：你们可以在三年内结束战争，从钦察草原回到蒙古草原上来。哲别和速不台深领成吉思汗的用意，将摩诃末驱赶到里海后继续实施战略侦察，袭掠伊朗各地，先后攻取伊朗南部众多城镇，一直攻取到哈马丹后停住。由此引军北上，开始了对高加索山脉南北地区和俄罗斯南部的进军。

作为蒙古军中非常出色的两个将领，哲别和速不台一路向北，经过一番

征战之后，他们到达了谷儿只（今日的格鲁吉亚）。这里当时由吉奥尔吉三世拉沙所统治，而且正处于国家最为强大的时期。但是，在蒙古军队面前，他们还是显得太过弱小。1221年2月，蒙古军队击溃了谷儿只军，并制造了大屠杀。

1220年末，哲别、速不台率军北上，进逼阿哲尔拜占都城大不里士（伊朗西北部城市）。阿哲尔拜占国王知道自己无法与蒙古军队对抗，便献出金银请和，哲别和速不台收到金银后，率领蒙古军退出其境内，进军里海西岸的穆甘大平原（阿塞拜疆南部）。

在穆甘大平原，蒙古军队遭遇了几十年不遇的严冬。1221年初，天气依然寒冷，但哲别和速不台分兵一部，进入格鲁吉亚王国境内。

格鲁吉亚女王鲁速丹以为蒙古军队不会在这样寒冷的天气中出兵，于是派使者去阿哲尔拜占，约定在春天抗击蒙古军。但是她没有想到，还没有等到春天，蒙古军队就突然杀到，许多格鲁吉亚突厥蛮人纷纷投入蒙古军。

1221年2月，哲别、速不台以投降的格鲁吉亚突厥蛮人为前锋，逼近格鲁吉亚王国首都第比利斯。

当时格鲁吉亚有1万多军队，突厥蛮人无法攻克，伤亡惨重。随后，蒙古本部军队发起进攻，击败了格鲁吉亚军队，斩杀过半，但是自己也损失很大。所以他们暂且退兵，再次回到大不里士附近，阿哲尔拜占国王不得已再次花钱买平安。

1221年3月30日，哲别、速不台进攻马拉盖。攻下这座城市，再度来到了阿哲尔拜占的疆界，这是蒙古军第三次来这里了，阿哲尔拜占国王在前两次就几乎把自己所有的金银都给了蒙古人，如今再无金银贡奉。只得留将守城，自己逃避外地，蒙古军则攻占了他们的城池，大肆掠夺一番后离开了。

1221年10月，哲别、速不台率军来到阿兰之地（俄罗斯顿河流域，大高加索山以北），阿兰人素来以勇敢善战著称，经常与格鲁吉亚人作战，胜多败少，但是在蒙古人面前，他们失去了抵抗的意志。蒙古人索金银后退去。

随后，哲别、速不台则第二次进入格鲁吉亚境内，格鲁吉亚女王鲁速丹赶忙征调了3万十字军保卫国土。

蒙古军队与十字军在第比利斯以东相遇。哲别和速不台将蒙古军分为两队，各领一队。哲别以5000骑兵设伏，速不台领兵出战，并假装战败，向后撤退。等把敌人引到哲别的包围圈之中，蒙古军队从四面八方杀将出来，蒙古将领扎那领兵攻击敌军右翼，马日古斯领兵攻击敌军左翼，一举击溃了格鲁吉亚的步兵部队。速不台军此时也回身重新加入战场，与哲别一起围歼了格军的精锐骑兵。

此战中，格鲁吉亚3万十字军死伤过半，统兵大将军伊万涅不敢再战，退兵防守首都第比利斯。这一战役在欧洲非常著名，被称为格鲁吉亚之战，也称乔治亚之战。

击败格鲁吉亚军队之后，哲别、速不台原打算进攻第比利斯，但是成吉思汗认为格鲁吉亚境内山高林密，不利于骑兵机动，命令他们转攻高加索山脉以北地区。

1222年初，蒙古军由穆甘平原东进入到了设里汪境内，攻破了这个小国的首都，胁迫其国王剌失德派遣10名贵族给蒙古军队当向导，带领蒙古军取道里海西岸北上。

蒙古军队通过天险达尔班山隘（德黑兰北部），来到了高加索地区。

蒙古军进入高加索以北的帖雷克河流域后，当地的阿兰人联合钦察人、阿速人、奇尔科斯人阻击蒙古军。在此战中，阿兰人显示出了自己强悍的一面,他们奋勇作战,一时胜负难分。

为了瓦解敌人的联盟,哲别派使者携带礼物会见钦察部首领迦迪延说:"我们彼此都是同一个部落(都可以算作是突厥人)的人,出自同一个氏族,你们为什么要帮助不相干的阿兰人呢?让我们缔结互不侵犯的友好协定吧,我们把金银留给你们,你们把阿兰人留下。"

在哲别的鼓动之下,钦察人离开了阿兰人,蒙古军则乘机进攻,大破阿兰联军,北高加索山区的贵族们相继投降。

钦察人回到自己的钦察草原后不久,蒙古人就出尔反尔,出其不意地发起对钦察部的攻击,哲别、速不台说:"钦察地区是蒙古大汗长子术赤的封地,所有钦察人和这个地区的其他民族都是蒙古人的属民,都要接受术赤的统治。"钦察草原上的游牧百姓纷纷逃亡,蒙古人认为他们是不服管制而叛逃,于是跟踪追击,一直渡过顿河,追逐到亚速海北岸以西之地。

1222年冬,哲别和速不台的蒙古军在钦察草原度过了整个冬天。钦察人属于突厥游牧部落的一支,其领地处于里海,北高加索,黑海以北,东邻康里部(咸海以北),北接罗斯,西到匈牙利等国。钦察一部的首领迦迪延曾将女儿嫁给南罗斯的加里兹公国密赤思老大公,迦迪延逃到基辅请求出兵相助。哲别,速不台则尾随迦迪延进入罗斯境内,迫使钦察人迁移至伏尔加河和第聂伯河之间。

与俄罗斯人的最后决战

现在，蒙古人已经踏上了俄罗斯的领地。当时这里的统治者，是诸多的俄罗斯公国。

从6世纪开始，东斯拉夫人（俄罗斯人）就分布居住在基辅到伊尔门湖一带。9世纪，东斯拉夫部落发展成一些设防的城镇，被称作为公国。

882年，诺夫哥罗德王公鲁克里征服了基辅和第聂伯河西岸各公国，形成了以基辅为中心的大公国，其统治者称为大公，国家称作俄罗斯。鲁克里将国土分为数国，分封诸子而治，以基辅为都城。

10世纪，俄罗斯国逐渐强大，但是到了12世纪，却又分裂为基辅、斯摩棱斯克、契尔尼果瓦、也烈赞、诺夫哥罗德、罗斯托夫—苏兹达尔等10多个小公国。

这些小公国原来以基辅大公为宗主，后来逐渐独立。1169年，基辅大公国解体，迁都到弗拉基米尔。

从13世纪开始，各个公国时分时合，互相混战，东北部罗斯托夫—苏兹达尔改称为弗拉基米尔公国，西南罗斯建立了加里兹公国，合并了波多里亚、沃伦、基辅等公国的一部分，西北部波洛茨克并入立陶宛大公国。当时全罗斯领土不大，其东境不过伏尔加河支流翰迦河。中亚草原的钦察人时常侵扰罗斯境内。罗斯南部各大公为了避免遭受钦察人的侵扰和战胜其他公国，常常与钦察各部联姻，以扩张自己的实力。

钦察部首领迦迪延逃到俄罗斯向其女婿求援后，密赤思老大公联络南罗斯各王公，在基辅商量抵抗蒙古军的事情。

当时诸王公对是否与蒙古人交战意见不一致，争论不休，密赤思老大公认为，钦察人虽与我们是世敌，但是大敌当前，救钦察就是救自己。如果把钦察人推向蒙古人，壮大了他们的力量，早晚我们将在俄罗斯的土地上迎接蒙古大军。不如先发制人，主动进攻，将蒙古人挡在国门之外。

这番话非常有远见，也说服了诸王公，最终他们同意出兵，要在钦察人的土地上与蒙古军作战，并派使者请弗拉基米尔大公出兵相助。

哲别、速不台得知俄罗斯人准备联合攻击蒙古时，派出10名使者到基辅会见各位王公，使者对俄罗斯王公们说蒙古并没有要与俄罗斯人战争的想法，只是讨伐钦察人，不要听信钦察人的挑拨。而且，钦察人也常年侵扰俄罗斯境内，不如与蒙古和兵同伐钦察，共分果实。

俄罗斯诸王公没有理会哲别的说辞，并杀死蒙古使者。

1223年春，密赤思老大公联合基辅、加里兹、契尔尼果瓦公国的军队组成10万大军，出兵钦察草原，集结于第聂伯河下游准备迎击蒙古军。

原本被蒙古人吓跑的钦察人听说10万大军要与蒙古人作战，纷纷前来归顺。如此一来，俄罗斯军队的实力更加壮大了。

当时，哲别和速不台手下仅仅有2万军队，正面作战非常危险，于是，他们再次派出使者，对俄罗斯的公王们说："你们听信钦察人的谗言，杀害我们的使臣，集结军队向我们宣战。我们对天发誓说不侵犯你们，你们为什么还要这样做？请你们不要进兵挑起战争。我们蒙古人是不怕打仗的，但是要把道理讲清楚。"

哲别和速不台的求和行为，被俄罗斯诸王公视为懦弱，更加坚定了他们的战争决心，于是放回使者转告蒙古将领，坚持要与蒙古军约战。

当时密赤思老大公非常自信，认为单凭自己的力量就可以战胜蒙古军队，所以他不等基辅等诸公国军队，独自率所部的万余骑兵东渡第聂伯河，并在那里击溃蒙古军前锋，俘获受伤落马的蒙古军前锋将领，交给钦察人处置。

俄罗斯大军随后也陆续渡河，蒙古军边打边走，俄罗斯联军狂追蒙古军12天，等追到迦勒迦河畔时，发现蒙古军队不跑了，已经列好阵势，准备迎战了。

蒙古人之所以不跑了，是因为术赤派来的蒙古援军赶到了战场，虽然人数仍然处于下风，但是已经拥有了与敌一战的资本。

蒙古军与俄罗斯联军隔河对峙，俄罗斯联军分为南北两部屯军，南军以基辅军、契尔尼果瓦军组成，北军由加里兹军、钦察军组成。哲别派出6000骑兵佯攻俄罗斯联军，然后假装打不过，开始"逃跑"。

俄罗斯联军中那些年轻的王子们则乘胜追击。一些老将领建议慎重出击，等待判明敌情后再发动进攻，但遭到年轻贵族们的反对。密赤思老大公此前打败过蒙古前锋，所以更是自信百倍，轻敌冒进，指挥联军北军先行过河。

1223年5月31日，蒙古军与俄罗斯联军在迦勒迦河展开大战。蒙古军队再次发挥了他们的侦察手段，摸清了俄罗斯联军的兵力部署情况。哲别命令蒙古军队的右翼猛攻对方的钦察军，切断俄罗斯北军的退路。

钦察军在蒙古军队的猛攻下接连溃败，冲乱了友军的战斗队形。蒙古军队则趁此机会发起全线冲锋，俄罗斯北军由于阵形混乱而大败。

密赤思老大公战败之后，抛弃了自己的士兵，独自一人乘船逃回对岸，还将迦勒迦河上的船只全部烧毁以防止蒙古军追击。结果，那些没能及时逃走的俄罗斯士兵在河滨遭到蒙古军的肆意杀戮,死者十之八九,鲜有生还。

当时俄罗斯联军中的基辅军就扎营于河对岸的高地上,眼看着加里兹军战败却不去帮忙。蒙古军击破俄罗斯北军后,乘胜挥师渡河,进围基辅军队。他们仓促抵抗了3天后乞降。这一战中,密赤思老大公再次逃出战场,蒙古军队派人追击,密赤思老大公只好向蒙古人投降,只求能饶他一命,蒙古军队答应了他的请求。

在此一战中,俄罗斯联军死伤7万人,有6位王公被蒙古人处死,70位贵族阵亡,蒙古军取得了辉煌的胜利。

当俄罗斯联军与蒙古军队作战之时,弗拉基米尔公国的军队正在赶往战场的途中,得知联军战败的消息,他们不敢再往前走,连忙逃走了。蒙古军则乘胜长驱直入,蹂躏了南罗斯的广大地区,进入克里米亚半岛,攻陷速达黑城。

1223年冬,哲别和速不台凯旋东归。饱掠回师的蒙古军途经不里阿耳部所居之地,不里阿耳人率军阻击,蒙古军以伏击战全歼了不里阿耳人的军队,不里阿耳臣服于蒙古。随后,蒙古军降服了里海滨海地区的撒克辛人,进至康里部,康里部首领带兵来拒,战败后也投降蒙古。

此时,整个俄罗斯地区,几乎尽在蒙古人的统治之下。哲别、速不台二将奉成吉思汗之命率兵2万余骑追击花剌子模的摩诃末,扫荡高加索山脉南北,破罗斯联军,转战3年,征服14国,破城40余座,歼敌近17万,行程5000余公里,以极小的代价取得了极大的战果。哲别、速不台对高加索地区及南部罗斯的进攻是战略武力侦察,是拔都西征欧洲的前奏。

哲别与速不台在作战中运用的主要战略战术有:追击战、伏击战、围城战、袭击战、运动战、歼灭战、分化瓦解和各个击破等。

追击战：哲别、速不台扫荡高加索和南俄的前因就是奉成吉思汗之命，追击花剌子模的摩诃末。蒙古军从撒马尔罕城下出发，渡过阿姆河，经过今阿富汗、伊朗、伊拉克等国，最终将摩诃末逼迫至里海小岛上，后其死于该地。

伏击战：1221年10月，哲别和速不台军在格鲁吉亚的首都东部分兵迎战格鲁吉亚的3万十字军。哲别以5000人设伏，速不台领兵佯败，诱敌进入伏击圈，令格军3万人马多半覆没。

围城战：蒙古军攻破徒斯、哈马丹等城，均采取围城攻坚的战术。

袭击战：蒙古军屯兵于里海西岸的穆甘平原过冬，格鲁吉亚人以为蒙古人不可能在天寒地冻的情况下发动攻击，不料蒙古军突至其首都第比利斯城下。格军毫无准备，以万人仓促迎战，被蒙古军斩杀过半。

运动战：1223年夏，罗斯联军10万集结于第聂伯河下游准备迎击蒙古军。哲别和速不台在寡不敌众的情况下，采取诱敌远离其境，伺机出战的战术，将敌人牵至有利的地区而歼灭。

歼灭战：迦勒迦河战役是举世闻名的诱敌深入，各个击破的歼灭战经典战例。

分化瓦解：蒙古军进入高加索北部地区后，阿兰人联合钦察人和其他突厥部迎战蒙古军。哲别采取分化瓦解策略，派使者带礼物去见钦察部首领，诱使钦察人弃其盟友而去，最后蒙古军又出其不意地大败钦察人。

各个击破：1223年的迦勒迦河战役中，罗斯北军渡河与蒙古军激战时，罗斯南军目睹北军覆没而不援。蒙古军破北军后攻南军，南军抗守3日后乞降。

1224 年，速不台奉成吉思汗之命率军东行，此时的成吉思汗，已经扫清了中亚地区的反对者，回到了蒙古西部地区，西征 7 年之后，成吉思汗终于回到蒙古土拉河行宫。

哲别与成吉思汗会师之后，哲别奉命去镇守钦察草原。不久，屡建战功的蒙古骁将哲别病死于咸海西部的康里境内。

成吉思汗长子术赤则负责镇守花剌子模。成吉思汗还在各城设置达鲁花赤（督官）。乌尔根奇城的牙老瓦赤、马里忽惕（属忽鲁木石氏）父子二人向成吉思汗提出了管理城邑的办法，得到允准，遂派马思忽惕同达鲁花赤共同管理布哈拉、撒马尔罕、乌尔根奇等中亚城市，派牙老瓦赤管理中都（今北京）。达鲁花赤是代表成吉思汗意志的军政、民政和司法官吏，以《大札撒》为根本，结合当地统治惯例行使其统治权。经过 20 余年的治理，到 13 世纪 60 年代，中亚的社会经济已恢复繁荣景象。

第六次西夏战争

1226年，成吉思汗亲自率兵攻打西夏。这是他对西夏的第六次战争。

在前面，我们已经讲述了前四次西夏战争的过程。蒙古人第五次征讨西夏，是在1224年，当时的成吉思汗正在和花剌子模帝国开战，所以他并未亲自指挥这场战争，而是任命木华黎之子勃鲁作为这场战争的最高统帅。

第五次西夏战争的起因是：1223年，西夏国王李遵顼把自己王位让给了他的二儿子李德旺。

李德旺很年轻，所以野心勃勃，并且不知天高地厚，他见成吉思汗率部西征一路打到了西亚，离自己越来越远，就开始勾结漠北的一些部落组成反抗蒙古的联盟。

成吉思汗得知西夏"阴结外援，蓄异图"的行动后，就想要派兵去征讨西夏。派谁去呢？木华黎当然是最好的人选。但不幸的是，就在这一年的3月，木华黎病逝，享年54岁。

作为成吉思汗手下最优秀的将领，木华黎深得成吉思汗的信任，他与成吉思汗既是君臣，也是朋友，成吉思汗敢于把中原地区交给他、并封他为王就是最好的证明。

成吉思汗对木华黎之所以信任，很大一部分原因是他们在年幼时就相识相交。但是，我们在此前的篇幅中，并没有介绍木华黎如何与成吉思汗相识，这是因为史书上对木华黎何时归附成吉思汗也没有明确记载。

《圣武亲征录》（蒙古史书，作者不详）对于木华黎的记载，是从成吉思汗派遣木华黎等四良将为克烈部王汗解围开始的，并没有提到木华黎是如何归附成吉思汗的。

《蒙古秘史》中则提到了木华黎归附铁木真的事情，书中记载说：成吉思汗杀了薛扯、泰出二人之后，者卜客（木华黎的叔叔）、古温·兀阿（木华黎的父亲）带着他的两个儿子木华黎、不合来拜见成吉思汗，并且说："我让他们做你的家门内的奴隶，他们若敢离开你的门限，就挑断他们的脚筋！我让他们做你的私属奴隶，他们若敢离开你的家门，就割掉他们的肝，抛弃掉他们！"

成吉思汗追杀薛扯、泰出二人发生在 1197 年春天。以此我们可以推断出，木华黎很早就开始跟在成吉思汗身边了。

木华黎一生，性格沉毅，足智多谋。而且非常勇武，手臂抵膝，擅长射箭，可挽两石强弓。而且功勋卓著，英名远播。临终前，木华黎对其弟弟带孙说："我为国家助成大业，擐甲执锐垂四十年，东征西讨，无复遗恨，第恨汴京未下耳！汝其勉之。"成吉思汗对于木华黎的死非常痛惜，后来，在一场战争中，他对部将说："要是木华黎在世，我就用不着来此督战了！"

或许是基于对木华黎的怀念之情，在木华黎死后，成吉思汗选择了木华黎的儿子勃鲁作为此次攻打西夏的统帅。他命令勃鲁从金国战场抽身，出兵进攻西夏。

1224 年 9 月，勃鲁率领蒙古军突击西夏。

当时，李德旺认为成吉思汗隔得太远，一时间回不来，所以根本就没做任何准备。他也不想想,这个时候蒙古帝国,攻打你西夏国,还用得着成吉思汗亲自来吗?

勃鲁发起进攻之后,短时间内就攻克了西夏东北部重镇银州(陕西榆林)。西夏军守将塔海被杀,10万西夏军队全军覆没。

见蒙古军队如此厉害,李德旺吓得魂不守舍,选择了投降。蒙古国接受了他的投降,停止了进攻。

蒙古人之所以这么轻易放过李德旺,是因为当时又要和金国作战,又要在中亚西部作战,实在是腾不出手。其实,成吉思汗对于这个反复无常的国家早就深恶痛绝了。所以在他回到蒙古的一年之后(1226年),他亲自领兵进攻西夏。

这一次,成吉思汗是要彻底铲除西夏王朝。

1226年春,成吉思汗亲自率领10万大军,对西夏实行第六次征讨,也是最后一次征讨。

这年的3月,蒙古军分两路向西夏进发。而西夏军主力已经被蒙古人打怕了,根本不敢出战,躲在中兴等待援兵。

成吉思汗长驱直入,将西夏国分成了两个战区,而后分兵两路,各个击破。他自己亲自率领蒙古军主力出东路,攻打西夏重镇黑水城,得胜之后又接着攻打阿剌筛山。西夏大将阿沙敢卜率领军队增援,结果在半路上就被蒙古军队全部歼灭,阿沙敢卜本人也被俘虏。

取得了大胜后,成吉思汗又迅速率军向西,全军屯集在察速秃山(浑垂山,在今甘肃酒泉北)。

西路军大将阿答赤和畏兀儿亦都护,见成吉思汗获得胜利,就前去攻打西路的西夏军队。他们首先对西夏重镇沙州(今甘肃敦煌西)发动了进攻。

这里的西夏守将籍辣思义见蒙古军势大，便出城诈降。他派人给蒙古军送去了许多牛羊美酒还有美女，暗地里却设下伏兵，趁着蒙古军队放松警惕的时候，突然袭击。

蒙古军猝不及防，中了埋伏，阿答赤险些被俘。幸好亦都护增援军及时赶到，才又重新集结蒙古军，继续合围沙州城。

西夏军首战挫败了蒙古军，军心大振，负隅顽抗。蒙古军久攻不下，便挖了条地道进入城内，里应外合把西夏军包了饺子，这才攻破了沙州城。此役，西夏守军无一生还。

之后，蒙古东西两路军在察速秃山会合。成吉思汗带领全军进攻兀剌海城。不过，由于兀剌海城墙坚固，短时间内难以攻破，成吉思汗又暂缓对这里的攻击，而是分兵各地，先后攻占了甘州（今甘肃张掖），西凉府（今甘肃武威）等西夏重镇。

势不可当的蒙古军在成吉思汗的率领下，开始攻击重镇灵州城。灵州是西夏都城中兴府的门户，如果失守，都城难保。因此，各地西夏军纷纷赶来救援。结果却中了成吉思汗"围点打援"之计，行军到半路就全部被蒙古军队击破了。这一仗中，西夏军主力近50万人几乎被全歼，只剩下几万残兵败将逃入中兴府。

西夏国已经大势已去。在接下来的战争中，蒙古军攻下灵州城。灵州城的守将李德任率领部队与蒙古军展开巷战，兵败被俘，不屈而死。

战争打到这个时候，西夏已经濒临灭亡了。他们的皇帝李德旺"忧惧而死"，继任者是李德旺的侄子——李睍。

李睍虽然名义上是皇帝，但实际上最多只能算个市长。因为他接任的时候，西夏已经全国沦陷，只剩下都城中兴府还在他的控制之内。就这么一个城市，外面还全是蒙古军队。

蒙古军队对中兴府的政策是"围而不打"，一个月之后，西夏军队弹尽粮绝。李睍见回天乏力，便派使者向蒙古投降。

成吉思汗再次接受了西夏的投降，不过当李睍来觐见他的时候，成吉思汗对西夏人没什么好印象，所以也没给李睍好脸色。

不久之后，成吉思汗命令部将将李睍、李仲、嵬名令公等西夏投降者全部杀死。

至此，立国189年的西夏王朝，灰飞烟灭。

成吉思汗南下侵金和攻西夏，在1215年前后，在策略上有较大变化。首先，在此之前进军主要是掳掠，不占领土地，蒙古军退走之后，所占地区城镇又被对方收复。1215年，成吉思汗采纳了石抹明安、王揖的建议，变屠杀为招降，金军望风迎降。同年，又将侵金之事委托给木华黎。木华黎采纳了金朝制度，在云、燕建行省，发兵南侵。这一策略上的变化十分重要，为彻底灭金、灭夏、灭南宋奠定了基础。

其次，经过第二、第三两次征西夏战役，西夏北疆防御体系基本破坏，兵力大大削弱。第三次战役后，西夏转而附蒙侵金，多次派兵进击金东胜、泾州、邠州、平凉府、庆阳、延安、临洮等地，又派大军随蒙古军南下潼关等地作战。金军反击，也重创夏军。所以夏国黄河南的左厢诸军司的实力这时已大大削弱了。

因此，1217年冬，成吉思汗从黑林行宫南下，渡黄河（当是踏冰过河），列城不能御，如入无人之境，直攻中兴府。这正反映了西夏军力衰弱的实际。

蒙古军渡黄河攻中兴府，是渡的哪一段黄河呢？一般是渡灵州至石嘴山段黄河。从漠北南下，到这一段黄河，大约有两条道路。一是从今乌梁素海、西山嘴南下，入伊克昭盟，西南行；二是从包头昆都仑沟南下，入伊克昭盟，西南行。当然，其他还有多条道路可行，但都绕道过远。沿上述道路到黄河东岸，过河攻中兴府是最捷近的路线，而且阻力也最小。因为黑山威福军司的力量已被彻底消灭了。

这次出兵，成吉思汗本拟一举消灭西夏的，但由于中兴府城坚固，一时难以攻下，夏主李遵顼又逃至西凉州，西夏河西走廊诸军司还有一定实力可凭，若战斗处于胶着状况，便会影响筹备已就的大军西征。故而当西夏再次请降后，便迅速撤军了。

此后，西夏军又多次被征调配合木华黎军进攻金国，实力更加削弱。因此，等到成吉思汗西征返回后，第六次征西夏时，采取从黑水城南下的策略，先消灭西部诸军司的军队，最后灭亡西夏，自然就水到渠成了。

成吉思汗之死

1227年,成吉思汗在攻打西夏的路上参与了一次围猎活动,不慎受伤,并高烧不起。

此后,成吉思汗病危,在六盘山休养,留下了三条著名的遗嘱。第一,由其三子窝阔台继承大汗之位。第二,口授了攻金方案。第三,1227年8月25日上午,成吉思汗下达了最后一条遗嘱:死后暂不发丧、举哀,叫敌人不知道他已死去,以后禁止杀老百姓,禁止烧民房,禁止抢掠。据《元史演义》中记载,成吉思汗指示:金国精兵,西集潼关,南据连山,北限大河,此后我军往攻,就使战胜攻取,也恐不能速灭;计惟假道南宋,宋、金世仇,必肯许我,我下兵唐邓,直捣大梁,金都被困,定要征兵潼关,那时缓不济急,已成无用,就使他兵远来,千里赴援,人马疲敝,也不是我的对手,灭金易矣。

元太祖二十二年(1227)秋,成吉思汗死于六盘山附近的清水县。

成吉思汗死后,他的儿子们护送其灵柩北归。为了守住"成吉思汗已死"这个秘密,这支送葬的队伍,只要在路上看到人,就一律杀掉。

最后,成吉思汗的灵柩被葬到不儿罕山中。葬后不起坟墓,蒙古兵将骑了大群马匹践平土地,史载:其墓无冢,以马践蹂,使如平地。若忒没真之墓,则插矢以为垣,逻骑以为衡。

后来，成吉思汗的坟墓四周又长起了密林，所以700年后，人们再也没能发现成吉思汗陵寝的真正所在地。

一代军神，就此归于黄土。

成吉思汗，他的一生充满了传奇与争议。

在很多人看来："他使恐怖成为一种政体，使屠杀成为一种蓄意的有条理的制度。"在成吉思汗率领下的蒙古军队，是杀戮和掠夺的代名词。他让许多文明消失在历史的长河中，造成了很多地区的文明倒退。

不过，他又似乎不像是个刽子手。曾经与丘处机一起觐见过成吉思汗的道士李志常，这样形容他眼中的这位蒙古统帅："天厌中原骄华太极之性，朕居北野嗜欲莫生之情，反朴还淳，去奢从俭。每一衣一食，与牛坚马圉共弊同飨，视民如赤子，养士若兄弟，谋素和，恩素蓄。练万众以身人之先，临百阵无念我之后。七载之中成大业，六合之内为一统。非朕之行有德，盖金之政无恒，是以受天之佑，获承至尊。"

从这些描述中，我们又可以看到一个对友谊忠贞不移，对坚定跟随他的人十分慷慨和充满深情，与部下同甘共苦、身先士卒、爱戴子民（蒙古子民）的伟大领袖。

成吉思汗到底是个什么样的人？恐怕没有谁能给出准确的答案。

时间渐渐走远了，过去的很多人和很多事都渐渐模糊了。我们唯一能记住的，是那个策马奔驰在草原上的模糊身影。我们知道，这个人曾经经历过最深的困难，也带给许多人不幸。他一步步走向权力的巅峰，踏着带血的征程。到最后，一切都结束了，尘归尘、土归土。

遗产争夺战

成吉思汗死了，留下的是广阔的领土、世界上最强的武装力量和至高无上的权力。谁能成为这笔巨大"财富"的继承者呢？

在成吉思汗的遗嘱中，最关键的一部分是关于继承人的问题。这位叱咤风云的蒙古英雄，一生最担心的事情，恐怕就是他的几个儿子因为争夺汗位而自相残杀。

他所担心的事情，终究还是发生了。

在成吉思汗的几个儿子中，长子术赤和四子拖雷关系很好，而二子察合台和三子窝阔台则是一党。在成吉思汗死后，蒙古宫廷的两党对立从此形成，成为以后宫廷斗争的主线。

蒙古人在选择继承人的问题上，与汉族人有很大不同。汉族人普遍的习惯是"长子继承"，而蒙古草原则自古流行着"幼子守产"的习俗。也就是说，在蒙古家庭中，只有正妻所生的幼子，有资格与父母始终生活在一起，并最终继承父母的所有财产。

拖雷作为皇后所生的幼子，从小就跟着成吉思汗南征北战。他具有非常优秀的军事才能，如果让他做继承人，完全符合蒙古人的习俗，也可以继续带领着蒙古军队开疆拓土。

但是，成吉思汗认为他死后的蒙古帝国更需要一个政治家，而不是一个军事家，所以他破除了"幼子守产"的传统，选择了三儿子窝阔台作为他的继承人。为了补偿拖雷，成吉思汗把一大块土地和百分之八十的蒙古军队（10万人）交给了他。

虽然成吉思汗明确地指定窝阔台为继承人，但是他暂时还不能上任，因为成吉思汗在遗嘱中明确提出要保留由"忽里勒台"大会来选举大汗的传统。

当初成吉思汗就是通过"忽里勒台"（贵族议会）大会选举出的蒙古大汗，他希望这种制度继续产生作用。

成吉思汗的遗嘱中还说，在窝阔台通过贵族议会的选举之前，由拖雷监国。

结果，在成吉思汗死后，拖雷并没有马上召开"忽里勒台"大会，所以窝阔台虽然是继承人，却一直无法真正获得汗位。

到了1229年，拖雷监国已经快两年了。依照成吉思汗的遗命，大汗位应该传给窝阔台，但此时的拖雷并没有一点移权的迹象。汗位一直虚悬，对国家非常不利，这可急坏了耶律楚材。他四处活动，才终于使得拖雷答应1229年召开"忽里勒台"。

这一年秋天，"忽里勒台"终于在克鲁伦河畔召开了。在这次会上，察合台、窝阔台和拖雷三个人各怀心事。窝阔台和拖雷表面上你推我让，实际上，窝阔台早就想继承汗位了，而拖雷却迟迟不肯交权。

虽然窝阔台对拖雷的做法很不满意，甚至心生怨恨，但也无可奈何，因为当时蒙古最精锐的部队，都在拖雷手中。

推来让去，大会开了将近40天仍没有结果。耶律楚材觉得不能再拖下去了，他首先去找拖雷，把事情挑明，让他顺利移权。

耶律楚材办事是很讲策略的。他见了拖雷之后，首先给拖雷一个下马威。

他对拖雷说:"在下昨夜夜观天象,又以太乙数推之,明日为立新汗的最后吉期。错过明天,大蒙古国将会有大乱而一蹶不振,再不可能有新汗产生了。"

拖雷对耶律楚材的意思非常清楚,他生气地对耶律楚材说:"我从来不曾亏待过你,你为什么要跟我分心呢?"

耶律楚材说:"窝阔台是大汗生前指定的继位人,大汗生前有大恩于在下,在下必须肝脑涂地以报万一,所以我不能因为您监国就见风使舵,做出违背大汗的事来。"

耶律楚材的这些话,句句千斤,态度非常明确,就是要拥立窝阔台继承汗位,看你拖雷怎么办吧。

拖雷并不是任人摆布的人,他恶狠狠地问道:"你可知道这样做的结果吗?"拖雷的意思是,你耶律楚材不支持我继承汗位,难道就不怕我把你杀掉吗?

耶律楚材表现得非常从容,坦然地说:"一死而已,也好早日拜见大汗。"

耶律楚材的这句话更厉害,一下子就把拖雷镇住了。你不就是想杀我吗,我不怕死,死了好去拜见大汗。拖雷一时间无话可说了。

耶律楚材抓住机会,动之以情,晓之以理,继续说:"大汗生前最喜爱的人就是你了,你难道愿意违背大汗的遗命吗?这大蒙古国是大汗率领他的兄弟和你们弟兄多年浴血奋战打下来的,你能忍心看着它毁于一旦?大汗的在天之灵期待着你们拥立窝阔台为汗,期待着你们在窝阔台率领下卷起漫天西风,横扫落叶一般,夺取金、宋两国,一统天下,你可要三思啊!"

拖雷被耶律楚材的话打动了。耶律楚材则开始帮拖雷分析了当时的形势。耶律楚材说:"大汗驾崩之后,你迟迟不召开大会,世人都在猜测,你是不是有夺取汗位的打算?我想,你是最忠于大汗的,绝不会有此非分之想。要知道,虽然你大哥已经不在了,但还有你二哥察合台呢,如果闹起来,你能稳操胜券吗？"

耶律楚材一番苦口婆心的教诲，终于把拖雷的思想做通了。拖雷下了决心，要立即移权，拥立窝阔台继承汗位。

接着，耶律楚材又去做察合台的工作。他对察合台说："大汗驾崩已经两年了，大汗之位迟迟未定，不知王爷有何打算？"

察合台对于耶律楚材的问话，一时间不知道该怎样回答。说自己想继承汗位吧，肯定不行；说自己愿意拥立窝阔台做大汗吧，自己还不甘心，所以他只能保持沉默。

耶律楚材接着说："听说，当年立嗣的时候，是大汗听了你的主张，才决定让窝阔台继承汗位的。如今，你大哥虽死，但他的儿子们仍在西方，是否也有谋取汗位的企图呢？这很难说。如果现在不早做定夺，恐怕夜长梦多。有人在下面说，王爷自己想做大汗，我认为这完全是无稽之谈。第一，王爷是最讲信誉的人，想当年自己提名窝阔台，今日又与他争抢，岂不是言而无信！第二，论实力，你的弟弟拖雷和你的侄子拔都都要胜过你，真的抢夺起来，恐怕你也难以如愿。"

相比起来，察合台的工作要比拖雷好做得多，察合台听了耶律楚材的话，觉得非常有理，最终也同意拥立窝阔台继承汗位。

第二天，拖雷继续主持召开"忽里勒台"。但是，这次大会与前几天的大会有实质性的不同。前几天的大会，三方都形不成统一意见。但这天一开会，拖雷的态度来了个一百八十度的大转弯，明确表示，要遵照父汗的遗命，拥立窝阔台继承汗位。接着，察合台首先响应，当即拉起窝阔台的右手，拖雷拉着窝阔台的左手，把他拉到了汗位的宝座上。

除了耶律楚材，所有人都惊呆了，包括窝阔台在内，不知道为什么会出现这种情况。当窝阔台还在发愣的时候,察合台、拖雷已经带头跪在了地上,向窝阔台行礼。在场的人见状,也都呼啦啦跪倒在地,向新大汗行礼。这样,窝阔台在拖雷监国两年之后,终于登上了大汗的宝座。这是1229年秋的事。

窝阔台之所以能继承汗位,耶律楚材发挥了重要作用,是第一功臣。元朝的第二位皇帝产生了,这就是元太宗窝阔台。

第二章 / 成吉思汗的遗产

成吉思汗时代的蒙金局势

成吉思汗时期,蒙古人发动了对金国的战争。但是最后他将战略的重心转向了中亚地区,只留下木华黎继续同金国作战。

从 1217 年,到 1223 年去世,木华黎在短短的 6 年时间里,就攻占了进过很多城市。

奴隶出身的木华黎,确实可以算得上是帅才。在攻下城池的同时,他还获得了许多人的归顺,其中包括许多金国的旧将。

木华黎死后,华北的蒙古军失去了一个伟大的统帅,虽然木华黎的儿子勃鲁继承了父亲的位置,但是与父亲相比,勃鲁还差的很远。

而且,在成吉思汗死后的十个月,勃鲁也得病而死。他死后,他的大儿子塔思继承了他的位置。当时塔思只有 18 岁。

窝阔台继承了汗位之后,开始把战略的重心重新转向进攻金国。

由于木华黎的接替者们能力有限,所以在窝阔台大举进攻金国之前,蒙古军队在中原战场上节节失利。

尤其是在 1230 年正月的大昌原之战中国,金朝将领完颜彝以 400 名忠孝军战胜了蒙古名将赤老温所率领的 8000 名蒙古兵。

完颜彝是金朝宗室,小字"陈和尚"。他手下的忠孝军,是回鹘人、乃蛮人、羌人、吐谷浑人、以及汉人的联合军队,作战能力非常强。

大昌原之战的胜利,是二十年来金对蒙古的第一场大胜仗。也正是因为这一战的失利,窝阔台可汗决定亲征金国。

窝阔台亲征

1230年7月，窝阔台可汗对金亲征。

窝阔台派豁尔赤留守和林地区，自己带着拖雷、阿勒赤歹、口温不花（成吉思汗弟弟别勒古台的儿子）等人，渡过沙漠向南，进雁门关。

12月，气温骤降，黄河结冰，蒙古军队趁着这个好机会进军陕西，拿下韩城、蒲城。第二年正月，窝阔台派速不台攻打潼关，速不台接连胜利，完颜彝赶忙带着忠孝军来增援，速不台战败。作为成吉思汗时期的名将，速不台横行亚欧，却在这里遭遇了少有的失败。

当时窝阔台对速不台的表现很不满意，要严惩。关键时刻，拖雷出来求情，窝阔台这才从轻发落，并让速不台去辅佐拖雷，作为假道宋朝的汉中、以偷袭唐邓二州的助手。

金朝虽然有完颜彝的忠孝军打了一个胜仗，却挽回不了整个局面的颓势。

驻在（河南）阌乡的陕西行省平章完颜合达和参知政事移剌蒲阿，下令把自己属地的人民强迫东迁，派完颜庆山带着1万人作留守。

那些东迁的人走到半路上，突然遭遇了蒙古游兵，被杀死一大半，哀鸿遍野。

而此时，窝阔台正在绥远丰州东北的"九十九泉"避暑。在这里，他召集了诸王诸将会议，决定了三路出兵的战略，对金朝实施最后的打击。

最强大的中路军，有由窝阔台自己率领，经怀庆府渡河。

东路军的最高指挥官是斡陈那颜（窝阔台的母舅），从济南南下，中途路过宋朝的淮东。

西路军的最高指挥官是是拖雷，经由宝鸡南下，假道宋朝的汉中，经金州、洋州，而指向唐州邓州。

7月，拖雷带领部队到达宝鸡，他本来是要和宋朝借道，去攻打金国的。但是听说蒙古使者在宋朝被杀了，便不再客气，直接攻破了宋朝的大散关，然后又冲进凤县东南的武休关，一路上杀人抢粮，杀到四川庆元之北的（宋朝）华阳县，又杀到阆中之南，今日南部县西北的（宋朝）西水县，才掉转方向，在11月回陕南，冲过石泉县西的饶风关，由金州向东，在12月间到达湖北谷城的汉水边。

现在，拖雷的对岸就是金朝的光化。金军将领完颜合达、移剌蒲阿、完颜彝、武仙，已经在附近布下了重兵，打算与拖雷决战。完颜合达建议在拖雷渡汉水之时，迎头给予打击。移剌蒲阿则表示反对。结果，拖雷的蒙古军队安全的渡过了汉水，直接朝着顺阳杀了过来，金军这才慢慢地来到了禹山，摆开了正式。此时，金军的人数超过了20万；拖雷所带领的蒙古兵只有3万。

蒙古军队没有在第一时间发动进攻，而是派遣两翼军队对金军包抄。等到各部队都就位了，正式开打。由于双方兵力悬殊，所以久战不下。忽然，蒙古兵退走，退到了树林里面去，此后几天，金朝军队都没有看到蒙古军队的踪迹。金军人多，粮食消耗的很快，便想要趁此机会向邓州移动，去那里去就粮。不曾想，走到光化的枣林时，蒙古兵追来，出其不意，把金军杀得大败。完颜台达、移剌蒲阿、完颜彝，带了残余军队跑到钧州，就地死守。

在拖雷大破金军之前的十二月初八，窝阔台已经在山西拿下了金朝的河中府，并击杀守将完颜讹可。

1232年正月，窝阔台在孟县西南的白坡渡过黄河，来到了郑州，受守将马伯坚之降。

蒙古的先锋部队冲到开封城下。金朝政府非常着急，赶紧招完颜合达等人前来救援。完颜合达凑足15万兵，离开邓州，向开封前进。

拖雷听到这个消息，派出了3000人在金军的后面尾随，金军吃饭与宿营之时，这些人就前来挑战，弄得金军不得休息，疲倦不堪。

当时的天气很不好，有雨有雪。金军到达钧州的三峰山之时，所有的粮食都吃光了，所有人饥肠辘辘。然而，就在此时，后有拖雷率领3万蒙古兵追到，前面则来了窝阔台的大军。

蒙古军队依旧没有急于发动进攻，他们金军四面包围，却只是烧火烤肉，让好几天没吃饭的金军嗅到香味。蒙古士兵则是吃饱了便休息，休息好了又吃。轮流吃，轮流休息。在美食的诱惑和死神的威胁下，金朝军队已经失去斗志和判断力。

几天后，蒙古兵刻意网开一面，让出通往钧州的一条路。金军不知是计，组织"突围"，走到半路上，被蒙古兵拦腰一击，大部队立刻被打散了，全军被屠杀，"声如崩山"。

金军的名将"赛张飞"张惠，"步持大枪，奋战而死"。武仙则带着几十人逃进竹林，逃往密县。移剌蒲阿向着开封的方向走了一阵，在"望京山"被俘，不屈而死。完颜合达、完颜彝等逃到钧州，企图死守。但是他们也没守住钧州，随即便被蒙古兵攻破，完颜合达与完颜彝双双被俘，不屈而死。完颜彝死前，被押到拖雷面前，他对拖雷说："我便是在大昌原、卫州与倒回谷三个地方战胜蒙古兵的'忠孝军总领陈和尚'。"拖雷让他投降，他不肯。结果被拖雷砍断了脚，割开了嘴，但仍然不降，喷血大骂而死。

蒙古军的首先目的，是攻下开封。开封自从金宣宗迁来以后，一开始负责守卫的术虎高琪，此人飞扬跋扈，金宣宗对他非常痛恨，于是藉口他纵容一个家奴杀妻，在1219年十二月把他明正典刑。

在金哀宗开兴元年（1232）蒙古军兵临开封之时，负责守城的是"内族白撒"。所谓"内族"，便是皇族。白撒是金世祖的一个孙儿之后裔，和末帝承麟是胞兄弟。

白撒的方略，第一是把黄河挖开，想用黄河的水来拱卫开封。还没等他实施自己这个鱼虫的计划，蒙古的骑兵就来了。第二是放弃在今日汲县的"宜村渡"新卫州，把当地的城防用具与兵丁搬来开封。第三是，不守术虎高琪所监造的里城，而改守周围120里长的外城。

当时开封城内仅有四万兵马，后来又有四万援兵，白撒还嫌不够，就又征召了壮丁6万左右，也算是有了十几万大军。

蒙古人在攻打开封之前，先于1232年三月间进攻洛阳。洛阳的守将叫强伸，原本是文官，洛阳的主将离开之后，被老百姓公推代理。强伸用2500名的三峰山溃兵，竟然守了洛阳三个多月，蒙古兵只好退却了。

开封东南的归德府，也有一位文官，冀禹锡，努力坚守，蒙古人也是久攻不下。

开封西边的洛阳与东南边的归德都无法拿下，窝阔台不敢直接打开封，于是派人去开封向金哀宗劝和。

金哀宗很愿意和蒙古人讲和就封完颜讹可为曹王，准备把他送到窝阔台身边当人质，慢慢地商谈和平条件。

但是这个人质却无法送出成，因为速不台还没有接到窝阔台的停战命令。当城里有人告诉他窝阔台已经打算劝和的时候，速不台回答："我只奉到有攻城的命令，别的事我不知道。"速不台采取了在花剌子模时的恶毒招数：驱使俘虏先上。

看到蒙古人如此残暴，金军上下义愤填膺，都想与蒙古人决一死战。但是金哀宗自己从宫里出来对军民讲话，说："忍耐一天，等候我把曹王送出城，然后，如果'鞑靼'不肯退，你们才可以拼命打。"结果，他把曹王送出了城，但蒙古人依旧不肯退兵。

开封的攻防战，又从三月上旬打到四月初七，整整打了一个月，窝阔台才准和。尽管《金史·白撒传》的著者对白撒的评价不是很高，但是能坚守开封三十几天，也算功不可没。

值得一提的是，金军在此次战役中用了两种非常特别武器，一是"其声如雷"的"震天雷"。一是"飞火枪"。震天雷就是装满了火药的铁罐子，威力很大，史书上记载说"所爇围半亩以上，火点着铁甲皆透。"所谓火点，便是我们今日称为"弹片"的东西。这震天雷，算得上是手榴弹的雏形了。飞火枪是今日步枪的前身："注药，以火发之，辄前烧十余步。"

与金朝议和之后，窝阔台回到绥远的九十九泉去避暑，留下速不台，带着3万军队见识开封。七月，蒙古的使者唐庆与随员三十几人在开封城内被杀。杀人者是"飞虎军"的军人申福与蔡元。金哀宗害怕激起民变，不敢惩戒申福、蔡元，这让蒙古人大为恼火，再度发动战争。

战事开始之后，武仙集结旧部，会同邓州的"行省"完颜思烈与巩昌的统帅完颜忽斜虎两人的军队，号称20万，开始向开封进发。金哀宗则派兵前去接应迎接他们。

武仙等人的20万军队在郑州之西的京水，与速不台的蒙古兵遭遇，还没打就溃不成军。当时，去接应他们的开封军队已经走到了中牟县，听到消息，便抛下辎重，拍马赶回了开封。

速不台这一次对付开封，不主动进攻，只是围困。围困到冬天12月，开封城里的粮食已经吃完，甚至出现了人吃人的事。城内的金军，只敢守城，不敢出战。

在漫长的包括过程中，速不台在开封城的周围修了一道城墙，有150里左右。白撒自己也在开封的每一个城门之前加造了矮墙，怕的就是敌人很快地冲到城门。而如今，就算他想命令金兵出城决战，金兵也出不去了。

1233年正月初一，金哀宗带了一些兵马离开开封，跑到今日曹县西南的黄陵冈，渡过黄河，向着新卫州的路上走。走到沤麻冈，叫白撒去新卫州城下，用"御旗"向城上的守卒示意。

结果这些守军并不买皇帝的帐，坚决不开门，白撒听说"蒙古兵"跟着他，便带着兵先退了。十一日退到白公庙，遇上了蒙古军队，即刻便被击溃，战乱中连皇帝也丢了。

白撒慌忙去找金哀宗，结果在魏楼村找到了。十六日，白撒带着皇帝进了归德城。

二十三日，开封的四个守城元帅之一，西面元帅崔立，杀了"南京"留守，参知政事完颜奴申，与枢密副使斜捻阿不，向蒙古兵投降。

六月初九，中京洛阳被蒙古兵攻破，强伸被俘，不屈而死。洛阳被攻破，不是强伸无能，而是因为金哀宗曾经任命了完颜思烈为洛阳的"行尚书省事"，完颜思烈很忠心，从"南山"号召了十几万兵，带进洛阳，就这样，洛阳的存粮便被提前吃光，城再也收不住了。

金哀宗在归德过的并不好，被蒲察官奴气的够呛。这个蒲察官奴是完颜彝死后忠孝军的重要领导，率领了该军兵士450人在归德。这450人精锐部队再加上其他一些军队，竟能在一场战役中击败速不台，并把几千名蒙古兵赶下水淹死。

蒲察官奴忠勇有余，就是为人跋扈，在战胜速不台以前，已擅杀了归德原有驻军军官马用与3000多名兵士，战胜速不台以后，他更是趾高气扬，把金哀宗隔离在所谓"照碧堂"，过他的挟天子以令诸侯的瘾。

金哀宗向蒲察官奴说自己想去蔡州，蒲察官奴不容许，并且向众大臣高声说："谁敢说向南搬，就砍他的头！"哀宗实在是忍受不了，便暗自与几个宦官商量好，埋伏在门后，等他又来见的时候，就扑上去将其斩杀。结果，几个宦官只是砍了蒲察官奴肋骨一刀，哀宗还得亲自上阵，拔出剑，迎面加给他一剑。他逃出照碧堂，几个宦官追上去，将他当场砍死。

忠孝军400多人，被金哀宗宣布免罪，不予追究。

哀宗在六月十八日离开归德，二十六日来到蔡州。

蔡州的地形非常不好，毫无屏障可言，根本不是一个可以久守的国都。但哀宗到了蔡州，竟然选美女，造宫殿，作起太平皇帝的打算，十分可笑。

哀宗只享受了三个月的安定，到了九月，蒙古军就兵临蔡州城下了。

蒙古军攻蔡州攻了两个月，宋朝的军队两万人也来了，和蒙古军队一起开始攻城。

宋军的指挥官一个叫孟珙，一个叫江海。这两人还带了三十万石米，分给蒙古军作军粮。当时蒙古军的指挥叫做塔察儿，是博尔忽的侄子。

宋军与蒙古军通力合作，同时决开蔡州外面的河堤，蔡州的外城被水冲毁，内城西面的城墙也很快宋军与蒙古军攻破。

金哀宗和之后的明朝崇祯皇帝很像，懂得用好人当大臣，但是却不能听从大臣的意见。最终招至失败。

1234年，在正月初十的夜里，哀宗传位给末帝完颜承麟。次日，蔡州城破，哀宗自杀，末帝死于乱兵之手，金亡。宋军与蒙古军各回原防。双方说好：以金朝的陈蔡为界，西北的地面划给蒙古，东南的地面划给宋。这一种分法，太笼统含糊，以致于蒙古与宋之间，不到半年便因为争夺开封而发生战争，战到宋亡为止。当初，倘若金宋的关系不在金宣宗之时恶化，宋朝不致于帮助蒙古灭金，金朝可能不会亡给蒙古，金朝不亡，宋朝也不会亡给蒙古。这是一系列的反应。

宋与蒙古之间

彻底消灭了金国之后，蒙古人就是对宋朝动兵。

作为中国历史上的一个重要朝代，对于宋朝的历史，我们就不多说了。关键来说一下宋朝与蒙古的外交史。

宋与蒙古发生外交接触，最早是在1218年。当时金宣宗对宋朝发动战争，成吉思汗派木华黎的叔父者卜客到临安，与宋朝建交。

之后，宋朝又派苟梦玉出使蒙古。但是当苟梦玉到了和林的时候，成吉思汗已经出发西征。苟梦玉便去西域寻找成吉思汗，宋嘉定十四年（1221），才在撒马尔罕找到成吉思汗。《蒙古秘史》中记载，苟梦玉向成吉思可汗"言南北连和，夹攻金人之利。汗以为然。"也就是说，当时蒙古和宋朝之间可以算作是盟友。

1231年，窝阔台攻打金国时，派拖雷向宋朝借道而行，从背后攻打金国。之前我们曾经说过，拖雷在途径宋国时，遭到了宋朝军官的拒绝，拖雷一怒之下动兵攻下了几个宋朝的城市。

等到蒙古军队攻克了开封、洛阳，彻底灭掉金国时，宋朝又想借机收复这些曾经属于自己的领土。

当时，宋朝人并未认识到蒙古军队的强大，派庐州（合肥）知府全子才带了1万人马，就去攻打已经落入蒙古人手中的开封。开封的元朝守将是金朝的旧臣崔立，在宋朝人攻来之时，崔立手下的旧臣李伯渊、李琦等人发动叛乱，杀死了崔立，将开封献给了宋朝军队。

与此同时，宋朝其他军队也收复了包括洛阳在内的几个城市。当时从表面上看，宋朝的形式一片大好，有回复北宋领土的趋势。

但从客观上讲，那是不可能的。宋朝人之所以能在短时间内从蒙古人抢回这么地盘，是因为他们根本就没有遇到蒙古军队的主力。

窝阔台听说自己辛辛苦苦打下来的金国城市被宋朝人抢走了，立刻派兵前去征讨。不到两个月时间，就收复了所有城市。此候，窝阔台派王檝来到临安，责备宋朝政府"败盟"。宋朝政府则派程芾作"通好使"去见窝阔台，解释误会。但是此时窝阔台已经决意攻宋，所以"通好"失败。

1235年阴历六月，窝阔台派阔端（窝阔台的次子）、阔出（窝阔台的三儿子）、口温不花（成吉思汗弟弟别勒古台的儿子），分三路大举伐宋。

阔端兵分四路，十一月就到了沔州，杀死宋朝的沔州知州高稼。

宋将曹友闻带兵与阔端交战，双方在阳平关相持了几个月后，曹友闻战死，阔端带兵攻入到四川，并占领成都。一个月以后，阔端撤退，成都被宋军收复。

阔出带兵走中路，十月打下枣阳（湖北），其后在襄阳郢州（湖北锺祥）一带烧杀劫掠。口温不花的军队主要攻击河南地区，一个月时间，就接连攻下了蕲州、舒州、光州。1237年开始进攻攻黄州，黄州守将孟珙坚决抵抗，久攻不下；攻安丰（安徽霍丘西南），则被宋朝将领杜杲抵抗住了攻势，也是毫无办法。

或许这个时候，窝阔台开始意识到，看似文弱的宋朝人比想象中更难对付。所以他又派了王檝来讲和，讲和的条件是宋朝政府给蒙古岁币银20万两，绢20万两。宋朝政府拒绝了他的要求，战争再次爆发。

窝阔台派大将"鬼名察罕"，带着号称80万人的大军，围攻庐州（安徽合肥），却被这里的守将杜杲打败。杜杲被宋朝政府升为"淮西制置使"。

杜杲，福建邵武人，本是个书生，但是精通兵法。《宋史》关于他守庐州的记载，只有六个字"复与大元兵战"，连胜负也没有交代清楚。要知道，《宋史》是元朝人编的，元顺帝的丞相脱脱是监修，或许是为了避讳蒙古军队的失败，所以才记载的这么不清不楚。

进攻泸州失败的第二年，窝阔台又派"塔海绀字"攻打四川，并占领了蓬州、顺庆（南充）、遂宁、重庆、夔州。

抵抗塔海绀字的责任落在了宋朝将领孟珙的身上，此人是一位将门之子，生长在（湖北）枣阳。岳飞的部将孟安，是他的四世祖。赵方的部将孟宗政是他的父亲。孟珙一生作战，战无不胜。他以3000人屯峡州（宜昌），5000人守松滋，1000人守施州（恩施），同时派自己的哥哥峡州知州孟璟去收复失地。孟璟接连战争蒙古人，收复夔州。

1240年正月，窝阔台派张柔、史天泽等八个汉人将领一齐伐宋。他们渡过淮河，抢掠了不少东西，但是却没有攻占多少城市。

三个月以后，窝阔台又派王檝到临安来谈和。谈和再次失败，而王檝则因病死于临安，宋朝政府把他装进棺材，运送回"蒙古"。

1241年12月11日，窝阔台去世。他的妻子乃马真氏摄政。

乃马真氏摄政之后，派了一个叫做月里麻思的谈和使者，此人并非单独而来，还带了七十几个随员。

月里麻思走到淮河边，被宋军捉住，关在"长沙飞虎寨"。至于他的手下们，则全部失踪。蒙古和宋朝之间的战争，则继续开打。

宋淳祐二年（1242），蒙古军攻庐州，攻不下。攻（南）通州、叙州（四川宜宾），攻下。

宋淳祐三年（1243），蒙古军攻大安军（陕西宁羌），攻下；攻大安军之旁的鱼孔隘，攻不下。守鱼孔隘的守将，是杨世安。

宋淳祐四年（1244），蒙古军攻寿春，攻不下。守寿春的宋将，是吕文德。

宋淳祐五年（1245），蒙古军大掠淮河以南，前锋及于扬州。

宋淳祐六年（1246），蒙古军攻拔虎头关，前锋及于黄州（湖北黄冈）。

同年，窝阔台的长子贵由在忽里台大会上被推选为可汗。但是他只当了两年可汗，就病死了。在《元史》上被称为定宗。定宗是忽必烈所追尊的庙号，正如成吉思可汗之被称为太祖，窝阔台可汗之被称为太宗。

贵由当大汗的这两年间，并未对宋朝发动大规模的进攻。他死后，拖雷的儿子蒙哥被术赤与拖雷的部下公推为可汗。

宋朝方面，孟珙病死于宋淳祐六年（1246）九月。名将的死去，对宋朝是一个重大的打击。而更大的打击则是，孟珙的位置落到中国著名奸臣贾似道的肩上。

钓鱼城之战

蒙哥在位九年，对宋朝作战很积极。他的战略是：先派弟弟忽必烈去攻打云南大理国，然后从云南进攻四川。

蒙古人之所以如此热衷于攻打四川，是因为南宋的正面有长江天堑，不易攻克。如果拿下四川，就控制了长江的上游，可以沿河而下，直取南京。

忽必烈在1253年十二月攻破大理国的旧都大理城，期间他还降服了在西藏的吐番。蒙哥召忽必烈回蒙古，命令他他在开封设立"经略司"。忽必烈的部队，则由大将兀良哈台率领。兀良哈台攻下大理国的新都云南城（昆明）以后，在1256年开始攻打四川屏山，一举攻克。

于此同时，蒙哥派将领帖赤率兵攻打四川合州。兀良哈台派一部分兵经嘉定而达合州，与帖赤会师。

守合州的宋将叫王坚，是个非常有能力的将领。合州的地理条件也很好，东西南三面环水，夹在嘉陵江与涪江之间，占有地形上的优势。山上有天池，水的供给不成问题。山上可以种田，粮食的供给也没有问题。所需要的只是抵抗的决心。王坚的决心十分坚强。

1259年2月2日，蒙哥亲自督军，与宋朝军队大战钓鱼城。

钓鱼城在合州以东5公里的地方，与合州互为犄角之势。这里驻扎着大量的宋朝军队。如果蒙古人不先攻下这座堡垒而直接去进攻合州的话，就会遭遇腹背受敌的陷阱。

7日，蒙军开始进攻一字城墙。一字城墙又叫横城墙，设在城外，和主城墙之间有一个通道。这种城墙的作用是阻碍城外敌军运动，同时城内守军又可通过外城墙运动至一字城墙拒敌，与外城墙形成夹角交叉攻击点。

在钓鱼城的南、北各筑有一道一字城墙。蒙古军队拿这些城墙没有办法，久攻不下。虽然《元史·宪宗纪》中记载蒙古军队"杀宋兵甚众"，但实际上，他们自己的损失可能更加惨重。

这场战役持续了5个月，蒙哥心烦气躁，发誓要拿下钓鱼城。有些部将们都劝他留出少量军队围住钓鱼城，派大军去攻击钓鱼城，从战略的角度而言，这不失为一种好方法。但此时蒙哥气昏了头，非要将这座堡垒攻陷。

6月，蒙古军队终于乘着夜色攻上了钓鱼城的城墙，但是宋朝军队寸步不让，在王坚的带领下，与蒙古军队在城墙上展开了激战。

这一战持续了一夜，天快要亮，下起雨来，蒙军攻城云梯又被折断，只好撤退。

无奈之下，蒙古大将汪德臣一个人来到钓鱼城下，想要说服城里的宋朝军队投降。宋朝军队拒绝了他的劝降，还从城里射出飞石，汪德臣负伤，不久死于缙云山寺庙中。

蒙哥得知了汪德臣的死讯，扼腕叹息，就好像失去了自己的左右手一样。汪德臣之死，给蒙哥汗精神上以很大打击。

当时，南宋曾经派军队支援钓鱼城，但是被蒙古军队半途截杀。蒙古军队希望通过阻断钓鱼城与外界的联系，来困死城里的人。但是钓鱼城物资充裕，守军斗志昂扬。

一天，南宋守军将重15公斤的鲜鱼两尾和蒸面饼百余张扔到城外，还写了一封信，说："即使再守10年，蒙军也无法攻下钓鱼城。"

与宋朝军队的安逸相比，城外蒙军的境况非常不妙。当时正是酷暑季节，蒙古人不适应南方的湿热天气，水土不服，导致军中暑热、疟疾、霍乱等疾病流行，情况相当严重。

蒙哥眼看着从冬天到春天，从春天又到夏天，钓鱼城却始终攻不下。蒙哥也绝对没想到，一向柔弱得汉人，会突然爆发出如此坚强的战斗力。他对这座城堡及其驻守者产生了强烈的好奇。于是，他命令士兵们，在钓鱼城东门对面的脑顶坪上，搭起一座望楼，设置了类似今日电梯般的车厢，以缆绳升。

宋朝军队见蒙古人修建望楼，知道是一定有大人物要前来视察。所以在钓鱼城东门上设置了专门的大炮，将炮口瞄准了这座望楼。等到翎顶辉煌、铠甲鲜亮的蒙哥出现在望楼上的时候，王坚一声令下，弹石如雨，将望楼彻底打碎，蒙哥大汗被一颗飞石击中。6天后，也就是1259年8月17日，蒙哥伤重而亡，留下遗嘱："不讳之后，若克此城，当尽屠之。"

蒙哥死的时候，他的弟弟忽必烈正在湖北一带与宋军作战，接到蒙哥可汗逝世的消息，忽必烈没有撤退，继续攻宋。

忽必烈本想继续打下去，却听说自己的七弟阿里不哥想在沙漠以北先占可汗的位置，正在调兵遣将，准备在河南河北挡住他，不让他回蒙古接任蒙哥的汗位。于是，忽必烈停止了攻击，准备带主力经河南回开平。

对外，忽必烈不说要回北边去，依旧装着要向东边走、去进攻临安（杭州）的样子，把军队第一步先移到东边的青山矶。

忽必烈的装模作样，把驻守在黄州（黄冈）的贾似道吓得半死。贾似道这时候已经受封为临海郡开国公，官居右丞相兼枢密使、曾经率师援鄂州，屯在汉阳。左丞相吴潜把他调到黄州，为了提防忽必烈顺流而下。

贾似道贪生怕死，并没有死守黄州的意愿。他偷偷地派人向忽必烈递上求和的降表，情愿由宋朝皇帝向蒙古可汗称臣，每年进贡银20万两，绢20万匹。忽必烈不知道这是贾似道瞒着宋朝政府而作的一种诈欺行为，很高兴，便批准了这降表，以为两国从此入于和平状态，放着胆子把主力，连同留鄂州城外的小部分兵力，一齐撤走。

忽必烈撤走以后，贾似道向宋理宗报捷，说是打了一次大胜仗，杀得忽必烈全军狼狈而逃。

除了忽必烈之外，当时还有一支蒙古军队在和宋朝作战，这支军队的主帅是兀良哈台，主要活动在湖南。

兀良哈台在打下云南时，曾经路过今日的越南，当时的越南王向他投降。然后兀良哈台从广西一直打进湖南，围攻潭州（长沙）。忽必烈撤兵之时，兀良哈台还在围攻潭州。守潭州的宋将姓向，名士璧。忽必烈于接受贾似道降表以后，通知兀良哈台，叫兀良哈台也撤兵。于是，兀良哈台便解了漳州之围，向北撤走。

1260年正月，兀良哈台的兵已经差不多完全渡过长江之时，那个之前与忽必烈乞和的贾似道却又突然冒出来，打断浮梁，杀了170余人。之后再次向宋理宗报捷，说自己大破蒙古军队。

宋理宗认为贾似道可以和蒙古人抗衡，便封贾似道为肃国公，拜他为少傅；不久之后又晋封他为卫国公，拜他为少师。七年以后，宋理宗的继任者宋度宗更进一步，拜他为太师、平章军国重事，把最大的权利交给了这个小人。

蒙古方面，忽必烈打碎了兄弟的阴谋，顺利当上了新的蒙古可汗。

上任之后，忽必烈派了郝经作为国信使，来到宋朝的真州（江苏仪真），任务是向宋朝催缴之前"说好"的岁币。贾似道怕自己假传圣旨、向蒙古人谈和的真想败露，便叫人把这郝经关起来。

郝经被关了15年时间，在这期间贾似道的权利更大了，甚至连皇帝都被他掌控。

对于蒙古人，贾似道的作风是"不战不和"。战，他怕自己打不过；和，他又绝对不肯。

1267年蒙古军开始进攻襄阳樊城，当时襄阳的守将叫吕文焕，樊城的守将是范天顺，他们两人苦守到咸淳九年正月，期间贾似道只派兵增援过一次。最后，樊城被蒙古军的炮攻破，范天顺力战而死。

同僚的战死和朝廷的漠不关心，让吕文焕彻底寒心，在范天顺死后，他接受蒙古军统帅阿里海牙的劝降，把襄阳献给蒙古。他自己也得到了蒙古人的重用，并率兵攻下了鄂州。

襄阳是南宋的最后一道屏障,襄阳一丢,宋朝江山也就快要走到尽头了。贾似道见状不妙,拍了一个叫宋京的人去向蒙古人求和,蒙古对宋京说:你来没用,让贾似道自己来。贾似道不敢去。

直到此时,贾似道阴谋才败露了,他被剥夺了官职,判处流浪。最后,这个小人死在流放的中途——漳州。杀死他的,是押解他的郑虎臣。

1276年,宋恭帝向蒙古人投降,南宋都城临安落到了蒙古人手中。

宋朝的灭亡

虽然宋朝皇帝投降了，但是还有一些宋朝的旧臣在拼死反抗蒙古。而忽必烈则似乎并没有一定要灭掉"南宋"的意思。他和以前的几位可汗不同，受汉文化的影响很深，颇懂得一些"以德服人"，"以大事小"的道理。他所要求的，是宋对蒙古称臣纳贡。

这条件在蒙古人的战争史上，算是非常宽容的了。在蒙古征服其他各国的历史上，屠城是经常发生的事情，有时候即便是对方投降了，仍旧要屠杀一番。不屠对方，而容许对方存在，只要求称臣纳贡，自从成吉思可汗以来，只有畏吾儿等极少数国家享受过如此优待。

忽必烈之所以愿意让南宋暂时或长期存在，除了受有汉文化的影响以外，另一原因是他有后顾之忧。自从成吉思汗死后，蒙古贵族内部就开始争权夺利，彼此之间的防范心很重。

南宋方面，自从皇帝投降之后，有陆秀夫与苏刘义二人，在温州请出曾任左丞相兼枢密使、都督诸路兵的陈宜中、召来在浙江定海驻扎的保康军节度使、检校、少保张世杰，在1276年，拥戴恭帝的弟弟益王赵昰为天下兵马都元帅。

温州离蒙古人比较近，所以他们迁到福州，并立赵昰为帝，改元景炎，陈宜中为左丞相兼都督，李庭芝为右丞相。李庭芝当时尚在扬州担任淮东制置使,与蒙古的阿术对抗。张世杰与陆秀夫的新名义是枢密副使与"签书枢密院事"。

与此同时,文天祥也加入到了"新朝廷"中,担任右丞相兼枢密使、都督。

文天祥、张世杰、陆秀夫,是宋朝最后几年的三个重要人物。与他们一起辅佐新皇帝的陈宜中,不久之后就带了若干船离开帝昰,去了占城。李庭芝则在离开扬州以后,在泰州被元兵捕获,就义。

在新朝廷里,文天祥在外面联络军队,张世杰护驾,陆秀夫主持政府。这三个人忠心耿耿,把宋朝的寿命延长到1279年正月。宋昰死后,他的弟弟宋昺即位。改年号为祥兴,后来,宋朝彻底灭亡之时,小皇帝宋昺被陆秀夫背着跳海而死。

文天祥方面,在他的实际领导与号召之下,有不少的忠臣义士站出来对抗蒙古,这些人大多来自民间,他们靠着一腔忠肝义胆,与蒙古人作战多年,并先后收复了(江西的)南丰、宜黄、宁都、瑞金、会昌、雩都;(广东的)韶州、广州、潮州、梅州、惠州、雷州。可惜的是,文天祥无法固守这些城市,最后兵败被俘。

被俘后,文天祥被解到广州,又解到大都,囚禁在兵马司的一间没有窗户的土屋子里,整整三年,于1282年十月被杀,牺牲。史书记载,1282年12月初9,是文天祥就义的日子。这一天,兵马司监狱内外,布满了全副武装的卫兵,戒备森严。上万市民听到文天祥就义的消息,就聚集在街道两旁。从监狱到刑场,文天祥走得神态自若,举止安详。行刑前,文天祥问明了方向,随即向着南方拜了几拜。监斩官问:"丞相有什么话要说?回奏尚可免死。"文天祥不再说话,从容就义,终年47岁。

文天祥是1256年的状元，他出生在江西吉安，是一个纯粹的文人，生平不曾受过军事教育，也不曾怎样在兵法与战史的书籍上用过功夫。但是他凭着一腔忠愤，誓死报国，不存成功之想，只是"尽其在我"而已。虽无大功，但是义气千秋，堪称一代英雄。

与文天祥一起辅佐新朝廷的张世杰，也算是久经沙场，但是忠义有余，能力不足。他出身行伍，是范阳人，原先属于蒙古军张柔的麾下，反正以后，始终忠心于宋，一直到死。他在镇江江面上用水军抵抗阿术，被阿术用火攻的方法击败。他对端宗与帝昺先后护驾，功在青史，然而他没有战略，甚至不甚懂战术。他围攻在泉州叛变的蒲寿庚，攻了很久攻不下，在浅湾也抵不住蒙古军刘深的进攻。他的最大错误，是最后的厓山一战，不占海口，而坐待敌船深入，并且烧了自己的营房，使得自己的军士挤住在船上，由于缺乏淡水而疲乏、生病、无力作战。他把自己的船都扎连在一起，排成一字形，以致当对方张弘范分前后两面同时进攻之时，他无法应付。这厓山之败，真是千古悲剧。当时宋方跳水而死的人，传说有10万左右。这10万人倘若不死，宋朝何致即亡！

陆秀夫是江苏盐城人，在镇江长大，于宋理宗开庆元年（1259）考中进士。他在李庭芝麾下当过参议官，被李庭芝推荐为司农寺丞，其后升到宗正步卿、权起居舍人。他的第一件大功劳，便是在温州找出陈宜中，召来张世杰，公推益王赵昰为"天下兵马都元帅"，再在福州公请赵昰即位为帝。他在赵昰（端宗）与帝昺的朝中，先作"签书枢密院事"。于陈宜中走后升为左丞相，持躬严谨，办事勤恳，真正做到了鞠躬尽瘁、死而后已，可惜局促一隅，无所施展。他与文天祥及张世杰合作得始终无间，对国家有功无过，最后于绝望之中断然背帝昺跳海。免得帝昺作俘虏、受侮辱，这件事也无可非议。

总之，他是宋朝殿后的完人。

忽必烈于帝昺及陆秀夫死后，成为全中国在名义上兼事实上的皇帝。元朝就此建立。成吉思汗的功业和夙愿，终于在他孙子手中得以圆满。

第三章 / 蒙古军队的秘密

经典的东方式迂回战术

描述成吉思汗一生的征战史,其实比较简单,结果不外乎是——胜利!胜利!胜利!

结果简单,过程也似乎并不复杂,我们已经无数次地讲述了蒙古军队与敌人作战的过程,他们的战术并不多变,似乎总是在"以不变应万变"。

把战争这件如此复杂的事情搞得简单,这才是成吉思汗的天才之处,也是我们需要思考的地方。所以,在本书的最后,我们将试图揭开成吉思汗与蒙古军队百战百胜的秘密。这些秘密已经在我们以往的文字中有所体现,现在我们把它们综合到一起,得出一个具体的结论。

成吉思汗和蒙古军队为什么有如此战斗力?西方史学家经过长期研究

得出的结论是:"当时蒙古军队的武器比别人更精良而且更适合于实战使用;成吉思汗兵制比较完善,军纪严明;将领多巧于计谋,擅长兵法和战略。"(《大统帅成吉思汗兵略》,234页,呼和浩特,内蒙古人民出版社,1991)

西方史学家的结论没错,但是不够具体,我们来具体说说成吉思汗的战略和兵法。

先从蒙古骑兵最惯于使用的战略——大迂回作战开始说起。

东方人在战争中,不喜欢与敌方决战。孙子兵法《谋攻篇》是这样说的:"故上兵伐谋,其次伐交,其次伐兵,其下攻城。"也就是说,在战争中,尽量采取计谋从各个方面削弱敌人,大规模作战,尤其是攻城战,是不得已而为之。成吉思汗虽然未读过孙子兵法,但是也秉承了这一思想,他一般不会集结全军与敌人正面交锋,更多的是将部队分为几股,各自迂回,在运动战中寻找机会、打击敌人,积累优势。这一点在西征战役中体现得最为明显,15万人的军队被成吉思汗分为三到四个部队,各有各的战术目标,但是到最后,所有的战术目标都是为战略目标服务的。

成吉思汗的这种战略,可能源于蒙古族的围猎活动。在围杀猎物的时候,人们要个个出击,通过合力将猎物逼到死角,然后一举拿下。如果所有人排成一队追杀猎物,即便是千军万马,也不如一只猎豹跑得快,因为人数上的优势没有形成空间上的优势。

成吉思汗把围猎中的技艺,娴熟地运用到战争中,许多坚固的城堡,变成了他们围困中的野兽。因此,蒙古军队大迂回战略的突出特点是:它不以击溃敌人就算达到战争目的,而是用猎人那双狡黠、深邃的眼睛,盯着敌人的后方,以左右包抄的方式,将敌人包围,从不给对方留下一条逃生的出路。

在与花剌子模的战争中,我们所看到的是一次次的攻城,但是如果把蒙古人攻城的顺序整理好,放到地图上看的话,你会发现他们攻城的顺序是这样的——想要攻打一座重要城市,先将其周围的小城全部征服,切断敌人相互之间联系之后,然后再攻打主要的目标城市。

拿破仑对此有独到的见解,他认为蒙古军西征,不是亚洲的散沙在盲目地移动,而是有严密军事组织和深思熟虑的指挥。由于他们比对手更精明因而才能所向无敌。拿破仑的分析切中问题的实质。当蒙古军像飞沙快速推进时,在它的背后,是行之有效的大迂回战略。而这种战略,在蒙古兵放牧、围猎时,就已经产生并成熟了。

蒙古军队善于在全面侦察敌情、地形的前提下,凭借骑兵的持久耐力和快速机动能力,经常越过人们难以想象的大漠、险滩、雪谷、荒原,出其不意地向敌人的腹地纵深大胆穿插、分割,并与后面进攻部队相配合,四面包围敌人,迫使对方迅速瓦解。

与成吉思汗不同,古代西方人特别喜欢决战。如果你看古代西方的战争史,就会发现他们更重视阵法,热衷于大规模的决战。所以在蒙古军队进攻到西方的时候,他们完全不能适应成吉思汗的战法,毫无还手之力。

速不台和哲别在西征过程中,穿过格鲁吉亚斯坦,打败了乔治亚的精锐团队，随后越过高加索的黑岩绝壁，来到帖尔克盆地。这里已有一支很强大的军队正等着他们。蒙古军队的确太疲劳了，激战一天胜负未决。第二天，他们带着黄金和贵重的布、优良的马来到库曼人的营地，对他们说："我们是同族，为什么要和外族人联合攻打你们的兄弟，他们给你们的好处，可以从我们这里得到。"库曼人带着蒙古军队送来的厚礼离开他们的同盟者远去。速不台却乘机发动攻击，打败了敌人。这就是孙子兵法中"上兵伐谋"的最好案例。

构成大迂回的物质条件

任何一种战略都需要有与其相匹配的兵员素质、武器装备等条件。

纵横一时的马其顿帝国，所采用的战略是"列方阵"，也就是举世闻名的马其顿方阵。这个方阵主要是有由矛兵组成的。他们所使用的长矛，居然可以达到7米之长。士兵们在作战时，挥舞着7米长的巨大长矛与敌人作战。

他们之所以会采取这种战略，是因为欧洲人身高体健，完全可以驾驭这巨大的长矛，发挥出兵器的威力。如果力气不够大，拖着7米长矛上战场本身就是一场灾难，还怎么与敌人作战？

那么，蒙古人采取的迂回战略，是依据自己的何种优势条件而实施的呢？答案就是"机动性"——他们有最能跑的马和最善于骑马的人。

蒙古马冲刺速度不如欧洲马，而且蒙古马在世界各种马中长得可能是最丑最小的，大脑袋小身子，看起来像它的老祖宗三肢马。但蒙古马的优点是善于长途奔跑，对草料的需求比其他马低，耐得严酷的自然条件。蒙古草原上的冬天很难熬，常常有白毛风（即暴风雪）的光临。连冻带饿（雪下厚了被风吹硬了，马便找不到草吃了，草原上俗称"白灾"）体弱的马都会死掉，能在这种环境下生存已经很不容易了。

从小生于苦寒之地的蒙古人和蒙古马一样能吃苦耐劳，有时候就靠喝马奶充饥。在作战中，蒙古大军可以"兵马先动，粮草后行"，故而蒙古大军没有辎重的困扰，所以能够展开惊人的大范围不停歇的机动。而且，蒙古的部队里面每个人都有2~4匹马，多的可能有5匹，轮流骑，所以蒙古人能够长途跋涉；由于行军时不必为马匹带饲料，士兵又自带各人的食物和装备，而且通常只带最少的用量，因此，蒙古军队不需要拖带庞大的后勤供应辎重车队，也不必保留一个后方供应基地。由于大部分蒙古战马都是母马，士兵能喝马奶生活，因此也减轻了军队食物供应的负担。这同时也使蒙古军队的机动性大大增强。

大迂回战略的具体实施首先需要速度，没有速度，不可能长途迂回，也难以对敌人形成合围。

前面我们已经说过，蒙古军队以轻骑兵为主。而同时代的欧洲军队，虽然也有骑兵，却以重骑兵为主。他们还是打阵地战的思想，给骑兵穿上厚厚的铠甲，直接迎着刀枪剑戟冲向敌人……

蒙古军队不会这么做，你列阵，我就跑到你身后打你。你回过头来，我又撤了。这就是迂回战术的意义。若是没有良好的机动性，这是不可能完成的任务。

成吉思汗的这种战略，与"二战"时的德国闪击战有相似之处。只不过是德国人动用了先进的机械化军团实现了速度上的超越，而蒙古人动用的则是当时最先进的交通工具——马，形成了速度优势。

蒙古军队的速度非常快，"这样部队每天平均行军速度达到90至95公里。它的突击性极显著：攻占北俄罗斯，只用了2个月零5天时间，每天的平均速度达到85至90公里；攻占南俄罗斯，只用了2个月零10天时间，每天进攻速度达到55到60公里；攻占匈亚利和波兰，只用了三个月的时间，每天进攻速度达到58到62公里。"（《蒙古族古代战争史》）

这样的速度，在古代普遍以步兵为主的战场上，绝对是飞速。所以他们永远不会失败，打不过你我就撤退，你也追不上我，我怎么会失败？

蒙古人的战术非常符合近代军事思想，以高度机动性为主，敌进我退，敌疲我扰，敌退我追。蒙古骑兵遭遇欧洲重甲骑步兵不是一味猛冲，先射一通重箭，如果是敌人军营，则还会发射火箭用投石机投石等，待敌人阵脚大乱的时候，避开敌人正面采用包抄的方式进攻敌人。欧洲重甲骑兵行动笨拙，一旦队形被打乱，无异于一群披着硬壳的乌龟。蒙古武士再用套马索、短斧等武器无异于砍瓜切菜。每一个蒙古骑兵身上都有多件称手兵器（工具），不同的打法用不同的兵器，可谓是全能型骑兵。蒙古骑兵的阵形是宽大展开形，前后队可以轮流射箭，同时敌人如果硬冲，自己可以展开方圆百里的机动，让敌人打不着摸不到。蒙古人匈牙利一战，双方的伤亡差距很大，不成比例。

在古诗里，有很多关于箭的诗句，如"车辚辚马萧萧，行人弓箭各在腰"。又如"挽弓当挽强，用箭当用长。""射人先射马，擒贼先擒王"。由此可见，箭在古代战争中的重要性可能比其他兵器更胜一筹，这一点全世界都一样。英国装备的长弓其长度约两公尺，而箭长也有90公分左右，如果把这么大的弓给蒙古骑兵，使起来肯定不方便。好在中国有复合弓，这种弓的制造比较复杂，但是它比英国的弓要短1公尺左右，而且开幅特别大，能使用90公分以上的箭，这样射出的箭既远且强，还能穿透当时的任何盔甲。那个时代弓箭就像士兵的步枪一样成为主战兵器，而战刀就退居为辅助兵器成为防身武器。这种个头小、威力大的弓，也给蒙古军队带来了极大的方便，让他们的战斗力得到了非常大的提升。

雪亮的军刀，矫健的骏马，威武的骑士，马队在古阴山脚下纵横驰奔，卷起滚滚黄尘。骑兵最经典的斩劈技术表演开始了。在开阔地上，150米的距离内竖着高低不同7个人体目标。一位骑手策马而来，在疾驰中，从刀鞘中抽出马刀举过头顶，挥刀砍下。瞬间，模拟的人头滚落尘埃……这是电视剧《最后的骑兵》中的精彩一幕。事实上，电视剧中的这一幕，在古代的军事生活中，尤其是蒙古人的军事生活中，并不少见，而那把闪亮的军刀，更是蒙古人手中的利器。

　　马刀是骑兵的主要兵器，很多马上得天下的王朝都是用马刀划出了江山。汉高祖刘邦白登被围后，为了增强骑兵战斗力，汉朝发明了利于砍剁、单面开刃的马刀。对匈奴以骑射为主的骑兵来说，一旦近身格斗，兵器的不足就成了他们致命的缺点。汉朝休养生息后，汉匈大战终于爆发。当时卫青任大将军，统数十万众，长驱数千里，直扑大漠。匈奴兵不愿放弃传统的优势骑射与汉军拔刀对砍，采取"退中找机会"的战术，不与汉军近战。卫青则派出精骑直扑敌主营，攻其所必救，而后以大军掩杀。精骑是从住在边境的汉人中选出精骑术、善格杀的壮丁组成，每战必先出动咬住敌军主将。匈奴兵只好与汉军硬扛，汉军则发挥近战优势痛歼敌军。正是有了配备马刀的优秀骑兵的支持，后来才有陈汤"犯强汉者，虽远必诛"的豪言壮语。始有强汉，后有盛唐。当时强大的唐骑兵高举着马刀，身体同马背成45度夹角，一路砍杀，打到中亚。对唐帝国的势力范围而言，马刀就是开路先锋。蒙古人的马刀和汉唐马刀略有不同。并非直刀而是弯刀。弯刀的优势在于马上。骑兵冲击的时候，将弯刀平托，刀刃向前，借助马的速度推劈向敌人身体，由于弯刀有很好的曲度，接触敌人身体瞬间沿刀刃的曲面滑动。所以可以连续地接触敌人身体，切割力也就相应增加。而且在劈到坚硬的铠甲时也不易被震飞脱手。相对而言直脊刀就没有这么好的效果，要达到弯刀的效果，直脊刀要用更大的力量才行。特殊的，但绝对适合蒙古人使用习惯的马刀，也是蒙古军队纵横沙场的秘诀。

蒙古骑兵的战斗力，还有赖于另一种装备——马镫。马镫是人类历史上一项具有划时代意义的发明。正如英国科技史学家怀特指出的："很少有发明像马镫那样简单，而又很少有发明具有如此重大的历史意义。马镫把畜力应用在短兵相接之中，让骑兵与马结为一体。"确实，马镫发明以后，使战马更容易驾驭，使人与马连结为一体，使骑在马背上的人解放了双手，骑兵们可以在飞驰的战马上且骑且射，也可以在马背上左右大幅度摆动，完成左劈右砍的军事动作。因此，马镫在距今1500多年以前，由在中国古代北方地区游牧的鲜卑人发明后，便在欧亚大草原上迅速流传，使骑兵的战略地位大大提高，也使世界战争史大为改观。而在此之前，骑兵骑在马背上飞驰射箭时，必须减速或者下马拉弓射箭；交战双方在马背上的格斗中，也不能竭尽全力大幅度摆动，否则会失去平衡而落马。马镫的发明，就使骑兵的双脚有了强劲的支撑点。如此一来，骑兵才开始在战争中大放光彩。而蒙古人，则是这种发明的最大受益者。

耐力和纪律性

现在，我们来说一说与大迂回战略相匹配的非物质条件——蒙古人的作战耐心，他们不会为一城一池的得失斤斤计较，而是尽量扩大战争空间，节省兵力兵器，加速战争进程。打西夏，发动六次战争打了十几年，不是成吉思汗打不过西夏，而是不愿意因为强攻而损失过多，所以最后蒙古军队攻打拿下西夏几乎没有什么重大的损失。以时间换空间，这对于一个人口仅有100万、军队20万到30万的国家来讲，是极为明智的。

成吉思汗与金朝作战也同样如此，尽量避免正面战争，而是一直在用迂回战术消耗敌人的力量，所以成吉思汗一直到死也未拿下金朝。即使成吉思汗死后，继任者窝阔台依旧采用成吉思汗临终留下的大迂回攻金方略，他令拖雷率主力西路军，绕过金军的重镇潼关，自宝鸡出汉中，强行通过南宋管辖地区，沿江而下，经唐（今河南唐县）、邓（今河南邓州市）北上，采用大迂回战略，突然出现在金军后方。金朝十分惊慌，急忙抽调守黄河和潼关的主力部队10万余人前来抵挡。两军在邓州遭遇，拖雷只有3万人。他采用袭扰战术，避免与金军正面交锋，使远道而来的金军十分疲惫。这时蒙军正面部队已渡过黄河，直取开封，金军仓皇北撤，当退到钧州（今河南禹县）三峰山时，被两路汇合的蒙古军团团围住，后又网开一面，在追击中全歼金军。此后蒙军乘胜进围汴京。金亡。

这就是我们将成吉思汗的"迂回"称为战略而非战术的原因，他有一个长远的规划，所以才能将迂回的效用发挥到极致。

但蒙军南下灭宋的战争却持续了45年之久。这也许是他们遇到的众多对手中最难对付的一个。因为南宋所处的江淮地区，河渠成网，城镇林立，除蜀口、襄阳、淮河防线外，西段是连绵不断的高山峡谷，东段地处淮河下游，水道众多，后方还有长江天堑，都不利于骑兵作战。但蒙古军队能审时度势，避实就虚，发挥特长。他们选蜀地为战略进攻目标，因为蜀地富饶，南宋近三分之一的收入来自四川。此外蜀地地理条件尤为重要，蒙军若夺取四川，就可以过三峡，顺流东下，直逼江东。窝阔台为发挥蒙古骑兵的特长，沿用灭金时宽正面、大纵深的迂回包围战略，在东起江淮西至川陕的宽大正面上发起进攻，意图越过长江，进入江南作战。但由于兵力分散，各战区虽有突破，终因气候不适，加上中军主帅死于军中，只好中途撤退。蒙哥汗继位后吸取窝阔台失败的教训，在占领区开始设官、筑城，为持久战做准备，从而避免了春去秋来，战果得不到巩固的缺陷。在战略指导上，仍以攻占巴蜀为首要目标，同时派忽必烈率军经略云南，目的是迂回西南攻其腹背，然后北上，接应主力，东下临安。可惜蒙哥汗在实施他的大迂回战略时，却因自己恋战，遇坚必攻，使其主力滞于四川的钓鱼城下，直至自己中石身亡，从而影响了整个战略目标的实现。

成吉思汗的大迂回战略之所以威力巨大，还有一个重要的原因，就是他手下的将领、士兵对这种战术都比较了解，执行起来行云流水。

研究蒙古兵学中大迂回战略的具体运用，从中可以发现，大迂回战略不仅仅是个方略问题，更重要的是个实践问题。作出大迂回的决策需要雄才大略的统帅，执行大迂回战略任务需要一支训练有素的军队，否则大迂回战略只能是纸上谈兵。

首先，成吉思汗特别重视对军官的训练，他曾经说："哪一个军官不来接受我的教育，而是待在家里，那就好像是沉在水中的石头一样被消灭的。"军官们在成吉思汗的宫廷受训后，就会回到营地担任教官，经过一整套完整体系受训的蒙古军队，最后就像成吉思汗所希望的那样："在日常生活中，有如两岁的犊儿，但在厮杀时，又似老鹰的搏击。在筵宴和娱乐之中，无忧无虑有如小驹，但在战斗的时候，又似海东青之扑仇敌。在白天，像老狼的伺机，在昏黑之中，像乌鸦的守夜。"正是有成吉思汗这样出类拔萃的战略家和他那支坚不可摧的军队，蒙古兵学中的大迂回战略，才能在世界战争史上大放异彩。

蒙古战士也是成吉思汗战略实施的保障。在西征战役中，"他们（蒙古军队）在一丈多深的积雪中行军，他们攀登4千多米被雪覆盖的吉西列阿尔多和铁列古达巴干两个高峰的道口。在大风雪中，用牛皮包住马腿，人穿双层的皮毛大衣，在7千多米的高山之间，在冰天雪地中前进。他们为了暖和身体，用小刀切开马的血管，吸喝了马的温暖的血液，又把血管封闭起来……"。最后，蒙古军队又穿过"这个宽有500公里的克吉尔库姆沙漠，被世人认为是动物绝对不可能通过的天然障碍。从那以后经过了650年，俄罗斯对叶华作战中，俄军骑兵丧失了全部军马。"这就是大迂回战略中的士兵，他们需要格外的意志和耐力，所以无论在什么时候，他们都可以出其不意地出现在敌人预料不到的地方，实现成吉思汗的大迂回战略。

蒙古军队为什么如此服从、坚韧？在之前的内容中我们已经给出了答案，现在可以总结一下。首先，是军民一体的军事体制，使蒙古士兵从孩提时就练就了钢铁般的意志。前面曾经提到过——蒙古人从 3 岁就要学会射箭，5 岁就得骑马跟着大人去打猎。小小年纪就要经受如此历练，长大后自然坚如钢铁。再者，这和他们生存的环境也有关系，这支军队不打仗的时候，主要就是围猎。将草原上的野生动物驱赶到一起包围它们、射杀它们这本身就是一件组织严密的事。因为在古代打猎时如果遇到猛兽很容易出危险，人人必须遵守纪律，任何冒进和退缩都可能造成伤亡甚至是误伤，所以，蒙古士兵都是守纪律、能吃苦的钢铁军队。

当然，有坚如钢铁的个人，不一定就有坚如钢铁的军队，是成吉思汗的治军思想让优秀的个人组合成了优秀的团队。他经常借用围猎训练军队，就是一种全新的军民兼容的训练方式。也会刻意地用战争磨炼军队，例如他曾以西夏为对手考验自己的军队，"试图在对西夏的战争中，锻炼一下蒙古人，以利将来对中国的战争。"

大迂回战略的后勤问题

蒙古人的一个生活习性,让他们可以毫无顾忌地运用大迂回战略,那就是蒙古人日常生活中的"羊马随征,因粮于敌"。

我们现在假如说,宋朝人有好的战马、好的骑兵部队、好的统帅,那么是不是他们就可以采取大迂回战略了呢?不能,因为大迂回战略的实施一般要远离后方。骑兵部队可以通过快速机动穿越敌人的防线,粮食却不行。而任何一支部队若是粮食不能得到保障,那么就无战斗力可言。

蒙古人不存在这个问题,游牧民族"逐水草迁徙,毋城郭常处耕田之业"(《史记·匈奴传》)。蒙古人行军打仗也是这样,军队走到哪里,羊马也驱赶到哪里,这就从根本上解决了部队的军需供给问题。

合理地利用牛羊,是蒙古人的天性。除了食肉之外,他们更推崇可持续利用,用奶来制作各种食品,用动物的粪便生火取暖,用毛皮骨制作生活工具。总而言之,只要有动物,蒙古人的生活就不存在问题。

战争中任何情况都可能发生,如果牛羊死光了怎么办?史书上记载,这时候他们便会"食羊尽则射兔鹿野豕为食。故屯数十万之师不举烟火"。

当成吉思汗西征花剌子模时,其国王摩诃末从间谍那里得知:"蒙古军队随身携带战斗时用的一切物品,他们以肉干和酸奶为饮食就满足了。他们对于好吃的食物和不好吃的食物都满不在乎,什么动物肉都能吃。他们的马不需要麦子和稻草。他们的马能用蹄子刨开积雪找草吃，甚至还能刨开土找杂草和草根、草叶吃也过得去。任何高山峻岭和大川小河阻挡不了他们的进击。他们能越过任何的山谷隘路，他们能抓着马鬃马尾渡过任何河川。"摩诃末觉得蒙古人的适应力实在太强了，内心很震撼。

蒙古军队的确是生存能力极强的军队，他们对自然的最低奢望低出普通人好几倍，而且，如果所有的粮食都没有了，他们就会通过战争去抢夺敌人的粮食。哲别在占领花剌子模的南方后就对当地的居民们说：如果想免于被杀，快快投降提供粮食，不要依靠城堡的守军。按照蒙古的法律，降服者的财产和家属归胜利者所有。

当然，蒙古人抢的不只是粮食，《蒙古通史》记载："蒙古贵族在开始进入中原时，掠夺财富是他们从事战争的一大目的，从金银、牲畜到人口，都是他们掠夺的对象。"这种做法对被征服地区的经济是极大的破坏。蒙古人最后也不这么做了，他们开始收税，以长久的经济来源代替了短视的暴力抢劫。这是耶律楚材的功劳。

总之，蒙古军队以自己独有的方式解决了军队后勤的供应问题，而这种解决方法不像一般的军队让士兵负重过多，或在战斗序列后有很长的辎重队，而是在他们民族千年以来养成的饮食习惯的基础上，以最轻便的方式加以解决。这种轻便体现在他们食用的羊或马，不需要特别的装备来运送，从而大大减轻了蒙古军队的负重，更有力量和能力，大胆向敌人的纵深穿插迂回，其距离的深远常常使他的敌人也难以置信，这就是为什么蒙古军队攻下一个个城堡竟是那么容易。因为这些城堡的守军被突如其来的敌人吓蒙了，他们来不及作坚固防御，即使做了准备，但蒙古军却偏偏出现在他们尚未防守的地段，那些地段他们认为敌人是无法前来偷袭的。因此，英国人利德尔·哈特评论说："在中世纪里,战略的最好例证并不出在西方,而是来自东方。13世纪,对于西方战略的发展来说,是一个卓有成效的时代。"蒙古兵学中的大迂回战略,正是这些战略中最精彩的一个片断。成吉思汗,因此成为了一代天骄。

第四章 / 成吉思汗的日常生活

大汗的妻子们

关于成吉思汗这样一位英雄人物的一生,有很多值得大书特书的事情,说之不尽。本书着重介绍了成吉思汗一生的征战史和治国方略,考虑到要保持主体故事的连贯性,所以对于他的日常生活涉及很少。在本书最后一章,简要地介绍一下成吉思汗的日常生活。希望了解蒙古人生活方式、成吉思汗轶事的朋友,可能会感兴趣。

先来说成吉思汗的妻子们。

成吉思汗有正后四人,孛儿帖、忽兰、也遂、也速干(其中也遂和也速干是姐妹两人,她们是塔塔尔人,成吉思汗击败塔塔尔之后,将她们收至帐下)。成吉思汗为四个皇后修建了四个大帐殿,或者叫作四大行宫(蒙古人叫斡儿朵)。

除了这四位皇后之外，成吉思汗还有许多妙龄的妃子（她们里面的一个便是金帝的公主）、贵嫔和宫女。当他在自己的大帐中时，很喜欢让众多千娇百媚的美妇人如众星拱月般地围绕着他。当然，这种时候比较少，因为他一生大部分时间都在外征战。

成吉思汗出征之时，通常只携带一位后妃。不过同行的还有许多乐妓，我们之前提到的那位宋朝名将孟珙就记录道："国王（指成吉思汗）出师，亦以女乐随行，率十七八美女，极慧黠，多以十四弦等弹大官乐等曲，拍手为节、甚低，其舞甚异。"

同时，孟珙还记录了一次他派使者去拜谒成吉思汗的事情："我使人于彼，国王者相见，即命之以酒，同彼妻乃蛮公主及诸侍姬称夫人者八人，皆共坐。凡诸宴饮，无不同席。所谓诸姬，皆灿白美色，四人乃金虏贵嫔之类，四人乃鞑人。内四夫人者甚姝丽，最有宠。"由此可见，在成吉思汗的妃子中，有许多是所谓"西域人"，她们皮肤雪白，即所谓的"灿白美色"。

成吉思汗妃子很多，但是并不"滥爱"。事实上他不只是享得了寿年，而且也保持着他身心上的壮健活泼以迄晚年，若是荒淫无度、沉湎美色，断难如此。

成吉思汗也会为美女争风吃醋，我们之前说过，他曾经怀疑护送忽兰皇后的纳牙阿占有了忽兰，险些将其杀死。

同样的事情也发生在也遂和也速干身上，这两个皇后在陪伴着饮酒时，他发现也遂在长声叹气，于是便立刻引起了他的猜忌和疑惑来。结果，在离帐殿不远的地方，发现了一个青年男子，此人正是也遂的前夫。成吉思汗遂下令将他斩了头，并说："原来是仇人子孙，今遍又来窥伺。似他般的都杀尽了，更有何疑！"

不过我们也应该意识到，成吉思汗虽然有些脾气，但是在必要时他完全能够控制住自己的妒嫉心理。例如，对待被敌人掳走的孛儿帖，就是最好的例子。

在以往的描述中，我们已经习惯地想象到成吉思汗是一个残酷和野蛮的横暴者。但是，如果认为他仅仅是一个集合着残忍嗜杀的暴君和野蛮的破坏者，似乎对他又是不公平的。在生活中的很多方面，都可以证明成吉思汗有非常宽容大度的一面，他常常以仁慈长者的形象出现，对身边的人很和善。

截然不同的两种真实形象，出现在了一个人身上，让人深思。

追求与性格

成吉思汗最爱好的活动是围猎,同时他也爱好骏马和美酒,这也是所有蒙古人的爱好。

成吉思汗的军队并没有规定不许饮酒,但是也不容许经常酗酒。被定义成经常酗酒的标准是什么呢?成吉思汗说:"假如人不能禁酒,务求每月仅醉三次,三次以上即是罪行。能醉二次自较三次为佳,能醉一次更佳,不醉尤佳。然在何处能觅此不醉之人呢?"从这段话中,可以看出成吉思汗关于酗酒的一个标准——每个月最多醉三次。同时,我们也能体会蒙古人对酒的热衷,就如成吉思汗所说"然在何处能觅此不醉之人呢?"意思是说,在蒙古人中,找不到一个一个月也不醉一次的人。

直到今天,蒙古族依然保留着这样的爱好。去蒙古草原游玩的读者切记:只要不是特别善饮之人,不要轻易与蒙古人喝酒,一旦坐上酒桌,如果喝不醉,蒙古人就认为是没有招待好朋友。但是如果你推脱不喝,蒙古人又会认为你看不起主人。

言归正传,继续来说成吉思汗的业余生活。

据说有一天,成吉思汗询问其僚友博尔术道:"人生何者最乐?"博尔术回答说:"春日骑骏马,擎鹰鹘出猎。"成吉思汗又用同样的问题去询问其他的将领,所有人的回答都跟博尔术一样。成吉思汗则说道:"不然,人生最大之乐,即在胜敌、逐敌、夺其所有,见其最亲之人以泪洗面,乘其马,纳其妻女也。"

这句话让人不寒而栗,却也显露出成吉思汗的许多个性——他有极强烈的占有欲。这种占有欲,对于他本人而言是其成功的思想基础。但对千千万万的受害者而言,却是悲惨人生的开始。

成吉思汗有极强的意志力,他能够随心所欲地控制自己的感情流露。同时他也要求他的部下跟他自己一样做。最明显的例子是,他的叔父答阿里台曾经帮助王汗反抗他的侄子,成吉思汗意欲把他处死。但是博尔术对他谏奏道:"自己的家自己毁坏,好像自己的火自己熄灭一样。你父亲的遗念,只留得你这个叔父,你怎忍心废他呢?"于是成吉思汗的怒气平息了。

有一次,成吉思汗问自己的一个手下:"我的名声在后世究竟光荣不光荣呢?"这个手下叫作瓦希德丁·不申扎,是花刺子模人,但是很早就归顺了成吉思汗。他垂着头说,假如成吉思汗能够保证他的生命安全,那么他便将回答这个问题。成吉思汗便保证他的安全,于是瓦希德丁·不申扎接续说:"在后世将没有一个人会提起蒙古皇帝的英名,因为皇帝的士兵已经把所有的人民都杀光了。"

听了这番话,成吉思汗把自己手里的弓箭丢弃在地上,然后转过身去。看到这位征服者如此愤怒,瓦希德丁·不申扎认为自己完了,性命马上就要不保了。但是过了一霎时之后,成吉思汗猛然回过头来,面对着瓦希德丁·不申扎说,他自己一向把瓦希德丁·不申扎当作一有理性的人士看待,但是听到这些言语以后,才明了瓦希德丁·不申扎也不是拥有完全的知识的。在大地上有许多国王和王国,但是无论哪一个对于盗匪摩诃末予以庇护的,那么都将遭受到蹂躏。但是异民族和外国的国王必定会永久流传着成吉思汗的名声的。

这就是成吉思汗,他是一个永远能控制自己情绪的人。在盛怒之时,依然能够保持冷静,是成吉思汗品格中最为优秀的地方之一。关于成吉思汗的这个优秀品质,有一个流传很广的传说。

有一次成吉思汗骑马去森林里狩猎,很多朋友陪伴着他,仆人带着猎狗跟在后面。

成吉思汗的手腕上站着他最喜爱的鹰。那鹰是被为训练用来打猎的,只要主人一声令下,它就飞向天空,环顾四周,寻找猎物。如果它见到一只鹿或一只兔子,就会像箭一样冲下来。

成吉思汗和猎手们骑着马在林子里转了一个上午,收获并不如想象中那般丰富。

中午时候,天气很热,成吉思汗决定回营。一行人在两山之间的峡谷中穿行,那只鹰已不在他的手腕上,而是在前面飞行,为成吉思汗带路。

天气很热,成吉思汗口渴得厉害,他多希望找到一汪清澈的泉水解解渴,可是炎热的天气已经把所有的山间小溪蒸腾干了。最后,成吉思汗终于看到有水从岩石边滴下,上面应该有一个泉眼。在潮湿的季节里,这里总有一条急流倾泻而下,可现在只是一滴一滴地往下滴水。

成吉思汗赶紧从猎袋里拿出一只小杯子,去接那慢慢滴下的水。他花了很长时间才接满一杯水。但正当他把杯子送到嘴边,准备一饮而尽时。原本在天上带路的鹰突然俯冲而下,把他的杯子打掉了,水全洒在地上。

成吉思汗没有在意,随即捡起杯子,又去接那水滴。这次他只接了半杯，就把杯子举到嘴边。但是那只鹰又一次俯冲下来，把他手中的杯子撞掉了。

这次成吉思汗有些生气，狠狠地瞪了一眼那只不识趣的鹰，再次去接水。

和前两次一样，那只鹰又撞翻了杯子。成吉思汗真的生气了，摘下弯弓，仰天向老鹰射去。只见老鹰在空中一抖，惨叫一声落了下来，血流满地，死在主人的脚下。

"这就是你的下场。"成吉思汗说。

但当他寻找杯子时，发现杯子掉到两块岩石当中，够不着了。他开始沿陡峭的石壁爬上去，寻找水源。他爬得很费劲，爬得越高，口渴得就越厉害。

他终于爬到了岩石顶，那里确实有一潭水，可是有一个什么东西躺在水里，几乎占满了整个水漂。原来是一条粗大的剧毒死蛇。

成吉思汗愣住了。他忘记了口渴，回头呆呆地看着躺在岩石下的那只可怜的、死去的鹰。"那鹰救了我的命！"他大声喊道，"可我怎么回报它的呢？我把它杀了呀！"他懊悔不已，沿着石壁爬下来，小心翼翼地拾起死鹰，放进自己的猎袋。他自言自语："今天我得到了一个沉痛的教训——永远不要在发怒的时候处理任何事情。"

成吉思汗的这句"永远不要在发怒的时候处理任何事情"，值得所有人牢记。

成吉思汗善于控制情绪的优点，也给他带来了另一个好处——不逞匹夫之勇。

参加过许多次战役，指挥无数次战斗和围攻的成吉思汗，似乎并没有显著的匹夫之勇。他虽然领导着他的军队作战，并且还在正式交战时担任着指挥，但是从来没有参加过骑兵队的列阵混战。因为他十分了解这件事并不是统帅的任务。在成吉思汗看来，将帅之所以胜于士兵，并不是武力胜过士兵，而是战略战术上的优胜。成吉思汗并不想留给众人一个"有勇无谋"的形象，虽然他具有成为"勇士"的资本，但是却以谋略见长。

当然，成吉思汗的思想也有局限性，这种思想上的局限性多来自于时代的局限。

有一天，成吉思汗的幕僚巴剌问："主上如是神武，无坚不破，请问有何征兆？"成吉思汗回答说："我未即位之先，尝独出，遇六人守隘口，不得过。我持刀以前。矢如雨集，而我无一伤。杀此六人而行。归途经六尸旁，其六骑仍在。我即驱之以归。所谓征兆，如是而已。"在必死之地侥幸逃生，在成吉思汗看来是一种"征服的征兆"。这当然是一种迷信的思想，成吉思汗经常用这种思想来观察他自己。逐渐地他发现，自己的"运气"似乎比其他人更好，也因此坚定了做出一番惊天事业的决心。

成吉思汗是为了他自己以及宗室和亲族的利益而征战的。他把广大的帝国遗留给子孙，同时还留下律令（札撒）和训言（必里克）。虽然在东征西战的过程中，成吉思汗见识到了东西方各种各样的先进文明，他也从中吸取了一定的经验，但是对于"国家"这个概念，他始终保持着当时蒙古人的理解。直到晚年时，他仍然把帝国看作自己家族的财产。在这个帝国中，孛儿只斤家族的人可以享受所能享受到的一切。成吉思汗也相信，他的子孙和蒙古贵族都将永远过着这种游牧生活。因为这是一种简单又自由的生活，而那些城乡的定居民族，都是游牧统治者的终身奴隶。

在他对"国家"的理解中,蒙古帝国被他的家族——黄金家族(即孛儿只斤家族)以及诸王和近亲们所统治,作为统治阶级的领袖,"汗"个人权威观念不容置疑。成吉思汗说:"朕让诸子里的一个,继承朕的大位。朕的言语是永不能改变的。朕将不允许他们去违背它。"

成吉思汗的亲族们也都能够分得拥有定居民族的那些新征服国的封地,战争中附归的工匠也会分给他们,统治者对这些人可以任意处置。城市被行政长官所控制,"分封"诸王则没有资格干涉其财政或内政。

家庭矛盾

在四个儿子中,成吉思汗选择第三个儿子窝阔台作为自己的继承人。从客观来讲,他的孩子们没有一个人能够继承他们父皇的天分,但是窝阔台好的一点是,他豁达大度和具有仁慈心肠,但是必要时也不缺乏雷霆手段。这是成吉思汗所欣赏的。

从感情上讲,成吉思汗最宠爱的还是那个"既是勇敢的战士又是天才统帅"的拖雷,但是他却认为拖雷不足以承担大任,所以没有选拖雷。当然,另一个儿子察合台也有优点,他更加忠心,对成吉思汗的每一句话都铭记在心。

当成吉思汗把自己的决定告知窝阔台的时候,窝阔台答道:"承父亲恩赐教诲,我难说自己不能,我当尽力谨慎地做下去,但只恐后世子孙不成器,不能承继。我所言者如此。"成吉思汗道:"若窝阔台的子孙们都不成器呵,我的一切子孙们,难道连一个好的都没有么?"

相对于中原地区延续了上千年的封建统治而言,成吉思汗在管理自己的封建王朝时,还是显得有些经验不足,把关系到封建王朝生死的"继承问题"想得太过简单了。这当然也酿成了蒙古帝国日后的悲剧。不过这不是成吉思汗的问题,而是蒙古帝国还太过年轻的缘故。

成吉思汗留下一种遗命:"一个继承者应该要有统治的能力,而且应该从委任帝国者的嫡子里面选拔出来，同时还应该预先确认他。"

作为蒙古人最重要的会议"忽里勒台"本来具有选择继承人的权力，但是在成吉思汗时代，它只是一个附庸，没有决定权。

成吉思汗逝世以后，诸王和其他贵族们在克鲁伦河畔召开"忽里勒台"。这件事根据《蒙古秘史》的记载道："依成吉思汗遗命，立窝阔台做皇帝，将成吉思汗原宿卫护卫的一万人并众百姓们，都交给了他。"

在窝阔台成为大汗之后，成吉思汗的"家庭"中矛盾就不断。

在窝阔台登上宝座之前，许多人认为将来接替成吉思汗掌管帝国的那个人是拖雷。因为成吉思汗最喜欢他，而且历次出征，都将拖雷带在自己身边。所以，大部分蒙古贵族都把"宝"押在了拖雷身上。

成吉思汗死后，虽然留下了让窝阔台当大汗的遗命。但是却把自己手下12.9万人的军队几乎全给了拖雷，还让拖雷监国。一直到两年之后，拖雷才正式召开会议，窝阔台才终于成为了"大汗"

由于窝阔台的这个汗位，几乎等于是拖雷"让"给他的——当然拖雷若是拥兵自重，自称大汉，窝阔台也没什么办法，更何况，支持拖雷的实权派非常多。

明明是父亲留给自己的遗产，到头来却好像是别人施舍的一样，这让窝阔台内心有些不痛快。成吉思汗死前的所作所为，给他的家庭留下了隐患……

窝阔台即汗位后，首先把察合台打发回他的封地——阿尔泰山去了。察合台与窝阔台的关系一直都很好，虽然当上了大汗，窝阔台也非常尊重察合台，凡遇军国大事，必派使者去与察合台商议，然后才加以定夺。

窝阔台让察合台回到自己的封地，却把拖雷留在自己身边。这么做的目的，很可能是想要就近控制拖雷，不敢让他走出自己的视线范围内。

事实上，拖雷根本没有异心。窝阔台正式继承汗位后，拖雷总是服从窝阔台的领导，从大局出发，跟随窝阔台征伐金兵，并且一心一意，毫无二心。可以说，从窝阔台继承汗位的那天起，拖雷就打心眼里承认了窝阔台的合法地位，并且是竭尽全力在帮助窝阔台进行统一全国的大业。

虽然拖雷表现良好，但是窝阔台依旧是不放心。《元史·睿宗传》记载："五月，太宗不豫。六月，疾甚。拖雷祷于天地，请以身代之，又取巫觋（xī，男巫师）祓（fú，祛除的意思）除衅涤之水饮焉。居数日，太宗疾愈，拖雷从之北还，至阿剌合的思之地，遇疾而薨，寿四十有一。"

这段话透露出了一件非常可怕的事情：1232年五月，窝阔台身体不舒服了，大概是得病了。到了六月，病情更厉害了。拖雷于是向上天祷告，愿意代替窝阔台得病，甚至替他去死，后来又把巫师用来祛除疾病的水喝下去了。数日之后，窝阔台的病就好了，拖雷在北还途中得病而死，年仅41岁。

这是《元史》中的说法，但是在有些书中，记载了不同的版本：

在官山避暑期间，窝阔台汗突然身患重病，请医生来看，医生开了药，但是窝阔台汗吃了好几天，病情未见好转，反而有加重的趋势。

窝阔台就请巫师为他驱除病魔。那个巫师对窝阔台说："大汗征战多年，杀的人太多，又破坏了很多城市，因此激起了山川之神的愤怒，天神要拘大汗去问罪呢。"

窝阔台听了巫师的话，非常害怕，赶忙向巫师求教解脱之法。巫师说："至少得有一个亲王代替大汗去向天神请罪，才可以免除大汗的灾难。"

在亲王之中，当时在窝阔台身边的只有拖雷。于是窝阔台就命人把拖雷叫到身边，说："四弟，我这病恐怕是不行了。"

拖雷见窝阔台大汗叫自己"四弟"，被感动了，连忙说道："三哥偶染小疾，三五日就会好的，何出此言？"

窝阔台答道："刚才巫师为我祈祷，上天怪罪，定要拘我，要是我想不去，除非得有一个亲王代我才行。现在随军的亲王只有四弟你，但是军队中没有我是可以的，没有你万万不行。所以为兄只好将你叫来，安置一下，我去之后，你要……"

不等窝阔台说完，拖雷赶紧说："既然小弟能代替大汗，义不容辞。大汗是一国之主，国家没有你不行。"说完，命内侍将巫师请出。

巫师被叫来之后，拖雷说愿意代大汗到天神那里请罪。巫师拿出"咒水"，让拖雷喝下。拖雷没有犹豫，一饮而尽。当时便有反应，被人抬回自己的寝帐，几天之后便死去了。

以上是《元朝秘史》的记载。

不同的书各说各话，所以很难得出确切的结论。对于拖雷的死亡原因，史学家们提出了不同的看法。主要有以下三种意见：

第一种意见认为，拖雷是被窝阔台害死的，持这种意见的人居多。

第二种意见认为，拖雷是甘愿替窝阔台而死的。

第三种意见认为，拖雷是受了巫师的蒙骗而死的。

大多数人认为阔窝台害死拖雷，可能是因为以下三个原因：

第一，窝阔台存在杀人的动机。正如我们之前所说，虽然拖雷按照父亲的遗嘱，把汗位"让给了"窝阔台，但是窝阔台也因此心生怨恨。而且，由于拖雷手下兵精将猛，在蒙古帝国中的威望很高，窝阔台始终感到一种严重的威胁。即便拖雷在三年五年内没有反心，但窝阔台无法保证他在十年八年后也没有反心呢？或许在窝阔台看来，与其这样在诚惶诚恐中过日子，还不如干脆把对方干掉，以绝后患。窝阔台在继承汗位后，把他的二哥察合台打发走了，但却把拖雷留在了自己身边，不让拖雷回到领地去。这是为什么呢？明眼人一眼就能看出来，如果让拖雷回到他的领地去，就等于是放虎归山，要想再控制他就十分困难了。所以，窝阔台牢牢地把拖雷捆在自己身边，使拖雷不敢轻举妄动。一旦有了机会，就可马上动手，除掉对方。

因此，窝阔台要除掉拖雷可能是一种必然的结果。

第二，窝阔台所编造的这个"故事"，让人无法信服。以自己兄弟的命来换自己的命，虽然是古代，但是这样的事情也很少见。所以人们认为，是窝阔台想要除掉自己的亲兄弟，但还不想留下任何把柄，让天下人耻笑，于是他精心设计了一个骗局。与那个巫师串通一气，紧密配合，先是自己装病，然后让巫师来"驱除病魔"，巫师于是编造了一套鬼话，来引拖雷上钩。拖雷上钩之后，巫师拿出了所谓的"咒水"让拖雷喝下。事情一步步按照窝阔台设计的程序进行，最终实现了他们的目的。所以，拖雷的死完全是窝阔台一手制造的阴谋。

第三，拖雷的死与那杯"咒水"有直接关系。这一点不论是《史集》，还是《元朝秘史》，以及《元史·睿宗传》，都没有否认。所谓"咒水"可以换命的说法，自然是子虚乌有的。那么拖雷喝下咒水为什么那么快就死了，窝阔台也就神奇地痊愈了。这不得不让人这样认为：那杯咒水根本就是毒药，而窝阔台生病也是装的。拖雷喝了毒药自然会死，拖雷死了窝阔台的目的达到了，他的"病"自然也就好了。

从这三点来看，拖雷的死，似乎是一个阴谋。不过这只是一种猜测，真相是否是这样，还需要更多的证据去证明。

最后，拖雷究竟有没有反心呢？我们从史书上找不到这方面的记载，说明他至少在那个时候是没有反心的。窝阔台从自己的利益出发，不惜杀害自己的亲弟弟，这是封建社会皇权制度的必然结果，也是造成拖雷人生悲剧的根本原因。

从史书的记载看，拖雷是一个杰出的人物，他不仅有一个伟大的父亲成吉思汗，而且还有一个伟大的儿子忽必烈，这两个人物在中国历史上都是非常耀眼的人物。就拖雷本人来讲，他对蒙古帝国作出的杰出贡献，在任何时候都是不容否定的。

成吉思汗在家庭问题上的处置不当，终于造成了自己的家庭的悲剧，这也是这位伟大人物的一个失误吧。

成吉思汗的死因

正史上记载，成吉思汗是因为围猎受伤，导致疾病，最后死去的。我们书中所采用的也是这种说法。

但是，对于成吉思汗的死，还有几种不同的说法，虽然这些说法都未经证实，但是由于其惊悚、离奇，我们不妨在最后来说一说。

第一个是"雷击说"。这种说法比较离奇。曾经出使蒙古的罗马教廷使节约翰·普兰诺·加宾尼在他的文章中透露，成吉思汗是被雷电击中身亡。

约翰·普兰诺·加宾尼是葡萄牙人，出使中国的确切时间是1245到1247年之间，由教皇诺森四世派遣而来，回去后向教皇提交了题为《被我们称为鞑靼的蒙古人的历史》出使报告。他在蒙古国时发现，蒙古草原上雷电伤人的事故经常会发生，他曾经记载说："在那里却有凶猛的雷击和闪电，致使很多人死亡。"因为这个原因，蒙古人很怕雷电。《黑鞑事略》中也记载说："鞑人（蒙古人）每闻雷霆，必掩耳屈身至地，若躲避状。"由于约翰·普兰诺·加宾尼来中国时距成吉思汗死亡只有18年，比马可·波罗早30年，所以他的记录可能并非空穴来风。

第二个说法是"中毒说"。这种说法，也来自于欧洲人的著作——《马可·波罗游记》。马可·波罗是意大利人，1275年到达中国经商。当时正是忽必烈当政时期，他和元朝政府有过17年的交往。

在《马可·波罗游记》中,是这样记载成吉思汗死亡过程的:"在进攻西夏围攻太津(吉州,古要塞)时,成吉思汗膝部不幸中了西夏兵士射来的毒箭。结果可想而知,毒箭攻心,伤势益重,一病不起。"

对于中毒说,民间另有一种说法,在这种说法中,成吉思汗是"中毒"而死,但却不是中了西夏兵士的毒箭,而是让被俘虏的西夏王妃古尔伯勒津郭斡哈屯下了毒,当时这位西夏王妃乘陪寝之机行事的。

第三个是"被刺说"。这种说法与上面说的被俘西夏王妃古尔伯勒津郭斡哈屯也有关系,是下毒说法的另一种版本。蒙古民间传说,成吉思汗的军队攻下西夏之后,兵士俘虏到了很漂亮的西夏王妃古尔伯勒津郭斡哈屯,把她献给了成吉思汗。就在陪寝首夜,这位西夏王妃刺杀了放松警惕性的成吉思汗。被刺一说,源自成书于清康熙元年(1662)《蒙古源流》。这本书很珍贵,100年后,即1766年蒙古喀尔喀部亲王成衮扎布作为礼物,将此书手抄本进献乾隆皇帝。乾隆令人将其译为满、汉两种文本,并题书名《钦定蒙古源流》,收入《四库全书》。应该说,成吉思汗被刺一说是有很高的可信度的。

以上是三种关于成吉思汗之死的传说,真真假假,难以确信。

成吉思汗死后,蒙古人中间流传这样一个传说:有一个诅咒一直保护成吉思汗墓陵不被人发现。这种说法出自民间,没有多少人相信,但是却因为几年前的一则新闻而变得广为人知。

2002年8月,一个声称已找到成吉思汗墓地的美国考古队,却突然放弃挖掘行动,并撤出蒙古。这件事又让人们想起了成吉思汗的那个诅咒。

这个历史与地理考古队在2002年6月获得蒙古政府的许可,在蒙古首都乌兰巴托以北200英里的地方,挖掘他们认为可能是成吉思汗的墓陵地点。

然而,这个由芝加哥大学历史学者伍兹以及黄金交易商克拉维兹组成的考古队，在考古过程中遭遇到了一系列可怕的经历，最后决定放弃挖掘行动。

当时考古探险队发现，墓陵的地点由一条 2 英里长的墙壁保护着，墙壁中忽然涌出许多毒蛇，一些考古队的工作人员被蛇咬伤。另外，他们停放在山边的车辆无缘无故地从山坡上滑落。

此事发生之后，一位前蒙古总理指责考古队的挖掘行为惊扰了蒙古人的伟大祖先成吉思汗，亵渎了成吉思汗圣洁的安息地点。考古队遭到这一连串打击后，决定马上停止挖掘行动。

这个坟墓是不是成吉思汗的坟墓？那些突然出现的可怕毒蛇，是不是成吉思汗的咒诅所召唤？这都没有答案，可能会成为永远的谜。

这就是关于成吉思汗之死的一些秘闻与传说，并无正史可以证明，可以当作趣闻来听一听。